北京市教育委员会共建项目建设计划：哲学社会科学研究基地建设项目
北京市哲学社会科学一般规划项目：京津冀城市群一体化格局研究
（项目编号：15JDJGB07；项目负责人：张辉）

中国都市经济研究报告2016

京津冀城市群一体化格局研究

北京市哲学社会科学规划办公室
北京市教育委员会
中国都市经济研究基地

刘　伟／主　编
黄桂田／副主编
张　辉
杨耀淇／等　著

北京大学出版社
PEKING UNIVERSITY PRESS

图书在版编目(CIP)数据

中国都市经济研究报告 2016：京津冀城市群一体化格局研究/张辉等著.
—北京：北京大学出版社，2017.6

ISBN 978-7-301-28300-4

Ⅰ. ①中… Ⅱ. ①张… Ⅲ. ①城市群—区域经济一体化—研究—华北地区 Ⅳ. ①F299.272

中国版本图书馆 CIP 数据核字(2017)第 101117 号

书　　　名	中国都市经济研究报告 2016 ——京津冀城市群一体化格局研究 ZHONGGUO DUSHI JINGJI YANJIU BAOGAO 2016
著作责任者	张　辉　杨耀淇　等著
责 任 编 辑	赵学秀
标 准 书 号	ISBN 978-7-301-28300-4
出 版 发 行	北京大学出版社
地　　　址	北京市海淀区成府路 205 号　100871
网　　　址	http://www.pup.cn
电 子 信 箱	em@pup.cn　　QQ:552063295
新 浪 微 博	@北京大学出版社　@北京大学出版社经管图书
电　　　话	邮购部 62752015　发行部 62750672　编辑部 62752926
印　刷　者	北京大学印刷厂
经　销　者	新华书店
	965 毫米×1300 毫米　16 开本　19.25 印张　315 千字 2017 年 6 月第 1 版　2017 年 6 月第 1 次印刷
定　　　价	58.00 元

课题组主要成员

（按姓氏笔画为序）

王　涵　孙梦迪　华晓辰　闫晓靖
杨耀淇　柳亚会　郭力铭　赵正博
徐　辉　徐　颖　钱超洋

前　言

2004 年，为贯彻《中共中央关于进一步繁荣发展哲学社会科学的意见》，北京大学承担了北京市哲学社会科学规划办公室和北京市教委关于设立中国都市经济研究基地的任务。在北京大学哲学社会科学部的推荐和支持下，北京大学经济学院依托当时已有的十个研究所、中心和六个系的科研力量建成了中国都市经济研究基地。中国都市经济研究基地是一个开放型的研究机构，不仅包括经济学院以及北京大学其他院系所和中心的科研力量，而且还广泛邀请了北京市和全国乃至世界相关科研机构、政府部门加入进行研究。目前，中国都市经济研究基地首席专家为刘伟教授，负责人为张辉教授。从 2004 年基地设立以来，基地有力地带动了科研课题的增加，对课题研究起到了孵化作用；有力地推进了学科建设和人才队伍建设；促进了科研基础条件和支撑条件的改善；产生了一批有影响的成果；有力地融入到北京市社会经济发展之中。

中国都市经济研究基地自成立以来，积极开展中国都市特别是北京市都市经济发展方面的研究。目前，基地已经完成的典型科研项目包括：(1) 北京在中国及世界都市经济中的今天与未来定位；(2) 北京地区水资源短缺对策研究；(3) 北京 2008 奥运融资研究；(4) 北京地方产业集群发展研究；(5) 中国都市房地产宏观调控研究；(6) 全球价值链下北京地方产业升级研究；(7) 北京市政债券问题研究；(8) 北京市产业空间结构研究；(9) 北京市“去工业化”的都市金融中心构建；(10) 中小企业集群融资理论与创新设计研究；(11) 北京市产业结构优化调整路径研究；(12) 北京市房地产行业发展研究等。基地当前在研的典型项目有：(1) 中小企业集群融资理论与创新设计研究；(2) 中关村自生创新示范区深化发展路径研究；(3) 北京市统筹城乡医疗保障制度对财政体系的影响研究；(4) 北京城市公用事业价格规制及政府补贴管理研究；(5) 北京市金融产业竞争力发展研究；(6) 北京农产品价格形成机制研究；(7) 京津唐一体化研究；(8) 京津冀产业疏解—承接问题研究；(9) 北京市社会资本现状及对经济增长的影响渠道分析；(10) 北京市农产品批发市场提档升级创新研究；(11) 北京都市圈与新型城镇化的投融资研究；(12) 京津冀一体化背景下生态环境保护合作机制研究。根据相关研究，自 2005 年以来，出版了中国都市经济系列年度研究，本研究是中国都市经济系列研究中 2016 年的主要研究成果。

本书是张辉教授为负责人所承担的北京市哲学社会科学重点规划项目“京津唐城市群一体化研究”(课题号：13JDJGD005) 和北京市哲学社会科学规划一般项目“京津冀城市群一体化格局研究”(课题号：15JDJGB07) 的主要研究成果。该研究从 2013 年 9 月进行，严格按照研究任务书要求完成各阶段各项任务。

本成果主要由张辉教授负责统筹策划，确定研究框架和研究思路。课题组主要成员有北京大学经济学院博士后杨耀淇，北京大学软件与微电子学院硕士研究生闫晓靖、王涵、华晓辰、郭力铭、赵正博、柳亚会、孙梦迪和钱超洋等。具体章节分工为：第一章主要执笔人为闫晓靖；第二章主要执笔人为王涵；第三章主要执笔人为闫晓靖、徐颖、徐辉；第四章主要执笔人为郭力铭、华晓辰；第五章主要执笔人为赵正博；第六章主要执笔人为李明初；第七章主要执笔人为柳亚会、孙梦迪；第八章主要执笔人为杨耀淇。参与全文统稿和修订补充的为张辉、杨耀淇和闫晓靖。参与最终成果的还有中国城市规划设计研究院绿色城市研究所副所长、高级城市规划师徐辉和中国城市规划设计研究院研究中心、高级城市规划师徐颖。

改革开放以来，我国的经济建设取得了令世界瞩目的成就，其中，珠江三角洲地区和长江三角洲地区作为开放的最前沿，已经发展为中国国民经济最具竞争力的地区。珠江三角洲和长江三角洲地区的经济建设在创造了“深圳速度”“浦东速度”这样的发展奇迹的同时也带动了整个国家经济在改革开放三十多年来的腾飞。京津冀地区坐落于我国的华北地区，这里人口稠密，交通便利，工业基础较好，自然地理禀赋和经济禀赋均十分优越，而且拥有北京的首都优势和中国北部最重要的港口城市天津的海上交通优势。京津冀协同发展作为国家级的发展战略，在未来数十年必将成为能够带动中国经济发展新的增长极。

城市群是人类进入到工业化水平较高的阶段后才出现的现象，对于城市群的研究涉及地理学、人口学、城市规划学、产业经济学、区域经济学、经济地理学等多个学科领域，而古典经济学和新古典经济学的宏观研究多以一个国家或国家之间的经济现象为研究对象，以传统的宏观研究的目标为例，度量经济增长、就业、通货膨胀和国际收支一般需要以国家为单位进行计量，而研究一定区域内的经济要素的流动与分配则需要对传统的经济模型做一些不同的假定(如初始禀赋、规模效应、交易成本、空间溢出或外部性等)。随着新经济地理学的兴起和空间计量经济学等更多研究方法上的应用，对区域经济理论各方面的研究创新不断出现，有助于我们对城市群的发展状态和发展趋势做出更全面的分析和判断。

在最早对城市群现象的研究中，法国地理学家戈特曼对世界级城市群的界定获得了较为广泛的认可。戈特曼认为只有人口规模和城市密度较大、存在国际性大城市和港口、城市之间联系紧密且整个地区可以作为国家经济核心的城市群落才能成为世界级的城市群。目前公认的世界级城市群主要有六个：美国东北部大西洋沿岸大都市连绵区和北美五大湖大都市连绵区，日本太平洋沿岸大都市连绵区，欧洲西北部大都市连绵区，以伦敦为中心的大都市连绵区，以上海为中心的长江三角洲大都市连绵区。综观世界范围内已经成型的各大城市群，虽然它们的形成时间、空间集聚特征、主导产业等各有不同，但是研究这些城市群的发展历程对今天京津冀城市群的发展规划具有重要的借鉴意义。

国内已初具规模的城市群主要包括长江三角洲城市群、珠江三角洲城市群、京津冀城市群和初具规模的长江中游城市群、成渝城市群等。按照 2014 年的统计数据，长江三角洲城市群 16 个核心城市拥有占全国总面积 1%的土地和约占全国 6%的人口，创造了占全国 15%的 GDP；珠三角城市群 9 个核心城市占全国面积的 0.57%，拥有占全国 4.7%的人口，创造了占全国 12%的 GDP；京津冀城市群的 13 个核心城市，拥有占全国总面积 2.3%的土地和占全国 7.23%的总人口，创造了占全国 10.4%的 GDP。京津冀城市群在总面积和人口数量上要远大于长江三角洲地区、珠三角地区，但在经济总量和发展水平上却不及前两个地区，同时，京津冀地区的一体化程度不高，区域内差异较大，各地区定位不明确，这些因素都对京津冀城市群的发展产生了不利影响。

在新常态下，将京津冀协同发展作为具有战略意义的国家工程势在必行。2014 年 2 月在京津冀协同发展工作会上，京津冀协同发展作为一个重大国家战略被首次提出；2014 年 3 月，《国家新型城镇化规划(2014—2020 年)》中提出要把京津冀城市群建设成世界级城市群；2014 年 8 月，国务院成立京津冀协同发展领导小组；2014 年 12 月，京津冀协同发展战略、长江经济带战略以及“一带一路”战略被列为国家区域发展三大战略。一系列的规划已经确定了京津冀协同发展的战略地位，2015年4月《京津冀协同发展规划纲要》(以下简称《纲要》)审议通过，《纲要》指出，打破行政分割做好功能疏解，推动京津冀协同发展的核心内容是有序疏解北京的非首都功能，需要重点先行突破的领域主要是交通一体化、生态环境保护和产业升级转移等。《纲要》明确了国家推进京津冀协同发展战略的总体方针和改革蓝图，本书将基于对改革方针的理解和前人对城市群、区域经济的研究，分别从空间布局、经济、人口、交通、文化、生态环境等各个方面对京津冀地区的现状和发展趋势进行详尽的梳理和研究。

作者

2016年9月

目　录

第一章　国家区域发展战略中的京津冀

第一节　世界区域经济一体化格局

在人类历史上城市群的提出最早可以追溯到19世纪后期，英国著名的社会活动家、城市学家、风景规划与规划师、"田园城市"运动的发起人、有着"花园城市"之父之称的埃比尼泽·霍华德（Ebenezer Howard）1898年在《明日：一条通往真正改革的和平道路》一书中，提出了建设新型城市的方案，有了城市群的原始想法，强调由独立的城市发展向组合式的城市协调发展方向发展的构想。随后帕特里克·格迪斯（Patrick Geddes）1915年在其《进化中的城市——城市规划与城市研究导论》一书中首次提出了小镇集群（town cluster）的概念，他认为，城市的规划应该建立在客观现实的基础上，需要周密分析地域环境的潜力和限度对于居住地布局形成与地方经济体系的影响关系，大大突破了一般城市的常规范畴，在其文中他用了卫星城（conurbation）一词来形容。20世纪30年代，英国学者C.B.福塞特（C.B. Fawcett）在1931年的《英国城市地区人口分布》（Distribution of the urban population in great Britain）一文中，提到了城市用地连续区的问题，认为城市会一直不断发展，区域也会不断扩大，形成"组合城市"。英国统计部门将"城市圈"定义为"地方行政区域结合体"，主要从统计学角度提出类似于美国的"标准都市区"的空间单元，并从人口密度、城镇职能及空间景观等方面提出限制条件以界定城市群。苏联学者也提出过类似城市群的概念，如"城市经济区""经济城""规划区"等。随着经济、社会的发展，人类进入到了20世纪，西方发达的资本主义工业化国家先后进入了城市郊区化的阶段，随着大量人口、产业的离心状运动，城市空间结构由高度集中转向分散，借助联系方便的交通运输网，使一些在经济、社会、文化等各方面活动有密切交互作用的巨大城市地域成为现实。正是在这样的背景下，法国地理学家J. 戈特曼（J. Gottmann)1957 年在论文《特大城市或东北海岸的城市化》(Megalopolis or the urbanization of the northeastern seaboard)中提出,“大都市带”不只是指一个很大的城市,而是由一个范围广大的、有很多的大都市连接而成的城市化区域,是城市群形成的高级阶段,同时通过对美国东北部太平洋沿岸地区的波士顿、纽约、费城、巴尔的摩、华盛顿等城市进行研究后发现,其人口、经济等在空间上呈现高密度集聚分布,形成了一个规模巨大的城市带。戈特曼将该地区称为美国东北海岸大都市带,由此,开创了大都市带研究的先河。

戈特曼在进一步研究的基础上,于 1976 年发表的《世界各地的城市系统》中指出:城市的发展呈现出集聚现象,形成了城市群,城市群内部各城市在空间上相连,在贸易、文化、科技、人口等方面都有紧密联系,戈特曼以总人口 2 500 万为界,将当时世界上人口总数大于 2 500 万、人口密度大于 250 人/平方公里的六个都市带描述为六大大都市带,并列出了当时人口总数接近 2 500 万的三个正在发展为大都市带的区域(见图 1-1)。

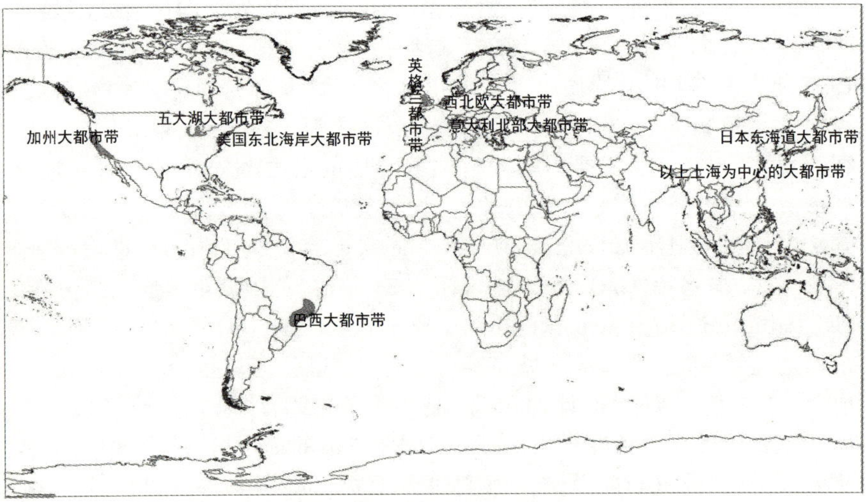

图 1-1　世界六大大都市带及三大准大都市带(1976)

资料来源:J. 戈特曼,《世界各地的城市系统》,1976。

一、世界六大大都市带

(一) 美国东北海岸大都市带

美国东北海岸大都市带,也称波士顿-华盛顿大都市带(Boston-

Washington Corridor 或 Bos-Wash Corridor)，是美国都市化水平最高的区域。该区域位于大西洋沿岸，以波士顿—纽约—华盛顿为中心轴线，北起马萨诸塞州波士顿的西北部郊区，南至弗吉尼亚州华盛顿的南部郊区，共涉及弗吉尼亚、马里兰、特拉华、宾夕法尼亚、新泽西、纽约、康涅狄格、罗德岛、新罕布什尔、缅因、马萨诸塞等美国 11 个州，该区域连接了波士顿、斯普林菲尔德、伍斯特、哈特福德、纽黑文、纽约、费城、巴尔的摩、华盛顿等一系列城市及其周边地区。

美国东北海岸大都市带占地面积不到美国面积的 2%，聚集了美国 17%的人口(2000 年该地区人口 4 960 万，约占美国人口总数的 17%)，贡献了美国 20%的 GDP。该区域是美国的金融、文化、政治中心，汇集了纽交所、纳斯达克等证券交易所，富达等对冲基金，J. P. 摩根、花旗集团、高盛等金融集团的总部；世界 500 强企业中有 162 家企业的总部设在该区域；8 所常青藤院校中有 6 所坐落于该区域；美国的首都华盛顿、联合国总部所在地纽约等都在该区域。

(二) 五大湖大都市带

五大湖大都市带的概念最早由 C. A. Doxiadis 和 Alexander Leman 提出。该大都市带以蒙特利尔—多伦多—底特律—芝加哥为中心轴线，位于北美地区的五大湖沿岸及圣劳伦斯航道地区，主要分布在美国中西部地区、加拿大安大略地区以及美国宾夕法尼亚州、纽约州、加拿大魁北克省的部分地区，包括辛辛那提、哥伦布、代顿、印第安纳波利斯、路易斯维尔、罗契斯特、托莱多、匹兹堡、圣路易斯等城市。

五大湖地区是北美重要的制造业区，该地区的很大一部分位于曾经以重工业著名的“铁锈地带”(rust belt)内。2011 年，该地区总人口大约为 5 914 万。

(三) 日本东海道大都市带

在矶标英一的带领下，学术界开展了关于日本东海道大都市带的很多研究。日本东海道大都市带分布在太平洋沿岸，位于本州岛的东南部，以东京—大阪为中心轴线，连接了大阪—神户—京都都市圈、名古屋—岐阜都市圈以及东京—横滨—千叶都市圈等日本三大都市圈，包括东京、川崎、横滨、静冈、滨松、名古屋、京都、大阪、神户、冈山、广岛、北九州、福冈等城市及周边地区(见图 1-2)。

图 1-2　日本东海道大都市带

东海道大都市带汇集了日本的政治、经济、文化中心，内有京滨、名古屋、阪神、北九州四大工业区，该区域集中了日本绝大多数制造业基地以及 80%以上的金融、教育、出版、信息和研究开发机构。

（四）英格兰大都市带

Peter Hall 等提出了英格兰大都市带的概念并对其进行了界定，是以伦敦—利物浦为中心轴线，包括伦敦、伯明翰、谢菲尔德、利物浦、曼彻斯特等城市及周边地区。该地区面积为 4.5 万平方千米，占国土的 18.4%，人口为 3 665 万，占英国总人口的 62.7%。

英格兰大都市带承载了英国的政治、经济、文化中心，聚集了英国经济总量的80%，该区域包含了英国的政治和金融中心伦敦，有世界最大的外汇市场、欧洲美元市场和国际保险中心，作为产业革命后英国主要生产基地，世界纺织工业之都曼彻斯特、纺织机械重镇利兹等也都坐落在此区域内。

(五) 西北欧大都市带

西北欧大都市带的概念最初由 I. B. F. Kormoss 提出，是从荷兰的阿姆斯特丹一直延伸到德国鲁尔、法国北部的工业聚集区，地跨法国、荷兰、比利时、卢森堡、德国等五国，以阿姆斯特丹—安特卫普—布鲁塞尔—科隆为中心轴线，包括巴黎、阿姆斯特丹、鹿特丹、海牙、安特卫普、布鲁塞尔、科隆等城市及周边地区，包含大巴黎地区都市圈、莱茵一鲁尔都市圈、荷兰的兰斯塔德都市圈以及比利时的安特卫普都市圈。该大都市带有40个10万人口以上的城市，总面积为14.5万平方公里，总人口为4 600万人。

(六) 以上海为中心的大都市带

以上海为中心的大都市带在20世纪五六十年代时便被戈特曼列为世界六大大都市带之一，但当时对此大都市带的研究较少。这里采用宁越敏等(1999)的研究成果，宁越敏等(1999)界定的上海为中心的大都市带由上海、苏州、无锡、常州、镇江、南京、扬州、南通、杭州、嘉兴、湖州、绍兴、宁波等城市及周边地区组成，其中，上海、苏州、无锡、常州、镇江等五个都市区分布在沪宁铁路沿线，已经连接成片，而扬州都市区与其隔江相连，此六大都市区形成了大都市带。1995年，该地区总人口为5 110万，占全国总人口的4.2%；GDP为8 835亿元，贡献了全国总GDP的15.4%(见图1-3)。

二、三个发展中大都市带

(一) 以里约—圣保罗为中心的巴西大都市带

以里约—圣保罗为中心的巴西大都市带呈双核心分布，两核之间由一个狭长的走廊地带相连。该大都市带包含巴西米纳斯吉拉斯州、里约州、圣保罗州的部分地区，人口大约有4 500万。该区域穿过了巴西东南部的大部分地区、连接了450多个城市，主要是里约、圣保罗流域周边地区，该大都市带目前是巴西及拉丁美洲城市化水平、工业化水平最高的区域。

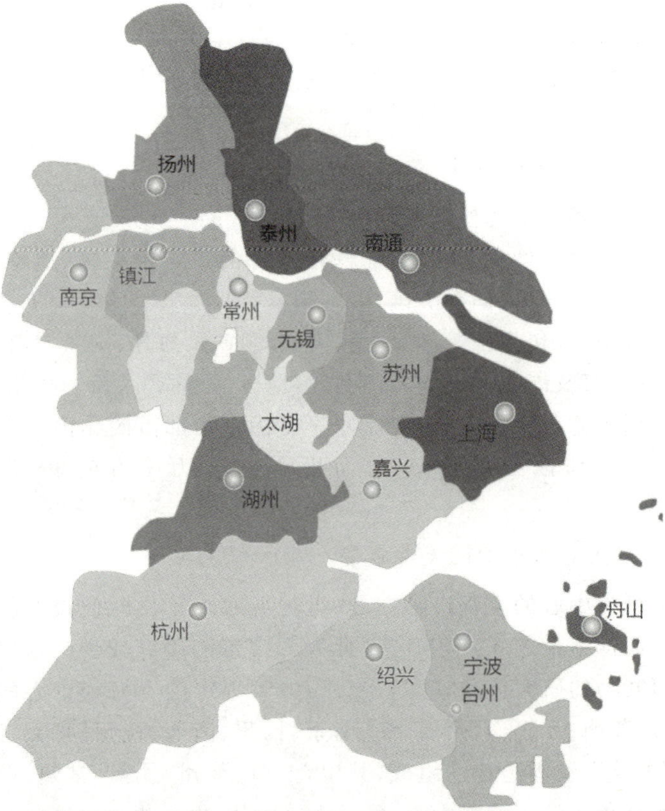

图 1-3　以上海为中心的大都市带

（二）以米兰—都灵—热那亚三角为核心的意大利北部大都市带

该大都市带分布在意大利北部区域，以米兰—都灵—热那亚三角为核心，沿着地中海海岸向南延伸到比萨市、佛罗伦萨市，向西延伸到法国的马赛市、阿维尼翁市。

（三）以洛杉矶、旧金山为中心的加州大都市带

加州大都市带以洛杉矶为中心，向北一直延伸到旧金山湾区，覆盖了加州—墨西哥边界沿线的所有中心城区。戈特曼在 1987 年的著作中提到，随着国际经济重心向太平洋转移，美国阳光地带经济迅猛发展，加州出现了以洛杉矶、旧金山为中心的大都市带。其中，旧金山有著名的高科技产业中心“硅谷”，是美国西部重要的金融中心、高科技研发制造中心；

洛杉矶是美国的高科技产业和研发中心，被誉为“科技之城”，还是美国西部重要的金融服务中心，好莱坞电影的发展也带动了洛杉矶整个媒体娱乐产业的发展处于美国前列（见图 1-4）。

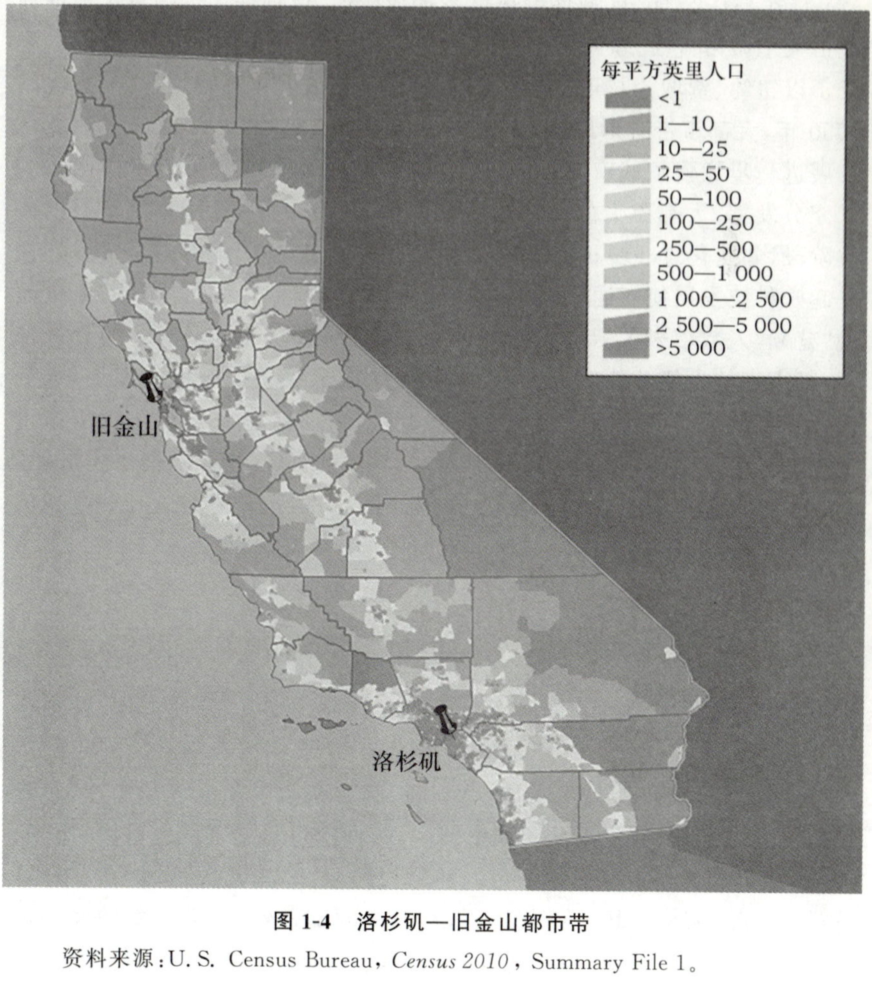

图 1-4　洛杉矶—旧金山都市带

资料来源：U. S. Census Bureau，*Census 2010*，Summary File 1。

三、都市带的形成与发展过程

可以看出六个大都市带和三个准大都市带都是城市发展到一定阶段，城市与城市之间在贸易、产业、科技、文化、交通等方面联系密切而在空间上呈现集群分布的现象。这里引用史育龙（1996）的文章中对美国东北海岸大都市带发展过程的介绍，戈特曼认为美国东北海岸大都市带的形成经历了四个阶段：(1) 1870 年之前孤立分散阶段，各城市相对独立发展，港口城市的迅速发展使得城市对外联系职能的重要性逐步显现出来；(2) 1870—1920 年，区域性城市体系形成阶段，以钢铁为主的重工业的发展扩大了城市规模，铁路网络的形成使城市间的联系更密切，在空间上形成了以纽约、费城为核心的发展轴线，区域性城市体系形成；(3) 1920—1950 年，大都市带雏形阶段，中心城市规模进一步扩大，汽车、石油业的发展进一步加强了城市之间的职能联系，区域城市体系的枢纽作用得到了充分发挥，大都市带的雏形逐步显现；(4) 1950 年以后，大都市带的成熟阶段，郊区化进一步扩展了都市区的空间范围，各城市沿中心轴线连在一起。科技发展使交通、通信等领域迎来了革命性的发展，"白领"人数超过"蓝领"人数带来了劳动力结构的革命，这都推动了城市产业的升级换代，都市带的枢纽功能在更广维度、更深层次上促进了城市的发展，大都市带自身的形态演化和枢纽功能逐渐走向成熟。空间的集聚为大都市带的形成提供了前提，技术的发展则为大都市带的进一步完善提供了可能。

世界大都市带的形成发展为我国的区域经济发展提供了参考和借鉴，下一节将介绍我国的区域经济发展格局。

第二节　我国区域发展三大战略

2014 年 12 月，中央经济会议在北京召开。在区域发展方面，提出要重点实施"一带一路"战略、"京津冀协同发展"战略以及"长江经济带"战略（见图 1-5）。这三大战略的联动实施，有望激活中国全境与周边"整盘棋"。三大战略联通了南北两大横线，一方面通过打破区域内行政、市场、产业、交通等的分割，推动"一带一路"沿线地区、"京津冀地区"、"长江经济带"沿线八省的区域一体化进程，提升资源配置效率，创造新的经济增长点；另一方面，"一带一路"战略既是国内区域布局，也是中国对外开放的全球布局，不仅可以带动国内沿线区域的经济发展，还可以促进沿线国家的协同发展，实现共赢。

一、"一带一路"

"一带一路"分别指"丝绸之路经济带"和"21 世纪海上丝绸之路"，是对古丝绸之路的传承和提升，既是国内区域布局，也是中国新一轮对外开

图 1-5　我国区域发展三大战略示意图

放和走出去的战略重点，可推动沿线国家实现优势互补、共同发展。

2013 年 9 月，习近平访问哈萨克斯坦，首次提出构建“丝绸之路经济带”的战略倡议；2013 年 10 月，习近平表示中国愿同东盟国家加强海上合作，提出共同建设“21 世纪海上丝绸之路”。

“一带一路”贯穿欧亚大陆，东边连接亚太经济圈，西边进入欧洲经济圈。陆上丝绸之路经济带以西安为起点，经过我国西部的陕西、内蒙古、甘肃、重庆、四川、新疆等地区，向西穿越亚太地区，与欧洲相连，目前主要有中蒙俄经济带、新亚欧陆桥经济带、中国—南亚—西亚经济带等三条路线。海上丝绸之路经济带则由环渤海、长三角、珠三角等我国东南地区的沿海港口开始，向南穿过我国南部海域，进入印度洋、波斯湾地区，将太平洋、印度洋沿岸国家连接起来，到达东非、欧洲（见图 1-6）。

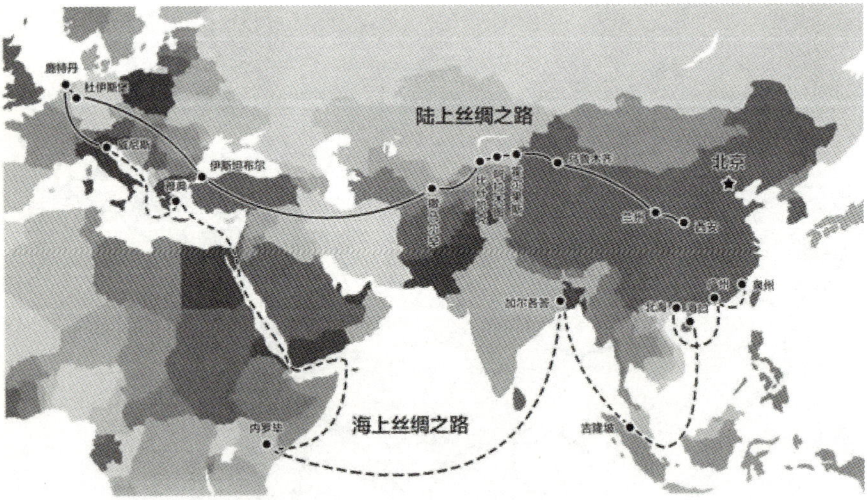

图 1-6 “一带一路”战略线路示意图

资料来源:http://www.cnelc.com/Article/1/141112/AD100203646_1.html。

“一带一路”经济带横跨亚、欧、非三个大陆,沿线多是发展中国家,通过在交通、贸易与投资等领域的合作,经济带内各经济体可以实现共同发展。在沿线国家投资帮助其基础设施建设,一方面可以为沿线国家的经济发展注入新活力,另一方面也可以使我国过剩产能得到转移、消化。道路等基础设施的完善,可以使得沿线国家人民沟通交流更为畅通,再通过在贸易领域的合作,可以实现经济带沿线地区的贸易畅通,提高经济效率。

与此同时,陆上丝绸之路经济带以我国西部地区为起点,并进一步向西到达中亚等国家。陆上丝绸之路经济带经过的西部省份已经开始为经济带发展制定地区发展规划,经济带沿线区域的合作也为我国西部地区提供了新的发展机会。

二、京津冀协同发展

20 世纪 90 年代,京津冀一体化发展的问题就被提出了。但之前一直停留在规划阶段,北京、天津与河北的一体化程度并不高,区域内差异仍较大,区域内各地区定位并不明确,直到 2011 年 3 月,“十二五”规划提出要推进京津冀、长江三角洲、珠江三角洲地区的区域一体化的发展,打造首都经济圈,推进京津冀区域经济一体化的发展。

2014 年 2 月，在京津冀协同发展工作会上，京津冀协同发展作为一个重大国家战略被提出（见图 1-7）。2014 年 3 月，《国家新型城镇化规划（2014—2020 年）》中提出要把京津冀城市群建设成世界级城市群。2014 年 8 月，国务院成立京津冀协同发展领导小组；2014 年 12 月，京津冀协同发展战略、长江经济带战略以及“一带一路”战略被列为国家区域发展三大战略。2015 年 4 月，《京津冀协同发展规划纲要》审议通过。

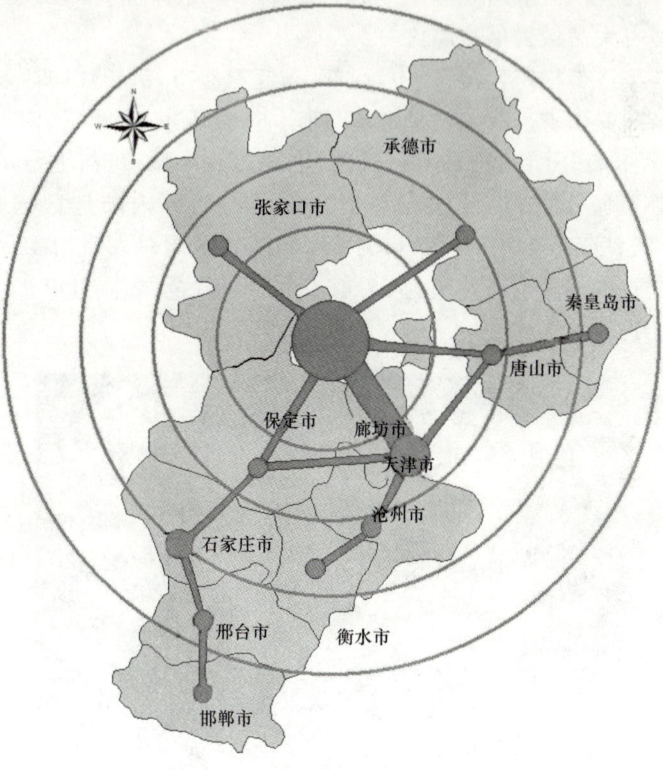

图 1-7　京津冀协同发展示意图

在制度政策的推动下，京津冀一体化进程也在多方面推进，交通一体化、产业转移、生态一体化将重点突破，海关、教育、税收、科技、医疗等的一体化也在逐步落地。

从横向看，京津冀协同发展是我国北方区域发展的引擎，长江经济带是我国经济发展由东部向西部推进的桥梁，“一带一路”则类似中国经济的两翼，这三大区域布局能够激活整个中国版图的经济发展；从纵向时间轴来看，20 世纪 80 年代以深圳为核心的珠三角经济圈的腾飞为我国经济发展注入了新活力，20 世纪 90 年代以浦东开放为起点的长三角经济圈的发展成了我国经济发展的又一大增长极，现在大力推进的京津冀协同发展则有可能成为带动我国经济发展的新增长极。

三、长江经济带

“长江经济带”战略是与“一带一路”战略、“京津冀协同发展战略”并列的我国三大区域发展战略之一。

长江经济带横跨我国东、中、西部，东起上海市，沿长江向西经过江苏省、浙江省、安徽省、江西省、湖北省、湖南省、重庆市、贵州省、四川省及云南省，途经长江下游的长三角经济区、中游的武汉城市群、上游的成渝经济区等三大城市群，将我国东部沿海地区与西部内陆地区连接起来。2014 年，长江经济带地区总人口为 5.84 亿，占全国总人口的 42.71%；长江经济带地区国民生产总值为 28.46 万亿元，占全国总 GDP 的 44.75%（见图 1-8）。

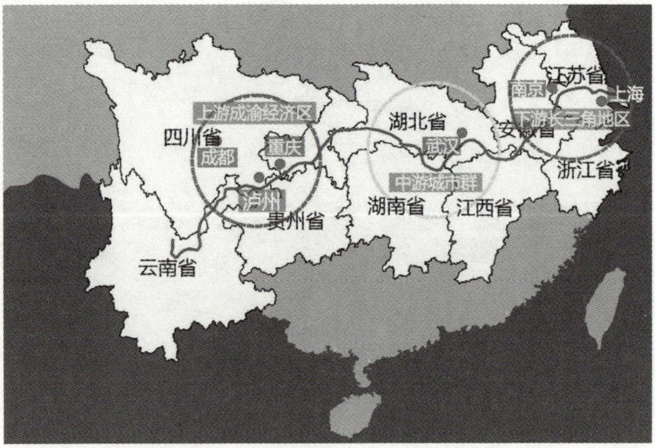

图 1-8 长江经济带示意图

资料来源：http://sichuan.hexun.com/2015-01-27/172776850.html。

李克强在“建立‘物畅其流’的市场大通道”一文中指出，从改革开放初期东部率先发展，到后来的西部大开发、中部崛起、东北振兴，现阶段中国经济发展已经进入了由东向西梯度推进的关键时期。要把梯度推进由东向西连接起来，就需要找到一条“横向”的发展路径。中国仍是发展中国家，有大量劳动人口需要就业，许多地方，在相当长的时间里，仍需大力发展劳动密集型产业。而长江黄金水道，就是东部产业向西转移的一个重要横向联系通道。由莱茵河、多瑙河沿岸等的发展历史看，无论是发达国家还是发展中国家，最发达的地区都是沿海地区。从国际经验看，现代工业化的历史，都是由沿海地区先发展起来，然后沿内河而上开发，这是“普遍的经济规律”。

2014 年 3 月，“依托黄金水道，建设长江经济带”被正式写入《政府工作报告》。国务院于 2014 年 9 月发布了《关于依托黄金水道推动长江经济带发展的指导意见》(以下简称《意见》)，指出要以长江为依托，打造新的经济支撑带。

2014 年 12 月，长江经济带 12 个直属海关全面启动长江经济带海关区域通关一体化改革。2015 年 4 月，《长江中游城市群发展规划》正式获批，长江经济带形成了长三角、长江中游和成渝三大城市群。2015 年 10 月，长江经济带覆盖的 11 省份共同签署了长江经济带旅游产业合作宣言。

长江经济带沿线有 11 省份，位于东部沿海的上海市、江苏省和浙江省可以利用沿海港口向外拓展；沿线省份又通过长江这条黄金水道由沿海向内陆延伸，长江上中下游地区间通过合作、互补，可以实现东西相连，优化沿江地区产业布局，减小中西部地区与东部地区间的发展差距。内河经济带的发展还有利于保护长江地区生态环境，打造生态文明建设示范带。

第三节　京津冀地区战略地位

自 20 世纪 80 年代改革开放以来，以深圳为核心的珠江三角洲经济区作为改革开放的试点，率先发展起来；20 世纪 90 年代以来，国家又提出开放浦东，以上海为核心的长江三角洲经济区迅速发展。进入 21 世纪以来，关于发展京津冀地区的战略不断被提出来，2014 年，“京津冀协同发展”被作为国家级发展战略提出。京津冀城市群有北京和天津两个直辖市，聚集了全国 8%的人口和 10%的生产总值，京津冀区域是新时期引领我国经济增长和转型升级、参与全球合作与竞争的战略平台，在中国特色社会主义“五位一体”建设中具有无可替代的战略地位和十分突出的引领作用。无论从区域经济一体化还是从缓解首都面临的人口、资源和环境矛盾压力来看，都必须加快推进京津冀区域发展，将区域一体化进程向纵深推进。

京津冀区域是全国政治、文化、国际交往和科技创新中心，也是中国北方最大、发展最好、现代化程度最高的城镇和工业密集区，这里有良好的区位条件、经济基础和密集的科技智力资源，是当前中国北方地区的经济中心特别是知识经济中心。京津冀区域也是构建环渤海经济圈、引领中国北方地区发展、打造中国北方经济中心的重要支点，是平衡中国经济南北布局的战略高地。

随着经济全球化和区域一体化趋势不断加强，京津冀区域既是中国参与全球竞争，在国际竞争中占有重要战略地位的空间单元，也是引领环渤海经济圈一体化发展的重要引擎。随着国家经济实力的强大，中国需要建设参与全球竞争的世界城市，而京津冀区域是北京建设世界城市的区域支撑。北京建设世界城市离不开其周边地区的支撑和保障，不仅需要经济支撑，更需要资源、环境、空间等基础保障。因此京津冀区域一体化发展也是参与全球竞争、打造中国的世界城市、促进区域发展的重要战略途径。

人口和产业的过度集中使首都可持续发展面临重大考验，也影响了北京“四个服务”功能的充分发挥。同时北京周边地区的发展也需要北京的辐射和扩散，通过区域统筹规划、合理分工，实现区域协调发展。

北京作为首都，其长远目标是成为全球经济有重大影响及控制能力的世界城市。要实现这个目标，北京不仅需要不断提升自身的经济实力，成为全球城市网络的重要环节点和全球化扩散到区域的门户，而且必须打破单中心的空间发展模式，依托一个具有强劲经济活力的腹地作为区域发展的基础，实现区域协调发展。目前北京的“大城市病”问题日益凸显，严重影响了北京的可持续发展和社会转型，从北京未来发展来说，上述问题的解决需要在区域空间尺度上进行布局。

一、珠三角与泛珠三角经济区

1978 年，十一届三中全会做出了实行改革开放的重大决策。1979 年，党中央、国务院批准广东、福建在对外经济活动中实行“特殊政策、灵活措施”，福建省和广东省成为全国最早实行对外开放的省份之一。1980 年 8 月 26 日，中央正式批准在深圳、珠海、汕头、厦门设置经济特区。自 20 世纪 80 年代以来，以深圳为核心的珠三角经济区作为我国改革开放试点的排头兵，是我国经济发展的一大推动力(见图 1-9)。

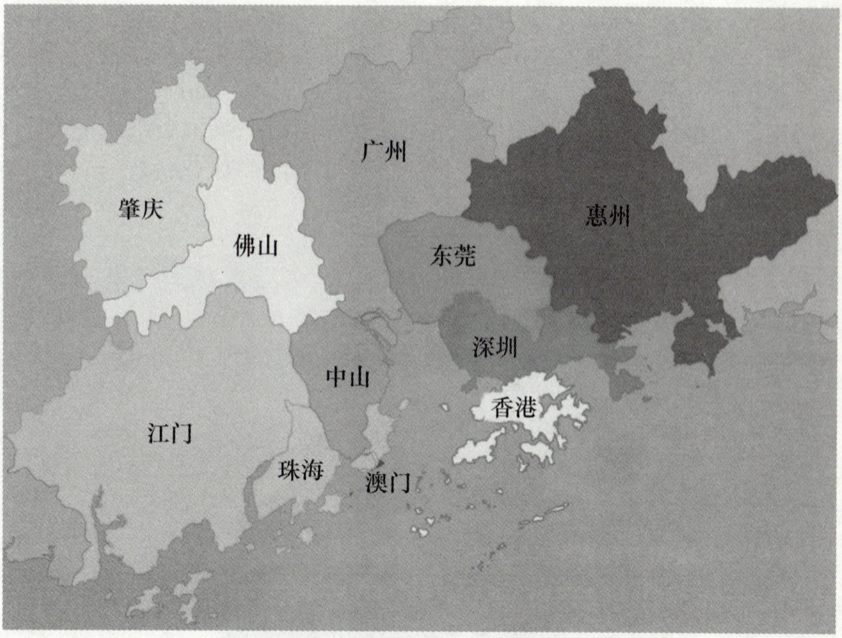

图 1-9　珠三角经济区示意图

泛珠三角区域合作由广东省倡导，并得到福建、江西、湖南、广西、海南、四川、贵州、云南等八省份的政府和香港、澳门特别行政区政府的积极响应和大力推动。珠三角经济区的强劲发展有利于带动泛珠三角区域的合作与共同发展。

二、长三角经济区与长江经济带

1990 年 4 月 18 日，党中央、国务院正式宣布开发开放上海浦东。邓小平同志深刻指出“上海是我们的王牌，把上海搞起来是一条捷径”，并强调“开发浦东，这个影响就大了，不只是浦东的问题，是关系上海发展的问题，是利用上海这个基地发展长江三角洲和长江流域的问题”。浦东开放 20 年来，浦东新区地区生产总值从 1990 年的 60 亿元上升到 2014 年的 7 110 亿元，地方财政收入从 11 亿元增长到 685 亿元，城镇和农村居民人均可支配收入分别达到 49 628 元和 21 813 元。在中央的正确领导和全国人民的大力支持下，浦东开发开放的龙头作用逐步凸显，成为上海城市功能重塑和经济快速发展的强大引擎，成为长三角和沿江地区开放型经济发展的桥头堡，成为我国改革开放由点到面纵深推进中承前启后的关键一环。

20 世纪 90 年代以来，以上海为核心的长三角经济圈的快速发展，打造了中国经济的新增长极。以长三角经济圈为引擎，由沿海到内陆，沿江打造内河经济带，覆盖上海、江苏、浙江、安徽、江西、湖北、湖南、重庆、四川、云南、贵州等 11 省份，推进整个长江经济带的一体化进程，将推动整个长江流域沿线省份的经济发展（见图 1-10）。

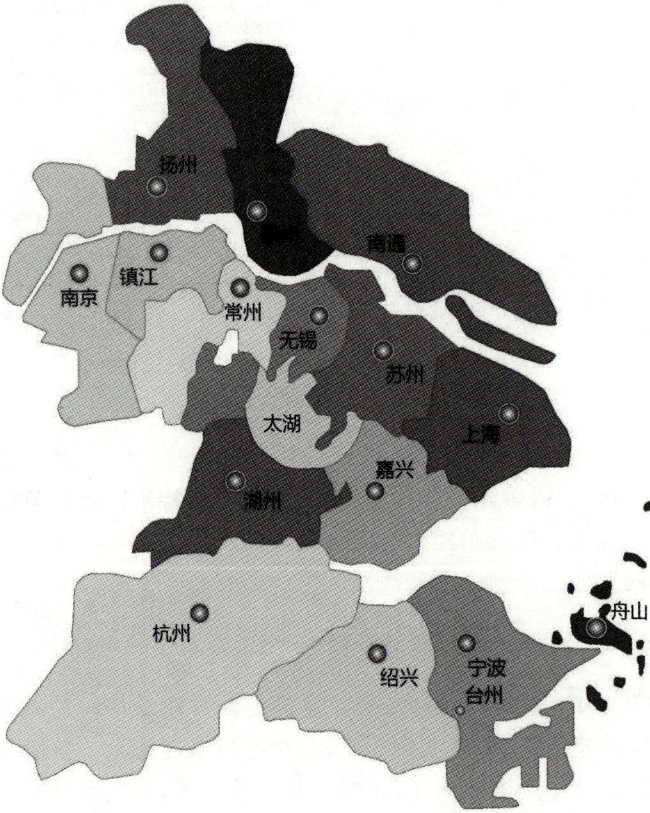

图 1-10　长三角经济区示意图

三、京津冀与环渤海经济圈

20 世纪 80 年代以来，设立深圳、珠海、厦门等经济特区进行改革开放试点，以深圳为核心的珠三角经济圈成为推动全国经济发展的强力引擎；20 世纪 90 年代以来，全面开放浦东，以上海为核心的长三角经济圈成了全国经济发展的新增长极。

珠三角经济圈、长三角经济圈、京津冀经济圈是我国三大经济圈，但京津冀经济圈在市场一体化程度、发展活力等方面相对落后于其他两大经济圈。

2011 年 3 月，“十二五”规划提出，要推进京津冀、长江三角洲、珠江三角洲地区的区域一体化的发展，打造首都经济圈，推进京津冀区域经济一体化的发展。

2014 年 2 月，京津冀协同发展工作会召开，会议强调京津冀协同发展是一个重大国家战略，并在顶层设计、协同发展、产业对接、城市布局空间结构、环境容量、交通先行、市场一体化等 7 个方面提出了京津冀协同发展的要求。

新一届政府出台的一系列政策大力推动京津冀协同发展，力图打破京津冀区域行政、市场、产业等的分割局面，提高资源配置效率，推动京津冀一体化进程。另外，以京津冀为核心的环渤海经济圈，辐射山东半岛、辽宁半岛、山西、内蒙古等地区，京津冀经济圈被激活后，也有利于激活环渤海经济圈的活力，成为我国北方乃至全国经济增长的新动力(见图 1-11)。

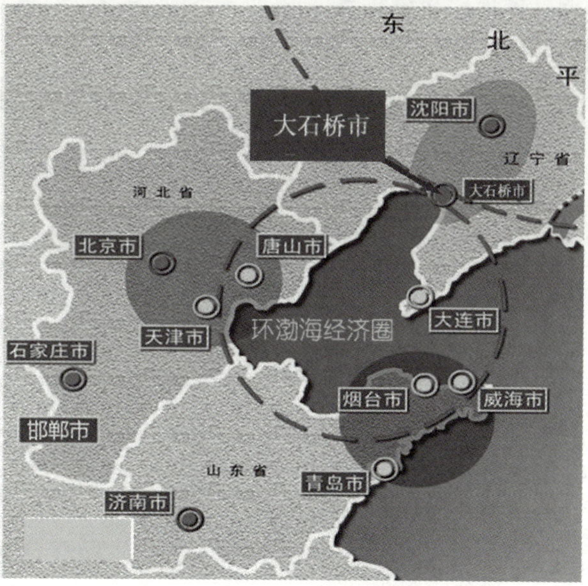

图 1-11　环渤海经济圈示意图

资料来源：百度百科。

第四节　京津冀格局一体化发展

从横向看，京津冀格局一体化发展是我国北方区域发展的引擎，长江经济带是我国经济发展由东部向西部推进的桥梁，“一带一路”则类似中国经济的两翼，这三大区域布局能够激活整个中国版图的经济发展；从纵向时间轴来看，20 世纪 80 年代以深圳为核心的珠三角经济圈的腾飞为我国经济发展注入了新活力，20 世纪 90 年代以浦东开放为起点的长三角经济圈的发展成了我国经济发展的又一大增长极，现在大力推进的京津冀协同发展则有可能成为带动我国经济发展的新增长极。

不论是京津冀协同发展还是长江经济带的发展规划，都提出了要协调产业发展、构建一体化交通体系、打破行政界限分割、提高市场一体化程度等，也就是实现区域一体化、优化资源配置、打破地区间经济发展的藩篱、激发起市场发展的新活力。

本书首先介绍区域格局一体化的意义及理论基础，并研究伦敦、东京等国外经济圈以及长三角、珠三角等国内经济圈的一体化发展进程，总结区域一体化的发展规律和经验教训，在此基础上，从空间、人口、产业、交通、生态环境等方面对京津冀一体化进行深入分析。

第二章　环渤海三大区域空间自相关分析

区域经济发展的核心在于研究区位即空间地理位置对经济发展的影响，实现资源优化配置。因此本章旨在通过空间计量模型研究环渤海经济区域的经济发展水平和发展因素的空间特征以及各因素对经济发展的影响。

通过全局和局部自相关对环渤海地区聚集趋势进行分析，2001—2012年，京津冀地区、山东地区、辽宁地区经济呈聚集趋势，2010年后聚集效应增强，速度减弱。观察环渤海地区的经济发展影响因素的空间特征，资本状况、劳动力、市场状况以及经济环境多指标测度，发现人口密度、人均地方财政、医疗条件等因素在区域上存在显著空间聚集。由此可见资源在区域间的配置并不是相互独立的，经济发展在空间上也具有联动性。通过空间计量模型回归发现，工资增长、区域交通环境、市场开放程度对区域增长影响显著。

第一节　探索性空间数据分析方法

Luc Anselin和Robert Haining将空间分析分为两大类：确认性空间数据分析和探索性空间数据分析（ESDA，Exploratory Spatial Data Analysis）。确认性空间数据分析即空间计量模型在经济学领域的应用，一般从理论建模开始，而后用空间数据对模型进行估计、检验或确认；探索性空间数据分析方法则抛开先验理论和假设，更侧重于直接探索隐藏在数据中的关系、模式和趋势等，在探索的基础上再对数据进行更为复杂的建模分析，利用空间信息，结合统计以及地理图形知识，对空间变量或属性的关联模式进行检验，从而达到描述经济数据、发现问题的目的。

本章采用探索性空间数据分析方法(ESDA)对空间数据进行分析,探索性空间数据分析旨在揭示对象的空间分布,识别非典型空间位置(空间离群点),发现空间关联模式,提出不同空间体制及其他形式的空间不稳定性。

空间自相关是同一个变量在不同空间位置上的相关性,是空间单元属性值聚集程度的度量。空间自相关性使用全局和局部两种指标,探索性空间数据分析方法(ESDA)的核心内容就是通过全局空间自相关分析和局域空间自相关分析对空间关联模式(趋同或异质)进行度量与检验,其中,全局指标用于探测整个研究区域的空间模式,使用单一的值来反映该区域的自相关程度;局部指标计算每一个空间单元与邻近单元就某一属性的相关程度。

一、全局空间相关性指标

衡量全局空间自相关的指标有全局 Moran's *I* 指数、Geary's *C* 指数、General *G* 系数、Cliff-Ord 统计量以及 Join-count 统计量等。其中,Moran's *I* 指数和 Geary's *C* 指数都是基于邻近面积单元上变量值的比较,若被研究区域中的邻近面积单元有相似的值,则表示正的空间自相关;若邻近面积单元有不相似的值,则表示可能存在强的负空间相关,但这两种统计量使用的是不同的方法来比较邻近面积单元的值。而 General *G* 系数相比于前两种统计量,其优势在于可以进一步区分出是高值聚集区还是低值聚集区。

(一) Moran's *I* 指数

Moran's *I* 指数的测度公式为:

$$I = \frac{n\sum_{i=1}^{n}\sum_{j=1}^{n}w_{ij}(x_i - \bar{x})(x_j - \bar{x})}{\sum_{i=1}^{n}\sum_{j=1}^{n}w_{ij}\sum_{i=1}^{n}(x_i - \bar{x})^2}$$

其中,n 为研究区域的个数;w_{ij} 是空间邻接矩阵,若区域 i 与 j 相邻,则 $w_{ij}=1$,若区域 i 与 j 不相邻,则 $w_{ij}=0$。x_i 和 x_j 为该空间的某一属性。

由此可以看出,Moran's *I* 指数衡量了空间上属性的相似度及分布模式,它的取值介于−1 到 1 之间,负值表示负自相关、地区属性相异,值越接近于−1,区域间该属性的空间差异越大;正值表示正自相关、地区属性相似,值越接近于 1,区域间该属性的空间差异越小;值为 0 表示不存在相关性，该属性在空间上随机分布。用 Moran's I 指数推断空间模式还必须与随机模式中的 I 指数作比较。

1. 正态分布假设下，Moran's I 的期望值与方差

假设随机变量 X 服从正态分布，x_i 和 x_j 是空间依赖的，则抽样得到的 I 的分布是近似的正态分布，并且有：

$$E_N(I) = -\frac{1}{n-1} \quad \mathrm{Var}_N(I) = \frac{n^2(n-1)S_1 - n(n-1)S_2 - 2S_0^2}{(n-1)(n+1)S_0^2}$$

其中，

$$S_0 = \sum_{i \neq j}\sum w_{ij}$$

$$S_1 = \frac{1}{2}\sum_{i \neq j}\sum (w_{ij} + w_{ji})^2$$

$$S_2 = \sum_k \left(\sum_j w_{kj} + \sum_r w_{rj} \right)^2$$

2. 随机分布假设下，Moran's I 的期望值与方差

假设随机变量 X 服从随机分布，计算 Moran's I 的期望值与方差的公式分别为：

$$E_R(I) = -\frac{1}{n-1}$$

$$\mathrm{Var}_R(I) = \frac{n[(n^2-3n+3)S_1 - nS_2 + 3S_0^2] - b_2[(n^2-n)S_1 - 2nS_2 + 6S_0^2]}{S_0^2(n-1)(n-2)(n-3)} - E_R^2(I)$$

其中，

$$b_2 = \frac{n\sum_i^n (x_i - \bar{x})^4}{\left(\sum_i^n (x_i - \bar{x})^2 \right)^2}$$

得到 Moran's I 的期望值与方差后，便可构造标准化的统计量 Z，来检验空间自相关的显著性。Z 统计量表示为：

$$Z(I) = \frac{I - E(I)}{\sqrt{\mathrm{Var}(I)}}$$

正态分布在 0.05 的显著水平下，对应的统计量值为 ± 1.96。如果 $-1.96 < Z < 1.96$，则无法拒绝零假设，区域间自相关性不显著；否则，存在显著的自相关性。

当 Moran's I 显著为正，且 Z 值显著(0.05 显著水平下对应的 $Z>1.96$)时，区域间存在正的空间自相关，即邻近面积单元具有相似的值，高值区与高值区邻接或者低值区与低值区邻接，该属性的空间分布为集聚模式。

当 Moran's I 显著为负，且 Z 值显著(0.05 显著水平下对应的 $Z<-1.96$)时，区域间存在负的空间自相关，即邻近面积单元具有不相似的值，高值区与低值区邻接，该属性的空间分布为分散模式。

当 Moran's I 接近期望值[$-1/(n-1)$，随着样本数量的增大，该值趋于 0]时，Z 值不显著(0.05 显著水平下对应的 $-1.96<Z<1.96$)，表明不存在空间自相关，观测值在空间上随机排列，满足经典统计分析所要求的独立、随机分布假设。

（二）Geary's C 指数

Geary's C 指数是测度全局空间相关性的另一指标，与 Moran's I 指数相比，后者更侧重于对中值离差的测量，而 Geary's C 指数强调观测值之间的差异，计算公式为：

$$C=\frac{(n-1)\sum_{i=1}^{n}\sum_{j=1}^{n}w_{ij}(x_i-x_j)^2}{2\left(\sum_{i=1}^{n}\sum_{j=1}^{n}w_{ij}\right)\sum_{i=1}^{n}(x_i-\bar{x})}$$

对 Geary's C 指数的解释，需要对 Z 值进行标准化的变形。若要构造 Z 统计量，需要先知道 Geary's C 指数的期望值和方差。

在正态分布假设下，Geary's C 的期望值和方差分别为：

$$E_N(C)=1$$

$$\mathrm{Var}_N(C)=\frac{1}{2(n+1)S_0^2}[(2S_1+S_2)(n+1)-4S_0^2]$$

在随机分布假设下，Geary's C 的期望值和方差分别为：

$$E_R(C)=1$$

$$\begin{aligned}\mathrm{Var}_R(C)=\frac{1}{n(n-2)(n-3)S_0^2}\Big\{&(n-1)S_1[n^2-3n+3-(n-1)b_2]\\&-\frac{1}{4}(n-1)S_2[n^2-3n-6-(n^2-n+2)b_n]\\&+S_0^2[n^2-3-(n-1)^2b_n]\Big\}\end{aligned}$$

此时构造的 Z 统计量为：

$$Z(C)=\frac{C-E(C)}{\sqrt{\mathrm{Var}(C)}}$$

Geary's C 指数介于 0 至 2 之间，大于 1 表示空间负相关，小于 1 表示空间正相关，等于 1 表示不存在空间自相关，即观测值在空间上随机分布。

（三）Gneral G 系数

全局 Moran's I 指数和 Geary's C 指数能够很好地描述区域间是否存在全局自相关，以及是正自相关还是负自相关，但是它们无法更进一步区分出空间聚集模式，比如正自相关时是高值聚集还是低值聚集。General G 系数的优势在于可以区分出正自相关时的空间聚集模式，区分出是高值与高值邻接还是低值与低值邻接。计算公式为：

$$G(d)=\frac{\sum_{i=1}^{n}\sum_{j=1}^{n}w_{ij}(d)x_i x_j}{\sum_{i=1}^{n}\sum_{j=1}^{n}x_i x_j}$$

其中，

n 为研究区域的个数；

$$w_{ij}(d)=\begin{cases}1, & \text{区域 } i \text{ 与 } j \text{ 之间的距离小于 } d\\ 0, & \text{其他}\end{cases}$$

当邻近区域的数值变化较大时，$G(d)$ 的分子会变大；当邻近数值变化较小时，$G(d)$ 的分子也便变小。中等水平的 $G(d)$ 表示高值和中等数值的聚集模式，低水平的 $G(d)$ 表示低值和低于均值的聚集模式。但对于 $G(d)$ 更详细的解释依赖于标准化后的 Z 值：

$$Z(G)=\frac{G-E(G)}{\sqrt{\mathrm{Var}(G)}}$$

在空间不聚集的原假设下，有：

$$E(G)=\frac{W}{n(n-1)}$$

$$\mathrm{Var}(G)=E(G^2)-|E(G)|^2$$

$$=\frac{B_0\left(\sum x_0^2\right)^2+B_1\sum x_i^4+B_2\left(\sum x_i\right)^2\sum x_i^2+B_3\sum x_i\sum x_i^3+B_4\left(\sum x_i\right)^4}{\left[\left(\sum x_i\right)^2-\sum x_i^2\right]^2 N(N-1)(N-2)(N-3)}$$

$$-[E(G(d))]^2$$

其中，

$$B_0 = (N^2 - 3N + 3)S_1 - NS_2 + 3\left(\sum\sum w_{ij}(d)\right)^2$$

$$B_1 = -\left[(N^2 - N)S_1 - 2NS_2 + 6\left(\sum\sum w_{ij}(d)\right)^2\right]$$

$$B_3 = 4(N-1)S_1 - 2(N+1)S_2 + 8\left(\sum\sum w_{ij}(d)\right)^2$$

$$B_4 = S_1 - S_2 + \left(\sum\sum w_{ij}(d)\right)^2$$

$$S_1 = \frac{1}{2}\sum_i^n\sum_j^n (w_{ij} + w_{ij})^2$$

$$S_2 = \sum_i^n (w_{i\cdot} + w_{\cdot i})^2$$

正态分布 0.05 的显著水平所对应的统计量值为 ±1.96。如果 $-1.96 < Z < 1.96$，则不显著，无法拒绝零假设，无法得出显著的聚集模式；否则，存在显著的高值聚集或低值聚集模式。如果 General G 值高于 $E(G)$，且 Z 值显著(0.05 显著下，$Z > 1.96$)，则观测值间存在着显著的高值聚集，即高值区与高值区邻接；如果 General G 值低于 $E(G)$，且 Z 值显著(0.05 显著下，$Z < -1.96$)，则观测值间存在着显著的低值聚集，即低值区与低值区邻接(见图 2-1)。

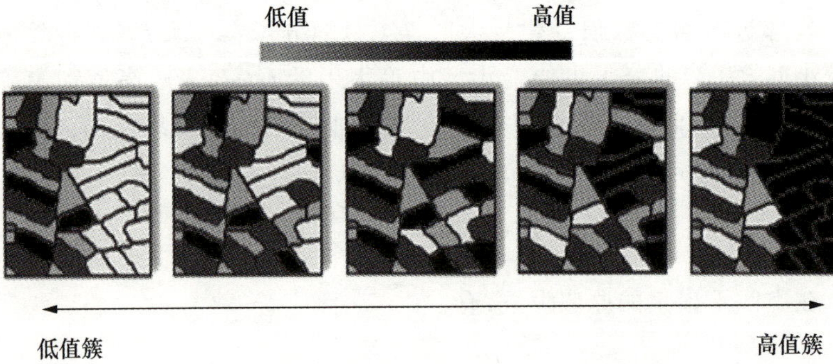

图 2-1　由 General *G* 值及 *Z* 值判定空间聚集模式

由前面的分析可知，全局 Moran's I 指数与 Geary's C 指数作用相似，即可以根据数值来分析是否存在空间自相关，是正自相关还是负自相关；而 General G 系数则可进一步判别正自相关时的聚集模式为高值聚集还是低值聚集。因此本章的研究，将采用 Moran's I 指数与 General G

系数两种指标，结合起来进行全局空间自相关分析。

二、局部空间相关性指标

全局空间自相关指标用于探测区域整体的空间模式，使用单一的值来反映研究区域的自相关程度。然而，由于空间异质性的存在，研究区域内的不同子区域内的空间自相关性可能存在较大差别，比如一些子区域存在正空间自相关而另一些子区域存在负空间自相关。这时，对全局自相关统计量（Moran's I 指数、Geary's C 指数及 General G 系数）进行一定的修正则可用于研究局部尺度上的空间自相关性。

局部空间相关性涉及每一空间单元与邻近单元就某一属性的相关程度，可通过空间联系局部指标 LISA、局部 G 系数等指标来进行研究。

（一）空间联系局部指标

空间联系局部指标（LISA）与全局 Moran's I 指数、Geary's C 指数的作用相似，可以判定某空间单元与邻近单元形成的子区域是否存在空间自相关，是正自相关还是负自相关。LISA 检验有局部 Moran's I 指数、局部 Geary's C 指数等指标，在本章中仅用局部 Moran's I 指数来进行检验。

对于某空间单元 i，其局部 Moran's I 指数的测度公式为：

$$I_i = z_i \sum_j w_{ij} z_j$$

其中，

$$z_i = \frac{x_i - \bar{x}}{S}$$

$$z_i = \frac{x_j - \bar{x}}{S}$$

$$S = \sqrt{\sum_{i=1}^{n} (x_i - \bar{x})^2}$$

若局部 Moran's I 指数为正，则表示周围分布相似，即该地区及其周围地区均为高值，或该地区及其周围地区均为低值；若局部 Moran's I 为负，则表示周围分布相异，该地区为高值而周围为低值，或该地区为低值而周围地区为高值。

与全局自相关统计量类似，仅有局部 Moran's I 指数的数值并不能说明太多，还需要与期望值进行比较，对局部 Moran's I 指数更详细的解

释依赖于标准化的 Z 值：

$$Z(I_i) = \frac{I_i - E(I_i)}{\sqrt{\mathrm{Var}(I_i)}}$$

其中，

$$E(I_i) = -\frac{w_i}{n-1}$$

$$\mathrm{Var}(I_i) = \frac{w_{i(2)}(n-b_2)}{n-1} + \frac{2w_{i(kh)}(2b_2-n)}{(n-1)(n-2)} - \frac{w_i^2}{(n-1)^2}$$

$$b_2 = \frac{m_4}{m_2^2}, \quad w_i = \sum_j w_{ij}$$

$$m_2 = \sum_{i=1}^{n} \frac{z_i^2}{n}, \quad w_{i(2)} = \sum_{i \neq j} w_{ij}^2$$

$$m_4 = \sum_{i=1}^{n} \frac{z_i^4}{n}, \quad w_{i(kh)} = \sum_{k \neq i} \sum_{h \neq i} w_{ik} w_{ih}$$

通过上述公式计算局部 Moran's I 指数值、期望值、方差及 Z 值，并进行判断。若局部 Moran's I 指数为正，则表示周围分布相似，即该地区及其周围地区均为高值，或该地区及其周围地区均为低值；若局部 Moran's I 值为负，则表示周围分布相异，该地区为高值而周围为低值或者该地区为低值而周围地区为高值。标准化后的局部 Moran's I 值即 Z 值，若在 -1.96 至 1.96 之内，则说明局部自相关不显著，观测模式可能是随机过程的结果。标准化后的局部 Moran's I 值即 Z 值，若大于 1.96，则说明是显著的相似值聚集（高—高或低—低）；若小于 -1.96，则说明是显著的不相似值聚集（高—低）。

（二）局部 G 系数

与局部 Moran's I 指数类似，全局 General G 系数也有对应的局部测度指标，若不包括 i 位置上的观测值，则为 G_i 统计量；若包括 i 位置上的观测值，则为 G_i^* 统计量。在本章中，将运用 G_i 统计量来进行统计分析。

1. G_i 统计量

G_i 统计量不包括 i 位置上的观测值，其计算公式为：

$$G_i = \sum_{j \neq i} w_{ij} x_i \Big/ \sum_{j \neq i} x_j$$

在不存在空间依赖性的原假设下，即位置 i 上的观测值与周围邻居的观测值 x_j 在空间上是独立的，此时，G_i 统计量的期望值和方差为：

$$E(G_i) = \sum_j w_{ij}(d)/(n-1)$$

$$\mathrm{Var}(G_i) = \frac{W_i(n-1-W_i)}{(n-1)^2(n-2)}\left[\frac{s(i)}{\bar{x}(i)}\right]^2$$

其中，

$$s^2(i) = \sum_j x_j^2/(n-1) - [\bar{x}(i)]^2$$

$$\bar{x}(i) = \sum_j x_j/(n-1)$$

此时 Z 统计量为：

$$Z(i) = \frac{G(d) - E[G_i(d)]}{\sqrt{\mathrm{Var}G_i(d)}}$$

$$= \frac{\sum_j w_{ij}(d)x_j - W_i\bar{x}(i)}{s(i)\{[(n-1)S_{1i} - W_I^2]/(n-2)\}^{1/2}},\quad j \neq i$$

其中，

$$S_{1i} = \sum_j w_{ij}^2 (j \neq i)$$

2. G_i^* 统计量

G_i^* 统计量则是包括 i 位置上的观测值，其计算公式为：

$$G_i^*(d) = \frac{\sum_j w_{ij}(d)x_j}{\sum_j x_j}$$

在不存在空间依赖性的原假设下，即位置 i 上的观测值与周围邻居的观测值 x_j 在空间上是独立的，此时，G_i^* 统计量的期望值和方差为：

$$E(G_i^*) = \sum_j w_{ij}(d)/n$$

$$\mathrm{Var}[G_i^*] = \frac{W_i(n-W_i)}{n^2(n-1)}\left[\frac{s}{\bar{x}}\right]^2$$

其中，

$$s^2 = \sum_j x_j^2/n - \bar{x}^2$$

$$\bar{x} = \sum_j x_j/n$$

$W_i = \sum_j w_{ij}(d)$ 有了 G_i^* 统计量的期望值和方差后，便可以构造标准化的 Z 统计量：

$$Z(i)^* = \frac{\{G_i^*(d) - E[G_i^*(d)]\}}{\sqrt{\mathrm{Var}G_i^*(d)}} = \frac{\sum_j w_{ij}(d)x_j - W_i^* \bar{x}}{s\{[nS_{1i}^* - W_i^{*2}]/(n-1)\}^{1/2}}$$

其中，

$$S_{1i}^* = \sum_j w_{ij}^2 (\text{对于所有 } j\text{，包含 } j = i)$$

$$W_i^* = W_i + w_{ii}$$

简单来讲，G_i 或 G_i^* 指数高则表示区域高值的聚集，指数低表示区域低值的聚集。如果 G_i 或 G_i^* 指数高于均值，且 Z 值显著为正（0.05 显著水平下 $Z>1.96$），则表明位置 i 周围的聚集模式为高值空间聚集，即 i 周围的值相对较大、高于均值。如果 G_i 或 G_i^* 指数低于均值，且 Z 值显著为负（0.05 显著水平下 $Z<-1.96$），则表明位置 i 周围的聚集模式为低值空间聚集，即 i 周围的值相对较小，低于均值。

三、探索性空间数据分析结果的可视化

图形 ESDA 技术，即可视化的探索性空间数据分析（ESDA），将计算结果用图形的方式来表示，一方面更为直观，另一方面人们可以交互地、多视角地来分析数据的特征。常用的图形方法有饼状图、柱状图、直方图、散点图、平行坐标图以及结合空间信息的各类主题地图等。在本章空间相关性研究中用到的可视化分析方法主要有 Moran 散点图、Moran 派生图、Moran 显著性地图、局部 G_i 地图等。

（一）Moran 散点图

Moran 散点图主要用来表示变量的空间自相关关系，它的横轴表示变量经过标准化变形后的 Z 值，纵轴表示变量的空间滞后（每个单元的空间滞后为该单元周围邻近观测值的加权平均，具体通过标准化的空间权重矩阵来加以定义）。Moran 散点图可以探索空间关联的全局模式、识别空间异常和局部不平稳性等（Anselin，1994，1996）。

横轴 Z 值的均值与纵轴空间滞后变量的均值两条线，将 Moran 散点图分为四个象限，分别对应四种不同类型的局部空间关联模式（见图 2-2）：

右上象限（H—H），观测值 Z_i 大于均值（high），其空间滞后也大于均值（high）。该象限对应正的空间自相关，表示该位置上的观测值和周围

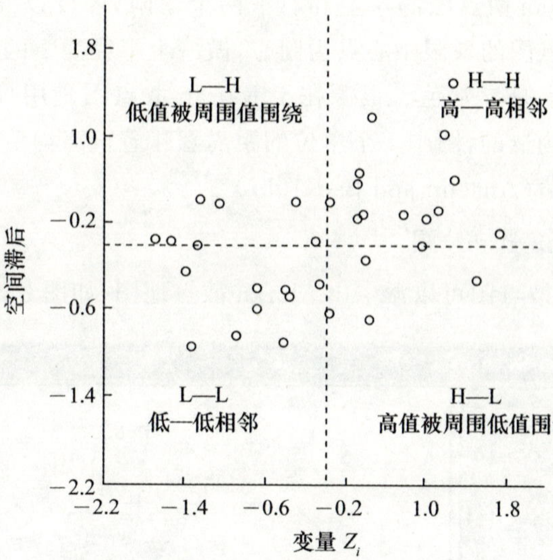

图 2-2　Moran 散点图

邻近的观测值之间相似，且为高—高相似，表明单元自身和周边地区该属性的取值水平均较高，二者空间差异程度较小。

左下象限(L—L)，观测值 Z_i 小于均值(low)，其空间滞后也小于均值(low)。该象限对应正的空间自相关，表示该位置上的观测值和周围邻近的观测值之间相似，且为低—低相似，表明单元自身和周边地区该属性的取值水平均较低，二者空间差异程度较小。

左上象限(L—H)，观测值 Z_i 小于均值(low)，但其空间滞后大于均值(high)。该象限对应负的空间自相关，表示该位置上的观测值和周围邻近的观测值之间相异，且为低—高相异，低值被周围的高值所围绕，表明单元自身取值水平较低，周边地区较高，二者空间差异程度较大。

右下象限(H—L)，观测值 Z_i 大于均值(high)，但其空间滞后小于均值(low)。该象限对应负的空间自相关，表示该位置上的观测值和周围邻近的观测值之间相异，且为高—低相异，高值被周围的低值所围绕，这表示单元自身取值水平较高，周边地区较低，二者空间差异程度较大。

除此之外，通过观察右上和左下两个象限的相对密度，可了解全局空间关联模式在多大程度上由高值还是低值之间的关联决定；观察左上和右下两个象限的相对密度，可了解哪种形式的负的空间关联占主导地位。

另外，观察 Moran 散点图的左上和右下两个象限，还可以发现潜在的空间异常。以散点图的象限中心点为圆心，做一个半径为 2 的圆，可以认为圆以外的观测点是异常值。根源在于 Moran 散点图是用标准化的变量和其空间滞后构造的，图中 2 个单位的距离意味着偏离均值两个标准差，可以看作异常值（Anselin and Bao，1997）。

（二）Moran 散点地图

由 Moran 散点图可以派生出 Moran 散点地图，如图 2-3 所示：

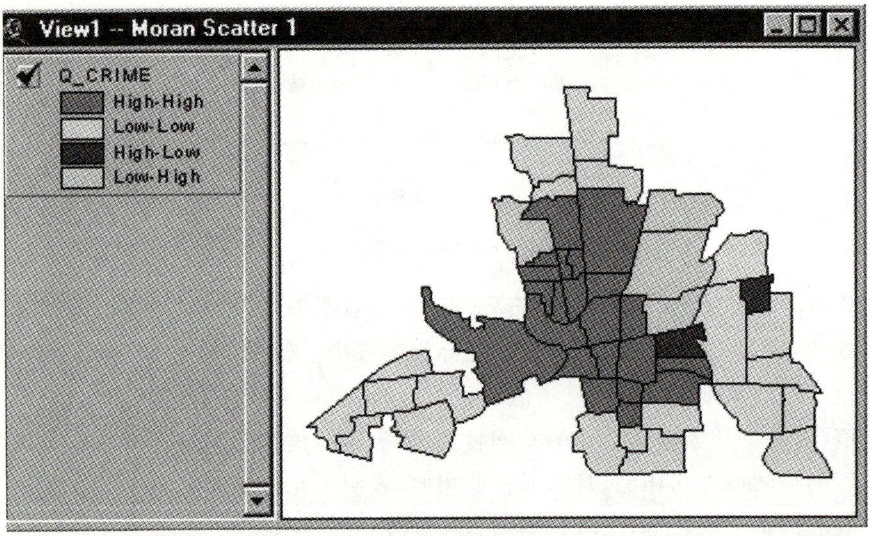

图 2-3　Moran 散点地图

当在 Moran 散点地图中仅显示那些显著较高或显著较低的观测值时，得到 Moran 显著性地图（Moran significance map）。如果显著观测值属于散点图中的第一象限或第三象限，则认为存在显著空间聚集；如果属于第二或第四象限，则认为存在显著的空间差异。

（三）局部 G_i 地图

将局部 G_i 数值经过标准变化后所得 $Z(G_i)$ 值显示在地图中，便可得到局部 G_i 地图（见图 2-4）。同理，当局部 G_i 地图中仅显示那些显著高或显著低的观测值时，得到的就是局部 G_i 显著性地图。若将 G_i 值表示在地图中，可以更直观地看到该属性的空间分布状况。

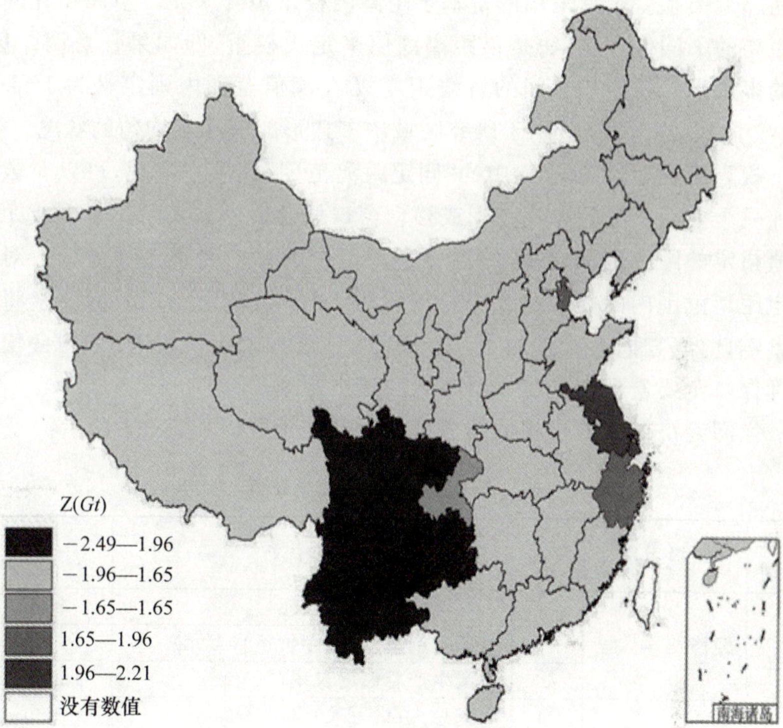

图 2-4　局部 G_i 地图

第二节　数据与描述性统计

本章采用的数据有三种类型：第一类，地理空间数据，来自中国行政区划图；第二类，统计数据，2001—2012 年由中国统计局提取出的北京市、天津市以及河北、辽宁、山东全部地级市的人均 GDP 数据，其中 GDP 数据是名义人均 GDP 数据；第三类数据，2012 年度环渤海经济圈所有市级及以上城市的经济数据，资料来自《2013 年中国城市统计年鉴》。虽然不同年份的价格水平由于存在通货膨胀或紧缩出现数据不可比问题，但本章采用的研究方法只考虑同一年份中空间邻接或空间邻近的区域单元属性值的相似程度。因此，无论是用名义人均 GDP 还是实际人均 GDP，都不会影响研究结果。

在进行空间自相关性分析之前，首先需要建立研究区内各区域间的空间邻近关系。本章采用的是基于距离的权重矩阵来突出空间单元间不同距离的不同作用,方法是以距离阈值来定义权重,即如果任意两个区/县的多边形几何中心之间的直线距离 d 在阈值范围内则定义为 1,否则为 0。此权重矩阵较适用于研究区域中多边形的大小不均匀的状况。

权重矩阵通过 Arcgis 中的“固定距离范围”选项来实现,可以对数据施加一个空间交互的影响范围或移动窗口概念模型。在距离范围或距离阈值指定的距离范围内,对邻近要素环境中的每个要素进行分析。对于指定距离范围内的邻域给予相等的权重,对于指定距离之外的要素将不会影响计算(它们的权重为零)。如果运算过程中未设置阀值,则会使用可确保每个要素至少具有一个邻域的最小距离。

空间经济聚集的自相关的变量设置及统计分析如表 2-1 所示:

表 2-1 空间自相关变量设置

一级类别	二级类别	序号	变量中文	代码
基本概况	经济	1	人均地区生产总值(元)	pgdp
		2	地区生产总值(当年价格)(万元)	gdp
		3	地区生产总值增长率(%)	gdpgrow
	人口	4	年末总人口(万人)	pop
		5	人口密度(人/平方公里)	density
资本状况	房地产开发投资	6	人均房地产开发投资(元)	reinv
		7	人均地方财政一般预算内支出(元)	govexp
	固定资产投资	8	人均固定资产投资(元)	invest
劳动力	劳动力供给	9	年末单位从业人员数(万人)	labor
	人力资本	10	每百人在校大学生数(人)	heduc
	医疗健康	11	每万人拥有的医院床位(个)	hosbed
		12	每万人拥有的医生数量(人)	doctor
		13	建成区绿化覆盖率(%)	envir
市场状况	市场规模	14	人均限额以上批发零售贸易业商品销售总额(元)	pslaes
	交通设施水平	15	人均存贷款额(元)	finance
		16	人均城市道路面积(平方米)	proad
经济环境	投资开放	17	人均城市规模以上外商投资企业工业总产值(元)	fvalue
		18	人均实际使用外资金额(美元)	FDI
	信息开发	19	互联网用户数比例(%)	net

表 2-2 变量统计分析

中文变量	单位	英文变量	观测值	平均值	标准差	最小值	最大值
人均地区生产总值	元	pgdp	36	58 636	26 368	24 053	145 395
地区生产总值	万元	gdp	36	33 386 679	35 667 831	5 599 635	178 794 000
地区生产总值增长率	%	gdpgrow	36	10	1	8	14
年末总人口	万人	pop	36	495	311	126	1 298
人口密度	人/km²	density	36	467	219	95	865
人均房地产开发投资	元	reinv	36	8 120	6 263	1 949	26 807
人均地方财政一般预算内支出	元	govexp	36	6 637	5 571	417	28 403
人均固定资产投资	元	invest	36	41 663	21 423	16 112	105 822
年末单位从业人员数	万人	labor	36	82	121	17	717
每百人在校大学生数	人	heduc	36	2	2	0	11
每万人医院床位数	个	hosbed	36	48	12	26	71
每万人医生数	人	doctor	36	23	9	12	63
建成区绿化覆盖率	%	envir	36	41	6	22	52
人均限额以上批发贸易业商品销售总额	元	pslaes	36	41 280	74 349	6 085	403 722
人均机构存贷款余额	元	finance	36	139 878	147 585	45 601	866 235
人均城市道路面积	m²	proad	36	14	6	5	28
人均外商城市规模以上工业总产值	元	fvalue	36	10 603	15 438	75	68 883
人均实际使用外资金额	美元	FDI	36	330	448	30	2 092
互联网宽带接入用户占总人口比例	%	net	36	18	10	0	50

第三节 环渤海三大区域经济集聚趋势分析

一、京津冀地区经济集聚与趋势分析

（一）全局自相关分析

在表 2-3、图 2-5 至图 2-7 列出了 2001—2012 年京津冀地区各个地级市人均 GDP 的全局 Moran's I 统计结果。从表中可以看出在 2001—2012 年，Moran's I 指数值呈逐年上升趋势。2001 年，Moran's I 指数为 −0.000393，比期望值 $E(I)$ 略大，但 Z 值仅为 0.47，远小于 1.96，说明此时的空间分布模式非常接近于随机分布，也就是说各个地级市的人均

GDP 分布基本上是独立的。2001 年以后，Moran's I 指数的值越来越高，虽然并没有通过 0.05 的显著性检验，但是 Moran's I 指数的值与 $E(I)$ 值之间的正偏差不断增大，Z 值越来越大，显著性在不断增强，而从 2010 年开始，Moran's I 值通过了 0.10 的显著性检验。这说明人均 GDP 的空间分布由随机分布向正的空间自相关分布变化，也就是说京津冀各市经济发展水平相似(高—高或低—低)的地区在空间上集中分布，且随着时间的推移，这种趋势在不断增强。

表 2-3　2001—2012 年京津冀地区 Moran's I 指数

年份	Moran's I 指数	预期指数 $E(I)$	方差	Z 值	P 值
2001	−0.000393	−0.076923	0.026191	0.472886	0.63629
2002	0.002269	−0.076923	0.025428	0.496625	0.61945
2003	0.018172	−0.076923	0.026413	0.585124	0.55847
2004	0.011040	−0.076923	0.026614	0.539191	0.58976
2005	0.026709	−0.076923	0.027710	0.622552	0.53358
2006	0.069282	−0.076923	0.028449	0.866826	0.38604
2007	0.110908	−0.076923	0.028429	1.113997	0.26528
2008	0.173348	−0.076923	0.030463	1.433910	0.15160
2009	0.203141	−0.076923	0.030644	1.599856	0.10963
2010	0.226262	−0.076923	0.030899	1.724798	0.08456
2011	0.235161	−0.076923	0.031263	1.765057	0.07755
2012	0.245978	−0.076923	0.031159	1.829275	0.06736

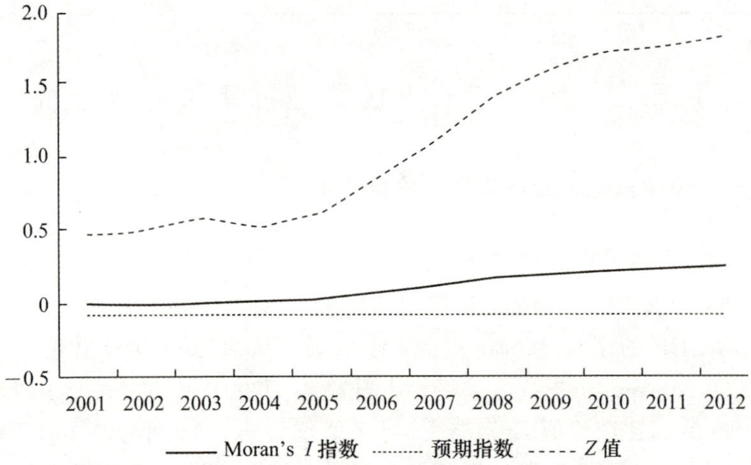

图 2-5　2001—2012 年京津冀地区 Moran's I 指数折线图

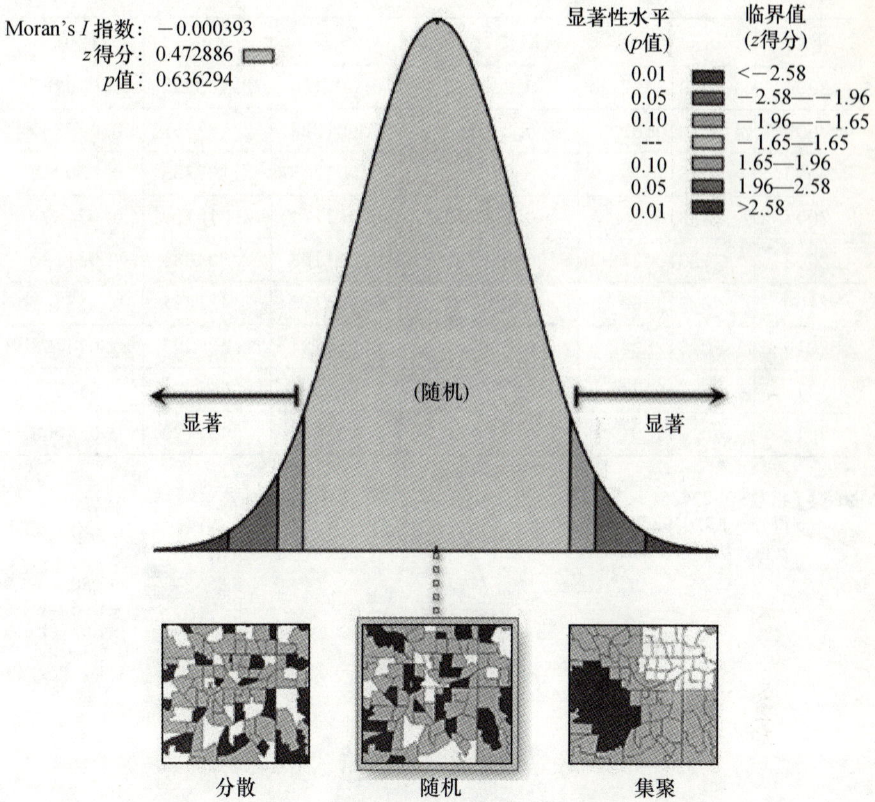

图 2-6 2001 年京津冀地区 Moran's I 全局自相关结果

表 2-4 和图 2-8 列出了 2001—2012 年京津冀地区各个地级市人均 GDP 的全局 General G 统计结果。可以发现，京津冀地区的全局 General G 系数在各年中均为正，且高于 G 系数的期望值 E(G)，这表明人均 GDP 的观测模式展现出一定的正向空间联系。可以看到各年的 Z 值均高于 0.05 显著水平下的阈值 1.96，这进一步表明京津冀地区人均 GDP 的空间分布存在热点(hot spots)区域，即人均 GDP 存在高—高聚集区。

表 2-4 2001—2012 年京津冀地区 General G 指数

年份	General G 指数	预期指数	方差	Z 值	P 值
2001	0.312410	0.230769	0.001134	2.423872	0.015356
2002	0.316347	0.230769	0.001220	2.450271	0.014275
2003	0.317386	0.230769	0.001224	2.475520	0.013304

（续表）

年份	Moran's I 指数	预期指数 $E(I)$	方差	Z 值	P 值
2004	0.313427	0.230769	0.001183	2.402993	0.016261
2005	0.310802	0.230769	0.001228	2.283853	0.022380
2006	0.311304	0.230769	0.001203	2.322388	0.020212
2007	0.310098	0.230769	0.001174	2.315199	0.020602
2008	0.310036	0.230769	0.001183	2.304631	0.021187
2009	0.314063	0.230769	0.001183	2.421854	0.015442
2010	0.312828	0.230769	0.001134	2.437291	0.014798
2011	0.310124	0.230769	0.001097	2.395928	0.016578
2012	0.311804	0.230769	0.001088	2.457120	0.014006

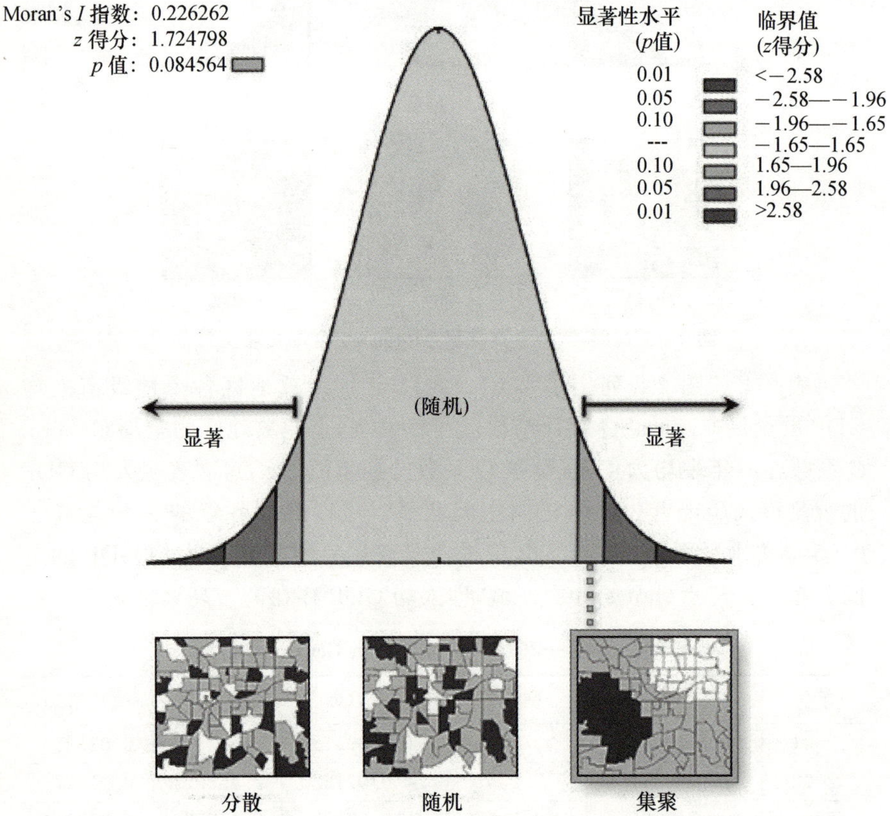

图 2-7　2010 年京津冀地区 Moran's I 全局自相关结果

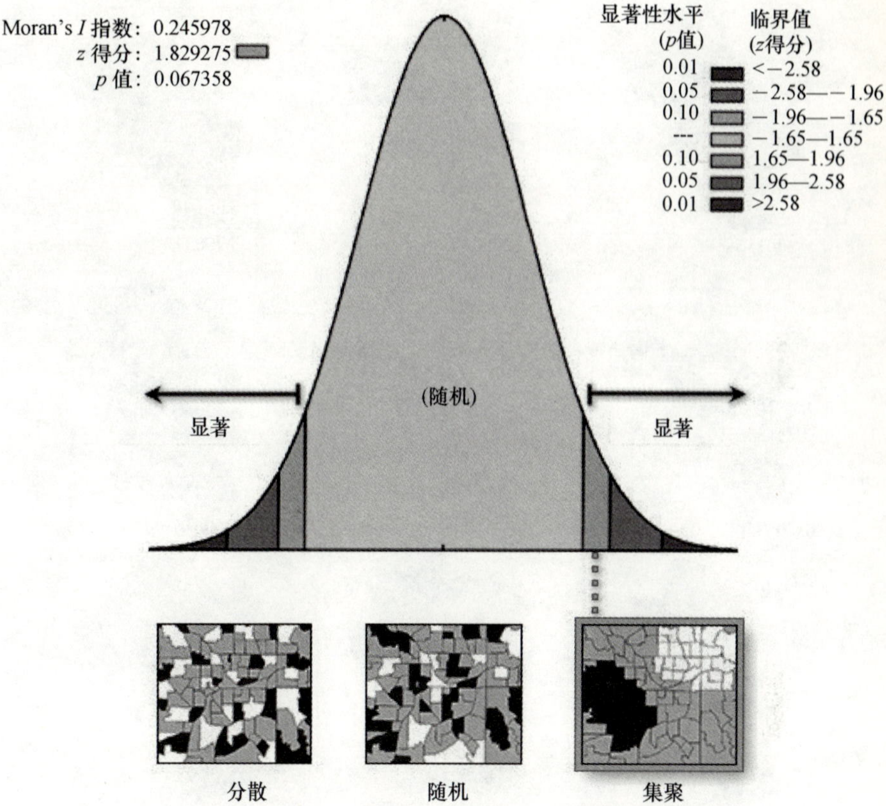

图 2-8 2012 年京津冀地区 Moran's I 全局自相关结果

（二）局部自相关分析

图 2-9 是采用 LISA(Local Moran's I)及设定 0.05 的显著水平下，得到的 2001—2012 年京津冀地区各市人均 GDP 的 Moran 显著性图。Moran 局部指数是用来检验局部地区是否有相似或者相异的观察值聚集在一起。从图 2-9 中可以明显看出京津冀地区除去部分不显著地区以外，剩余地区主要是以高—高和低—高聚集分布形式为主，其中，天津和廊坊香河县属于高—高分布，高—高表示一个高值被高值所包围，天津和廊坊一起带动周边城市发展，形成高—高发展区域；张家口市和承德市属于低—高分布，而低—高表示一个低值被高值所包围，说明城市发展协调程度相对较低，距离高级协调发展具有较大空间。2006 年和 2009 年承德

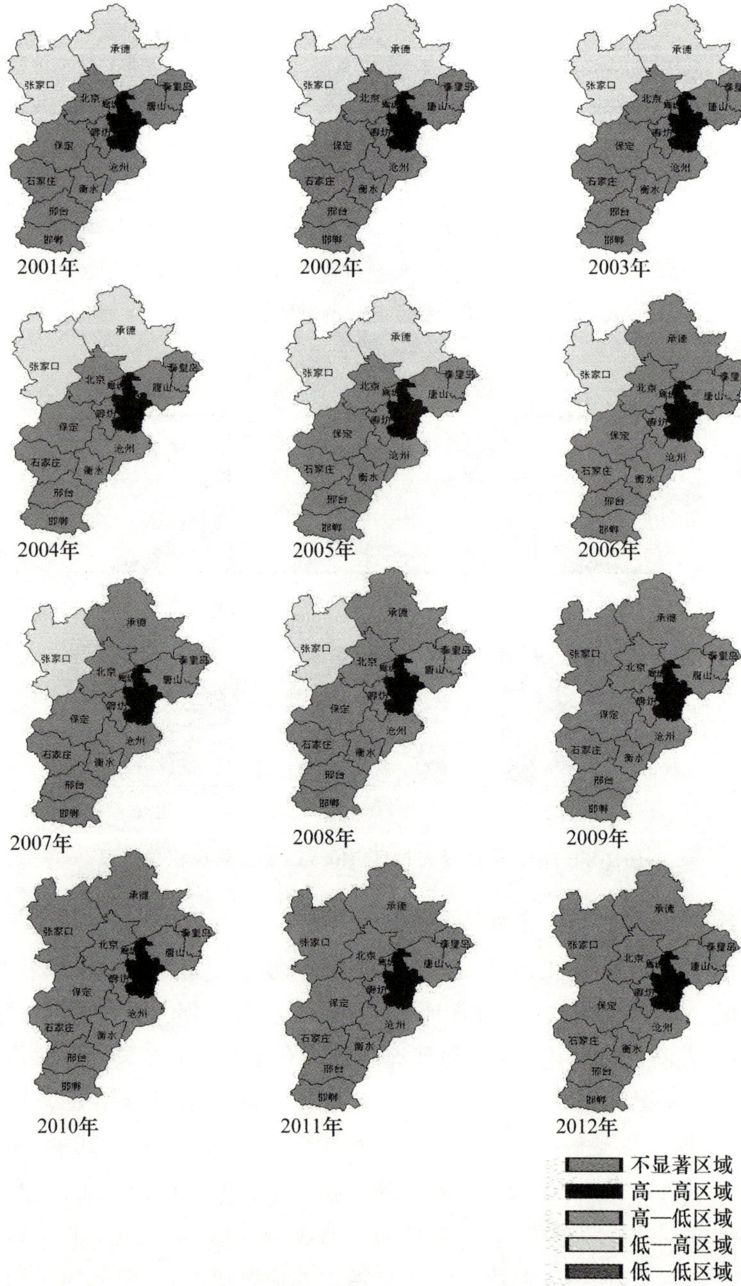

图 2-9　2001—2012 年京津冀 Moran 局部自相关结果

市、张家口市相继从人均GDP的低—高区进入到不显著区域，从此京津冀城市群内部再无明显的低—高区域，即滞后区域。对于天津和廊坊的高—高聚集，可能的解释是，道路交通的发展和近几年基础建设的拉动，承德在旅游产业和铁矿资源开发方面快速发展，由之前的低—高分布地区变为不显著地区。张家口市也因为基础建设的拉动，使其在冶炼、矿产开发方面的主导产业增长从而带动了其经济的增长。

图2-10是采用G_i指数分布的显著性图。G_i指数主要用来检验局部地区是否存在统计显著的高值和低值。可以看出，在G_i局部自相关中的热点分布与Moran局部自相关中的高—高分布比较相近。结果表明天津与廊坊香河县的分布也与图2-9的结果相一致。而图2-10同时显示了2008年以后衡水的低值显著，及2011年后石家庄的低值显著。这与现实中衡水、石家庄近年来的经济发展缓慢也是相符合的。

二、山东省经济集聚与趋势分析

（一）全局自相关分析

表2-5和图2-11为2001—2012年山东省各个地级市人均GDP的全局Moran's I统计结果。从表中可看出2001—2012年，Moran's I指数值均为正值且总体呈上升趋势。这表明山东省各地（市）人均GDP分布呈正相关，也就是说山东省各地（市）经济发展水平相似（高—高或低—低）地区在空间上呈现集中分布，且随着时间的推移，这种趋势也在缓慢增强，但P值一直很高，即便显著性最强的2010年，P值仍为0.31，在统计上倾向不显著，也就是说这样的分布模式很有可能是小概率事件而非系统的过程，即山东省人均GDP的空间分布模式很有可能为随机分布。图2-12和图2-13分别为2001年和2012年山东的Moran's I全局空间自相关结果。

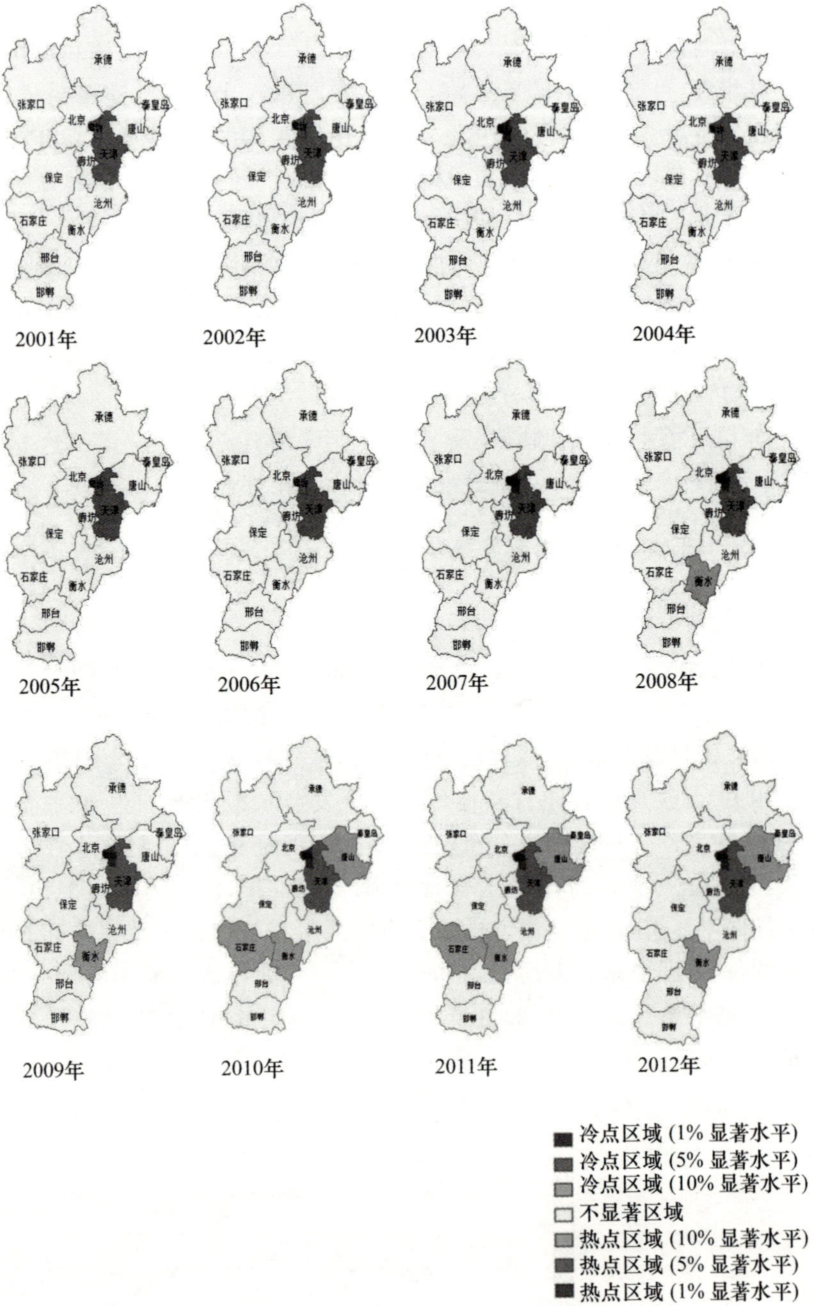

图 2-10　2001—2012 年京津冀地区 G_i 局部空间自相关结果

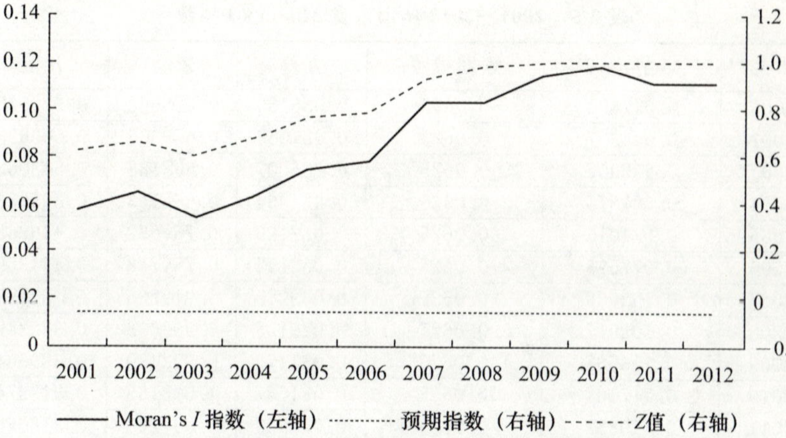

图 2-11　2001—2012 年山东省 Moran's *I* 指数折线图

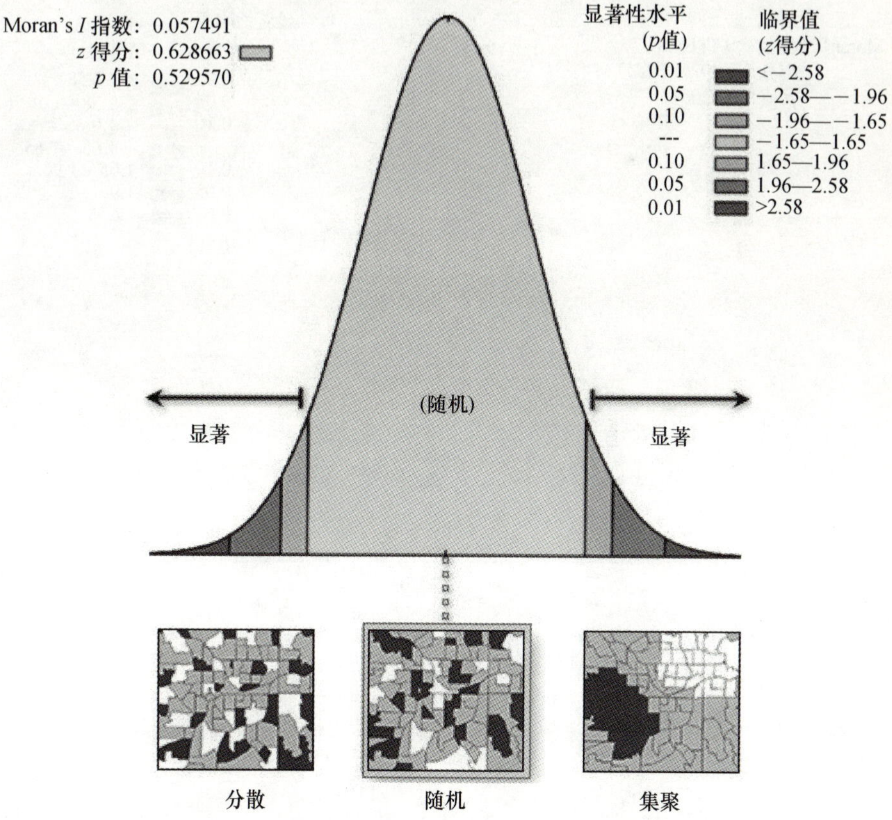

图 2-12　2001 年山东省 Moran *I* 全局自相关结果

表 2-5　2001—2012 年山东省 Moran's *I* 指数

年份	Moran's *I*	预期指数	方差	*Z* 值	*P* 值
2001	0.057491	0.0625	0.036430	0.628663	0.529570
2002	0.064387	0.0625	0.037039	0.659308	0.509698
2003	0.052907	0.0625	0.036007	0.608188	0.543063
2004	0.061875	0.0625	0.034964	0.665153	0.505953
2005	0.074015	0.0625	0.032125	0.761652	0.446268
2006	0.077673	0.0625	0.032152	0.781738	0.434369
2007	0.102668	0.0625	0.032285	0.919235	0.357972
2008	0.102917	0.0625	0.029105	0.969602	0.332245
2009	0.113581	0.0625	0.031479	0.992439	0.320984
2010	0.117161	0.0625	0.031757	1.008168	0.313374
2011	0.110882	0.0625	0.030229	0.997223	0.318656
2012	0.111028	0.0625	0.030563	0.992587	0.320911

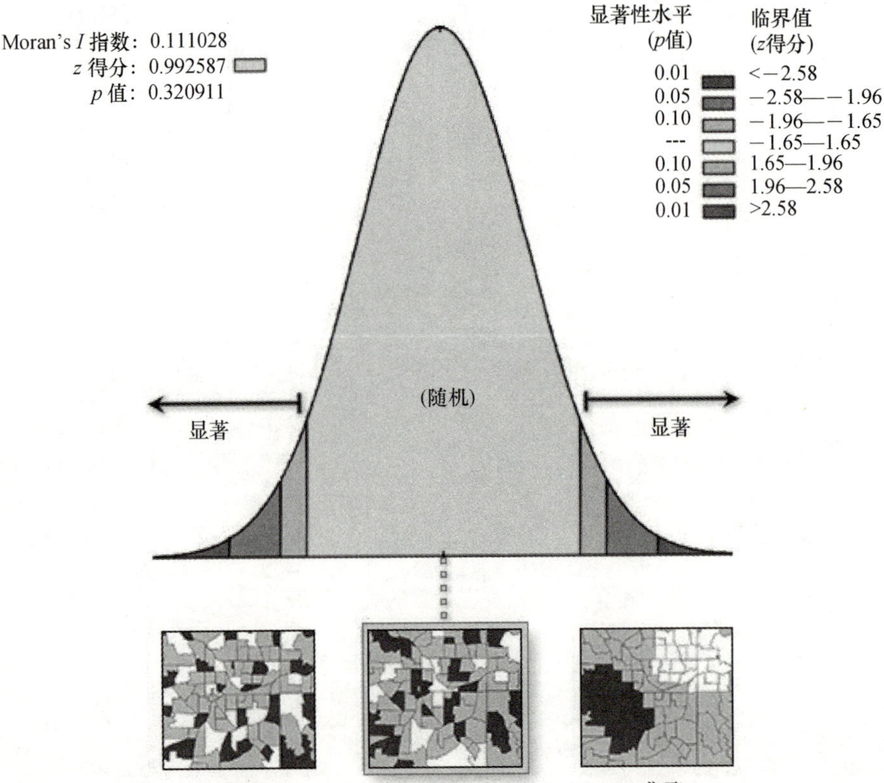

图 2-13　2012 年山东省 Moran *I* 全局自相关结果

表 2-6 列出了 2001—2012 年山东省各地级市人均 GDP 的全局 General G 统计结果。从表 2-6 中可看出 2001—2012 年，General G 指数值比较稳定，且非常接近期望值 $E(G)$，这表明 2001—2012 年山东省的人均 GDP 呈随机分布，由 Z 值也可看出无法拒绝随机分布的假设，从而也可得出山东省的人均 GDP 呈随机分布。这与由全局 Moran's I 得出的结论一致。

表 2-6 2001—2012 年山东省 General G 指数

年份	General G	预期指数	方差	Z 值	P 值
2001	0.155311	0.154412	0.000519	0.039442	0.968538
2002	0.155855	0.154412	0.000493	0.064991	0.948181
2003	0.153525	0.154412	0.000525	0.038700	0.969131
2004	0.152356	0.154412	0.000515	0.090610	0.927806
2005	0.149372	0.154412	0.000532	−0.218530	0.827017
2006	0.149299	0.154412	0.000497	−0.229370	0.818580
2007	0.149329	0.154412	0.000444	−0.241130	0.809452
2008	0.151914	0.154412	0.000405	−0.124160	0.901185
2009	0.152725	0.154412	0.000368	−0.087960	0.929911
2010	0.153070	0.154412	0.000358	−0.07091	0.943473
2011	0.153994	0.154412	0.000325	−0.02318	0.981510
2012	0.151036	0.154412	0.000344	−0.18211	0.855495

（二）局部自相关分析

图 2-14 是采用 LISA（Local Moran's I）及设定 0.05 的显著水平下，得到的 2001—2012 年山东省各地级市人均 GDP 的 Moran 局部自相关显著性地图。Moran 局部指数是用来检验局部地区是否有相似或者相异的观察值聚集在一起。从图中可以明显看出山东省不很显著，没有明显的显著点。

图 2-15 是采用 G_i 指数分布的显著性图，通过观察该图，发现山东省存在着显著的高值区和低值区。

2001—2003 年位于山东省东北部临海的烟台市和威海市为人均 GDP 高值聚集区，但随着时间推移，山东省的高值聚集区逐渐变为东营和滨州，具体表现为：2001 年，高值聚集为烟台市和威海市；2004 年，威海市不再是高值聚集地区；2006 年，烟台市不再是高值聚集地区；从 2005

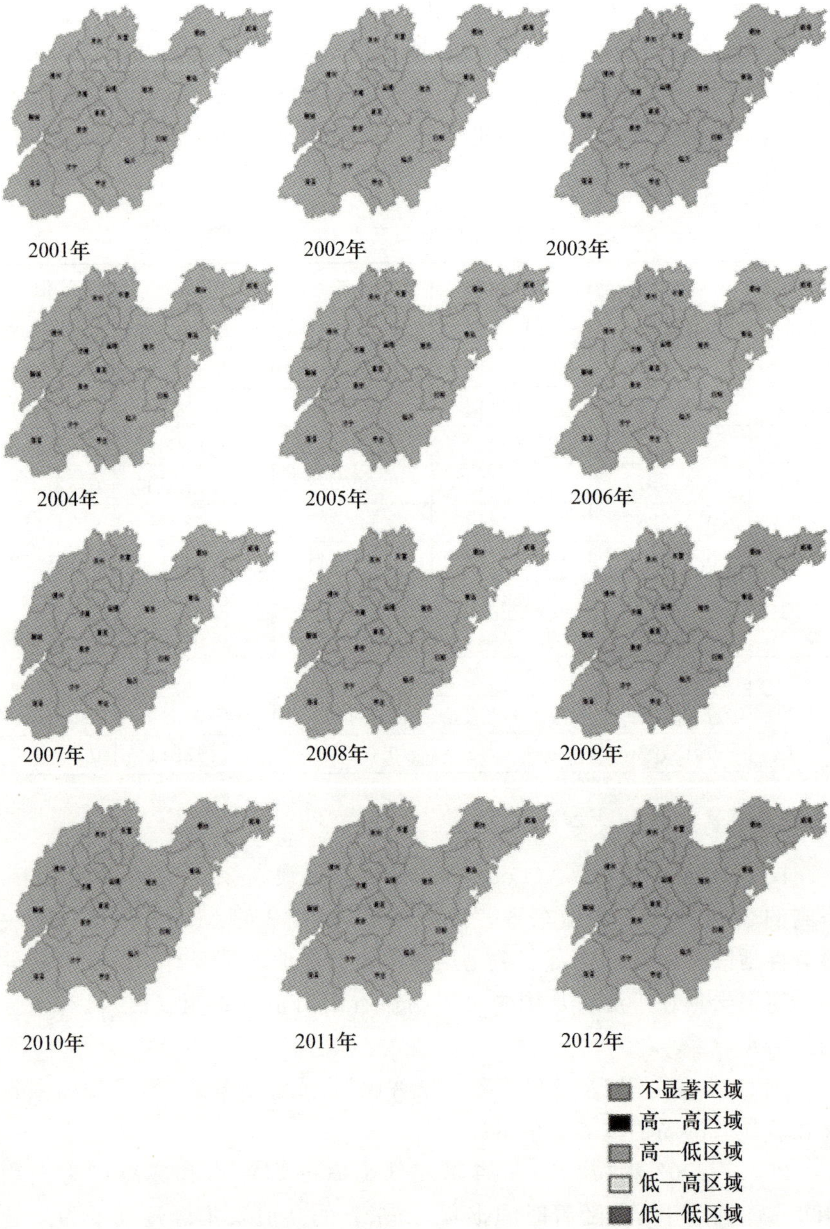

图 2-14　2001—2012 年山东省 Moran 局部自相关结果

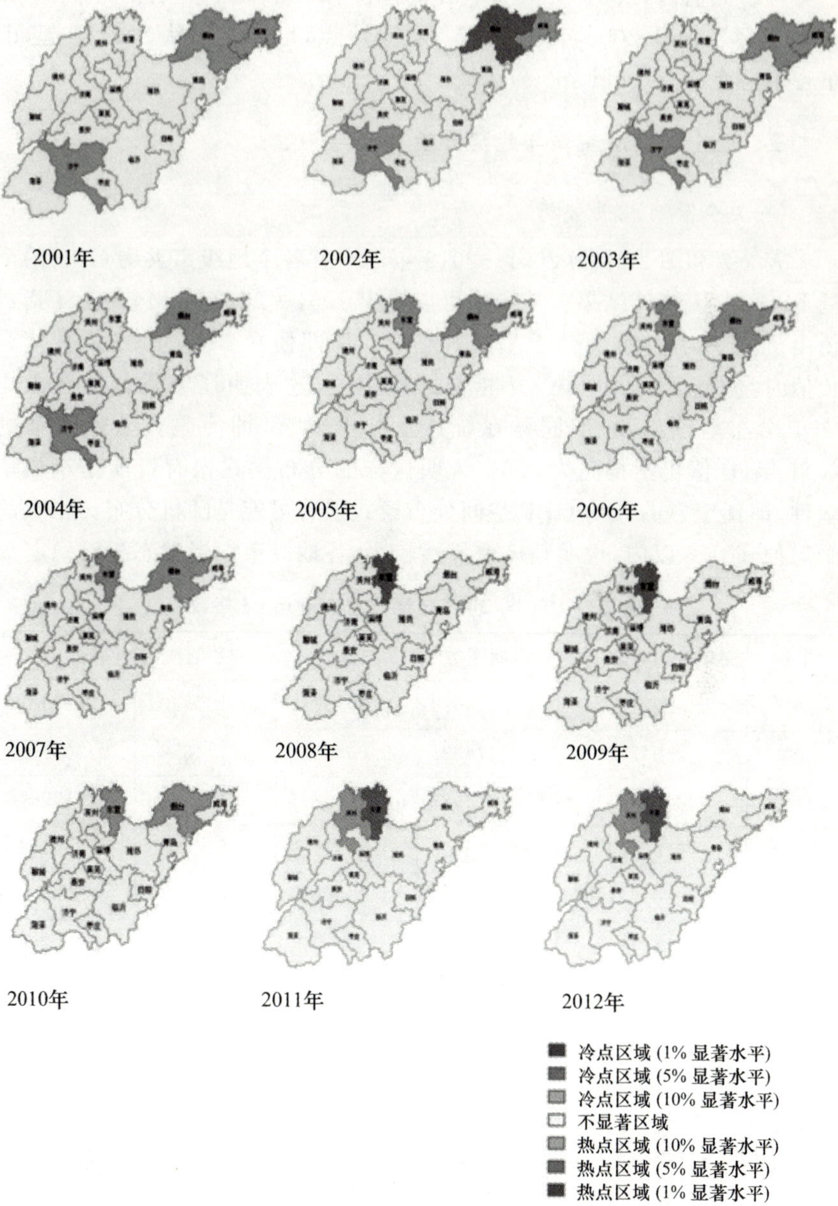

图 2-15　2001—2012 年山东省 G_i 局部自相关结果

年开始，东营成为高值聚集地区；2011 年起，滨州市成为高值聚集地区。

再看低值区，2001—2004 年山东省仅有济宁一个显著的冷点（cold spots）区域，但从 2005 年起，济宁不再是冷点，也就是说从 2005 年起，山东省不再有冷点（cold spots）区域。

三、辽宁省经济集聚与趋势分析

（一）全局自相关分析

表 2-7 和图 2-16 为 2001—2012 年辽宁省各个地级市人均 GDP 的全局 Moran's *I* 统计结果。从表中可以看出 2001—2012 年 Moran's *I* 指数值由负值变为正值，总体上呈上升趋势。但即便在 Moran's *I* 指数值为负值时，仍要高于 Moran's *I* 指数的期望值，这表明辽宁省各地区人均 GDP 分布呈正相关，但同样在统计上并不显著，即便是显著性最强的 2011 年，*P* 值仍然很高为 0.61，说明这样的分布模式很有可能是小概率事件，即辽宁省的人均 GDP 空间分布模式很有可能是随机分布。指数的绝对值在 0.6 以内，说明整体差异性较小，各地级市发展状态相对稳定。

表 2-7　2001—2012 年辽宁省 Moran's *I* 指数

年份	Moran's *I* 指数	预期指数	方差	*Z* 值	*P* 值
2001	−0.051527	−0.076923	0.064074	0.100330	0.920083
2002	−0.047722	−0.076923	0.065208	0.114352	0.908958
2003	−0.050671	−0.076923	0.064967	0.102994	0.917967
2004	−0.024146	−0.076923	0.065115	0.206828	0.836144
2005	−0.013243	−0.076923	0.065507	0.248804	0.803512
2006	−0.011724	−0.076923	0.066077	0.253640	0.799774
2007	−0.024453	−0.076923	0.065787	0.204570	0.837908
2008	−0.019788	−0.076923	0.065460	0.223313	0.823292
2009	0.027073	−0.076923	0.063518	0.063518	0.679873
2010	0.041276	−0.076923	0.065701	0.461134	0.644703
2011	0.053305	−0.076923	0.065830	0.507566	0.611758
2012	0.045455	−0.076923	0.064094	0.483386	0.628821

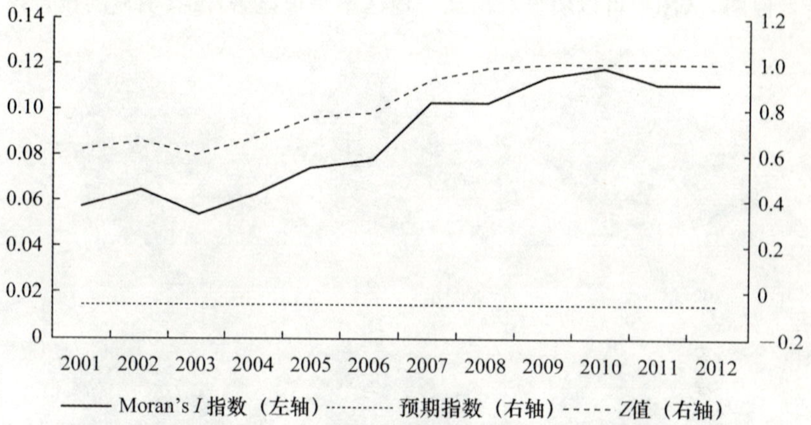

图 2-16　2001—2012 年辽宁省 Moran's *I* 指数折线

表 2-8 列出了 2001—2012 年辽宁省地区各地级市人均 GDP 的全局 General *G* 统计结果。从表中可以看出 2001—2012 年 General *G* 指数值比较稳定，且非常接近期望值 *E*(*G*)，这表明在该时间段内，辽宁省的人均 GDP 呈随机分布，由 *Z* 值也可看出无法拒绝随机分布的原假设，所以得出辽宁省的人均 GDP 呈随机分布，与 Moran's *I* 分析的结论一致。

表 2-8　2001—2012 年辽宁省 General *G* 指数

年份	General *G*	预期指数	方差	*Z* 值	*P* 值
2001	0.168383	0.142857	0.000616	1.028774	0.303586
2002	0.165262	0.142857	0.000571	0.937716	0.348390
2003	0.164370	0.142857	0.000536	0.929392	0.352686
2004	0.164886	0.142857	0.000486	0.998945	0.317821
2005	0.164789	0.142857	0.000456	1.026711	0.304557
2006	0.163752	0.142857	0.000422	1.017178	0.309069
2007	0.159873	0.142857	0.000401	0.850016	0.395316
2008	0.159805	0.142857	0.000383	0.866147	0.386410
2009	0.161164	0.142857	0.000357	0.969527	0.332283
2010	0.162765	0.142857	0.000279	1.192592	0.233029
2011	0.163382	0.142857	0.000259	1.276318	0.201843
2012	0.160258	0.142857	0.000242	1.118725	0.263257

（二）局部自相关分析

图 2-17 是采用 LISA（Local Moran's *I*）及设定 0.05 的显著水平下，得到的 2001—2012 年辽宁省各地级市人均 GDP 的 Moran 局部自相关

显著性图，从图中可以明显看出辽宁地区不是很显著，没有明显的显著点。

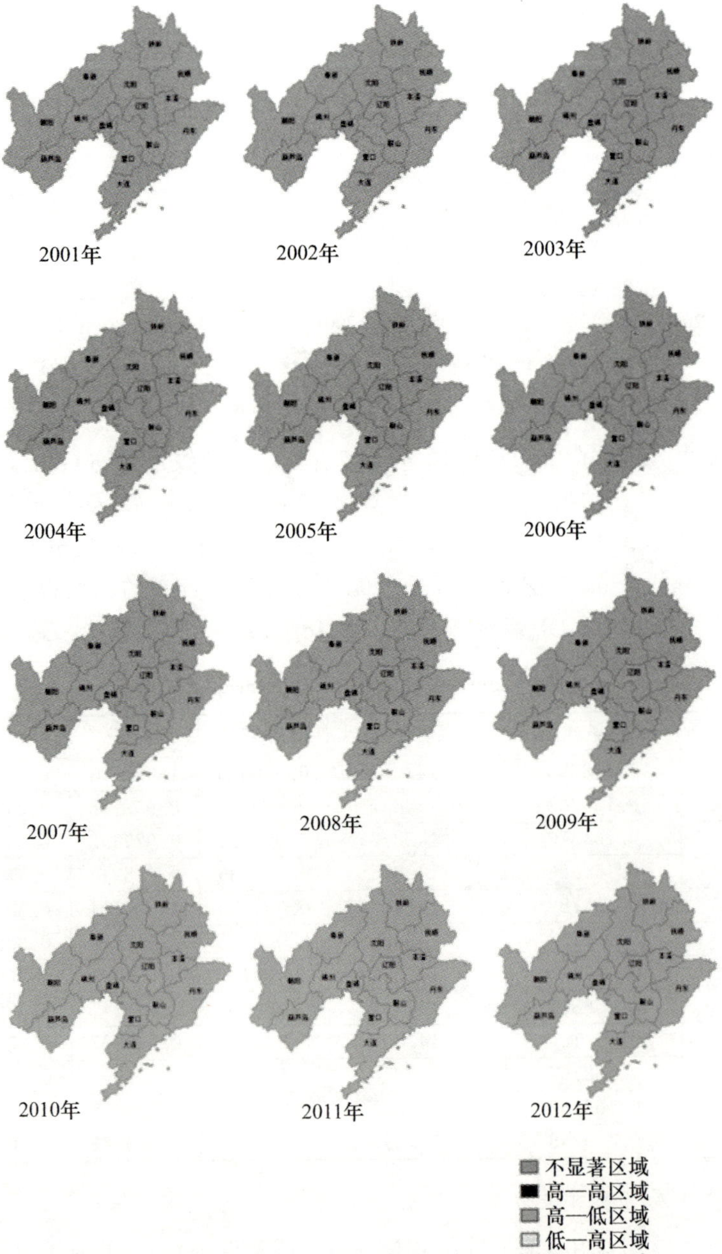

图 2-17　2001—2012 年辽宁省 Moran 局部自相关结果

图 2-18 是采用 G_i 指数分布的显著性图，通过观察该图，2001—2012

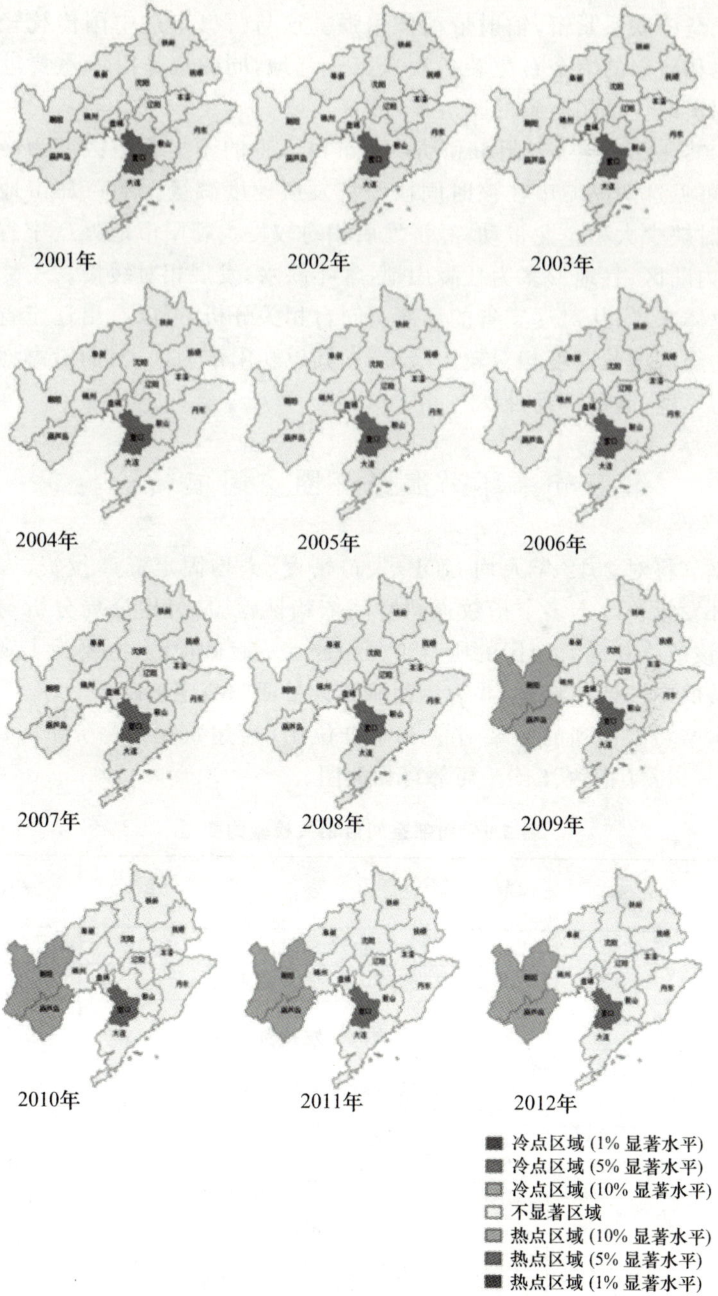

图 2-18　2001—2012 年辽宁省 G_i 局部自相关结果

年，营口市一直是辽宁省的热点聚集区。说明该地区经济集聚性强，与周边地区经济联系紧密，辐射带动作用强。这与营口市是中国传统轻纺工业基地和新兴的冶金石化装备制造工业基地，同时也是沿海重要港口城市的现实地位是相一致的。

2009—2012 年，朝阳市和葫芦岛市由原来的不显著地区变为冷点聚集区，可见这两座城市在该时间段经济发展速度减缓。葫芦岛市地域狭小，同时缺少大型企业带动，经济发展相对较慢。朝阳市地处辽宁省西北部，是内陆区，且地形多为丘陵山地，常年缺水，发展相对缓慢。

总体来说，从对辽宁省的局部空间自相关分析，可以看出辽宁省西北地区的经济增长速度相对较为缓慢，尤其以朝阳市为代表；而沿海地区发展相对迅速，除葫芦岛外。

第四节　环渤海经济圈空间依赖检验

本节将对 2012 年人均 GDP、人口密度、人均固定资产投资、人均房地产开发投资等十多个指数进行空间依赖性检验，包括全局分析与局部分析，该节将环渤海地区的所有市(区)放在一起做检验，主要为了观察整个区域的空间依赖状况，并为后面研究计量回归奠定基础。

本节将要用到的主要方法有十分位图(描述状况)、Moran's *I* 散点图、Moran's *I* 指数、LISA 局部自相关图。

表 2-9　局部空间自相关检验的变量

一级类别	二级类别	序号	变量中文	代码
基本概况	经济	1	人均地区生产总值(元)	pgdp
		2	人口密度(人/平方公里)	density
资本状况	房地产开发投资	6	人均房地产开发投资(元)	reinv
	财政支出	7	人均地方财政一般预算内支出(元)	govexp
	固定资产投资	8	人均固定资产投资(元)	invest
劳动力	劳动力供给	9	年末单位从业人员数(万人)	labor
	人力资本	10	每万人在校大学生数(人)	heduc
		11	每万人拥有的医院床位(个)	hosbed
	医疗健康	12	每万人拥有的医生数量(人)	doctor
		13	建成区绿化覆盖率(%)	envir

（续表）

一级类别	二级类别	序号	变量中文	代码
市场状况	市场规模	14	人均限额以上批发零售贸易业商品销售总额(元)	pslaes
	金融发展水平	15	人均存贷款额(元)	finance
	交通设施水平	16	人均城市道路面积(平方米)	proad
经济环境	投资开放	17	人均外商城市规模以上工业总产值(元)	fvalue
	信息开放	18	人均实际使用外资金额(美元)	FDI
		19	互联网用户数比例(%)	net

一、基本概况空间依赖检验

（一）人均 GDP

从环渤海地区人均 GDP 十分位图(见图 2-19)可以看出，北京、天津、大连、东营人均 GDP 属于第一梯队，整个环渤海地区的人均 GDP 分布也呈现京津冀、辽中南、山东半岛三大区域的分割特征。人均 GDP 高的地区经济发达，其周边区域的经济也呈现出相对较高的水平，可能是区域经济辐射的作用。

在 Moran's I 散点图(见图 2-20)中，横轴表示 j 地区人均 GDP，纵轴表示 j 周边地区的人均 GDP，四个不同的象限分别刻画区域间的经济差异。在本章第一节也介绍过，第一象限呈现“低—高”的特征，即该区域的经济水平呈低值状态，而周边区域为高值；第二象限呈现“高—高”的特征，即该区域以及周边地区均呈现较高的经济发展水平；第三象限呈现“低—低”的特征，即该区域以及周边地区经济发展水平均较为落后；第四象限呈现“高—低”的特征，即该地区经济发展水平高，但其周边发展水平较为落后。

通过计算，可得到 2012 年环渤海地区人均 GDP 的 Moran's I 指数为 0.1059，在 999 次随机检验下，指数在 15%的显著水平下是显著的，说明环渤海地区的经济发展水平以人均 GDP 为测度指标，具有一定的聚集形态。

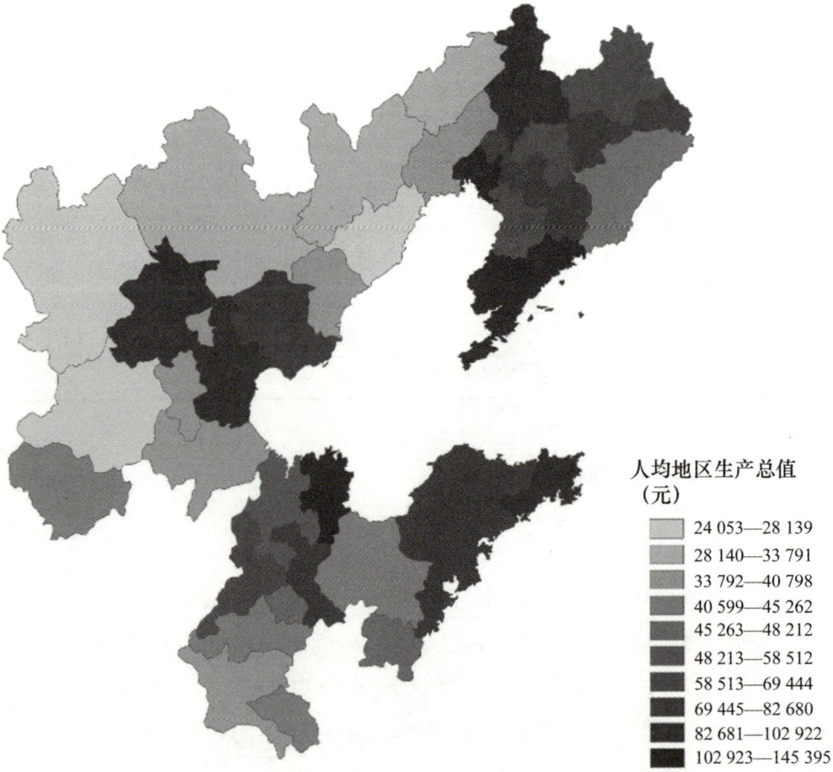

图 2-19　2012 年环渤海地区人均 GDP 十分位图

通过对 2012 年环渤海地区人均 GDP 的局部自相关检验(见图 2-21),在设定 5%的显著水平,经过 999 次随机检验,结果显示:葫芦岛市、朝阳市、石家庄市表现为低值聚集,即三个市的人均 GDP 较低,且周围地区也呈现出经济水平落后的特征,这些地区地处环渤海经济圈三大区域的边缘地区,很难受到中心城市的辐射作用;滨海市与潍坊市为"低—高"值的形态,即该区域人均 GDP 较低,但周围地区经济发展水平较高,滨海市衔接山东半岛西北与河北南部,自身经济发展水平低于周边东营、济南、潍坊,而潍坊市地处东营、淄博与烟台、青岛的衔接处,表现出弱于周边发展水平;从人均 GDP 来看,环渤海地区没有高值聚集的形态。

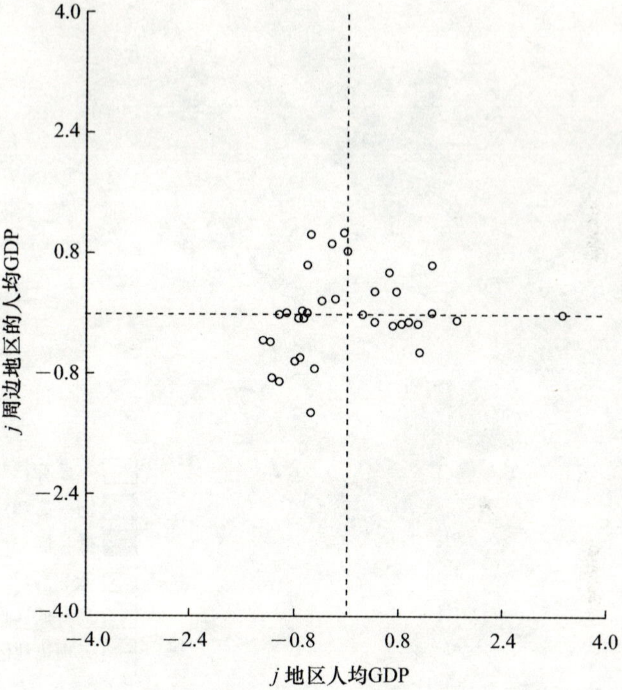

图 2-20　2012 年环渤海地区人均 GDP Moran's *I* 散点图

（二）人口密度

根据地区人均密度的分布（见图 2-22）可以明显观察到北京、天津、枣庄、济南人口密度属于第一梯队，整个环渤海地区的人口密度分布也呈现京津冀、山东半岛密度高，辽宁地区人口密度相对较低的特征，京津冀地区人口密度为以北京、天津为中心的辐射形态。

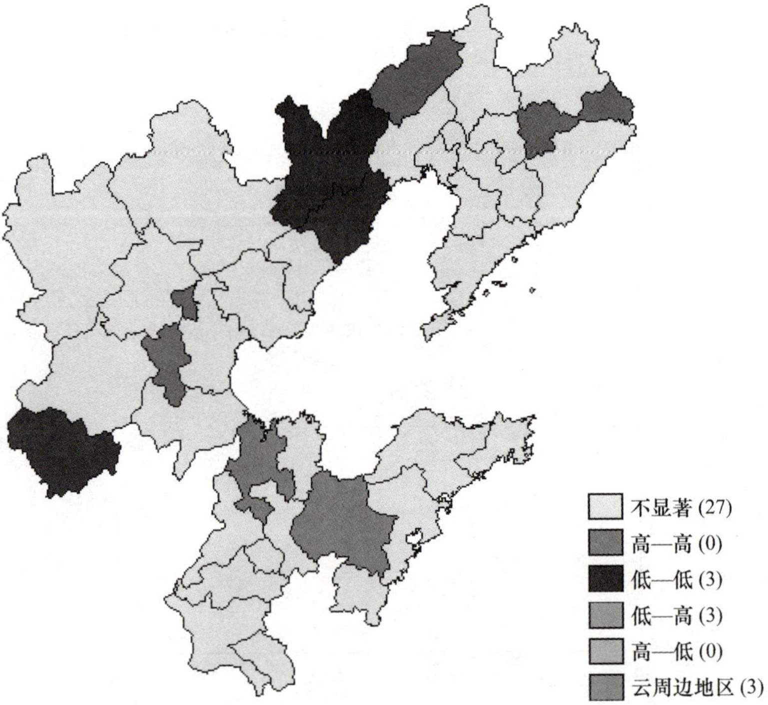

图 2-21　2012 年环渤海地区人均 GDP 局部自相关 LISA 检验图

在 Moran's *I* 散点图(见图 2-23)中，横轴表示 *j* 地区人口密度，纵轴表示 *j* 周边地区人口密度，四个不同的象限分别刻画区域间人口密度异同，第一象限呈现“低—高”的特征，即该区域的人口密度呈低值状态，而周边区域为高值；第二象限呈现“高—高”的特征，即该区域以及周边地区均呈现较高的人口密度；第三象限呈现“低—低”的特征，即该区域以及周边地区人口密度均为低值；第四象限呈现“高—低”的特征，即该地区人口密度高，但其周边发展人口密度低。

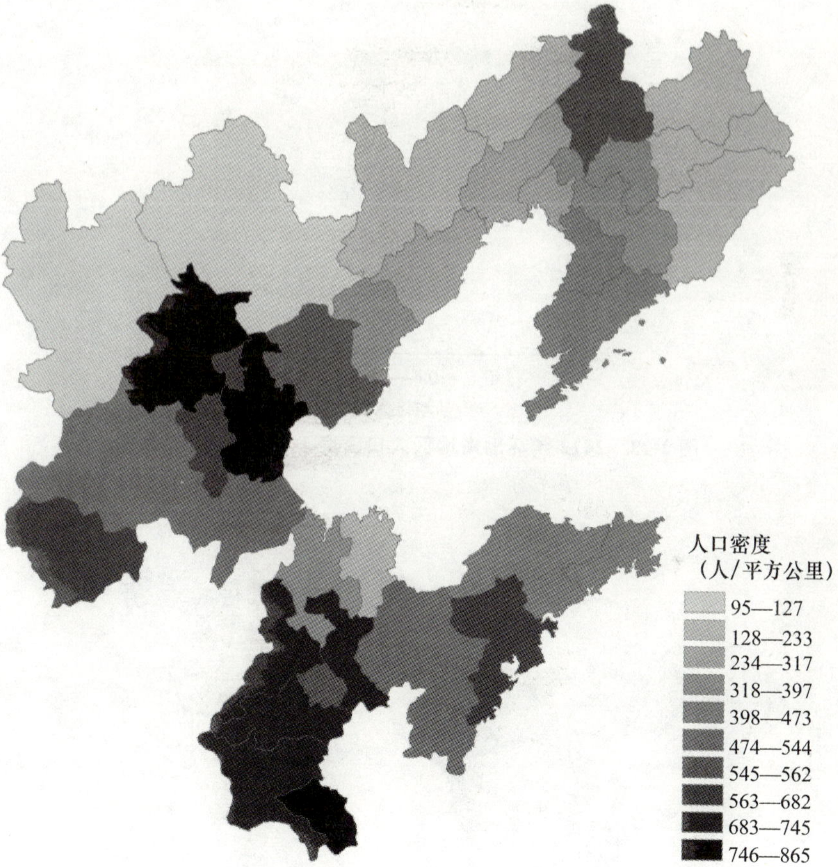

图 2-22　2012 年环渤海地区人口密度十分位图

通过计算，可得到 2012 年环渤海地区人口密度的 Moran's *I* 指数为 0.2841，在 999 次随机检验下，在设定为 5% 的显著性水平下显著，说明环渤海地区的人口具有显著的聚集特征。

在人口密度局部自相关 LISA 检验中（见图 2-24），枣庄、莱芜、泰安三个城市的人口密度高值聚集，而葫芦岛、朝阳市为低—低值的聚集。

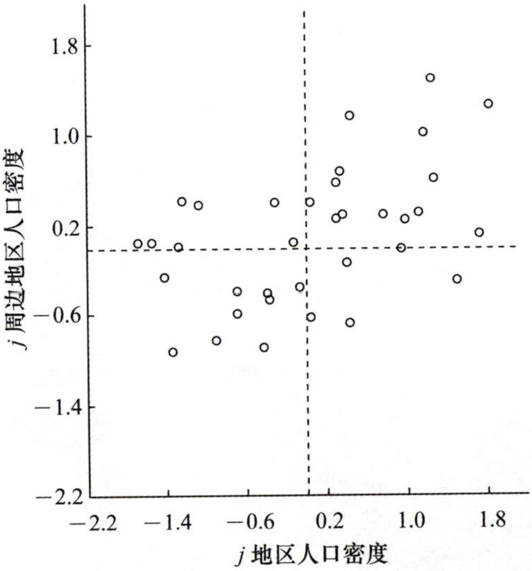

图 2-23　2012 年环渤海地区人口密度 Moran's *I* 散点图

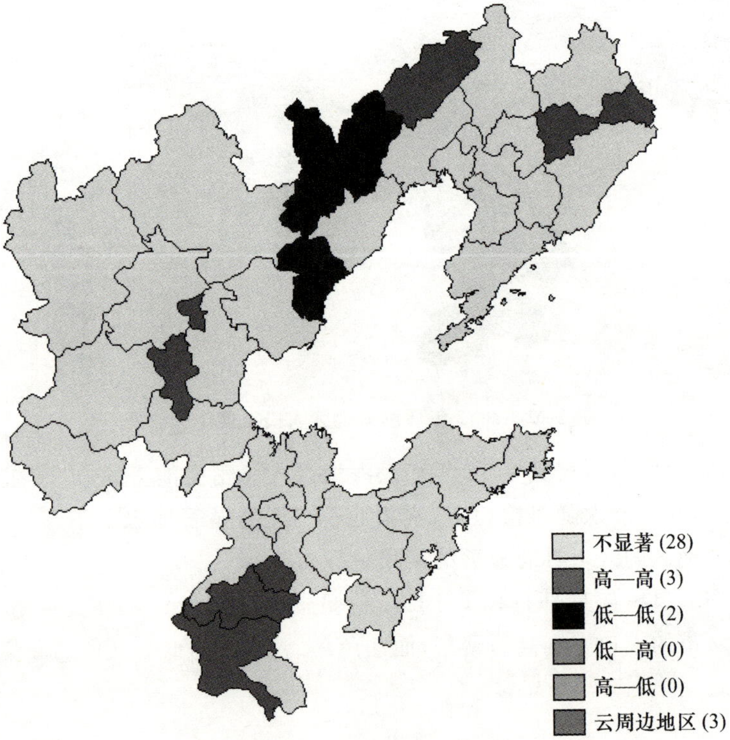

图 2-24　2012 年环渤海地区人口密度局部自相关 LISA 检验图

二、资本状况空间依赖检验

（一）人均固定资产投资

从 2012 年环渤海地区人均固定资产投资十分位图（见图 2-25）中可以看到，人均固定资产投资最高的地区为沈阳、天津、大连、东营，而北京、青岛、威海等地人均固定投资额属于第二梯队，固定资产投资是指社会购置设备、厂房等进行再生产的投资，一般来说固定资产投资增长越高的地区，经济增长速度相对也越高。

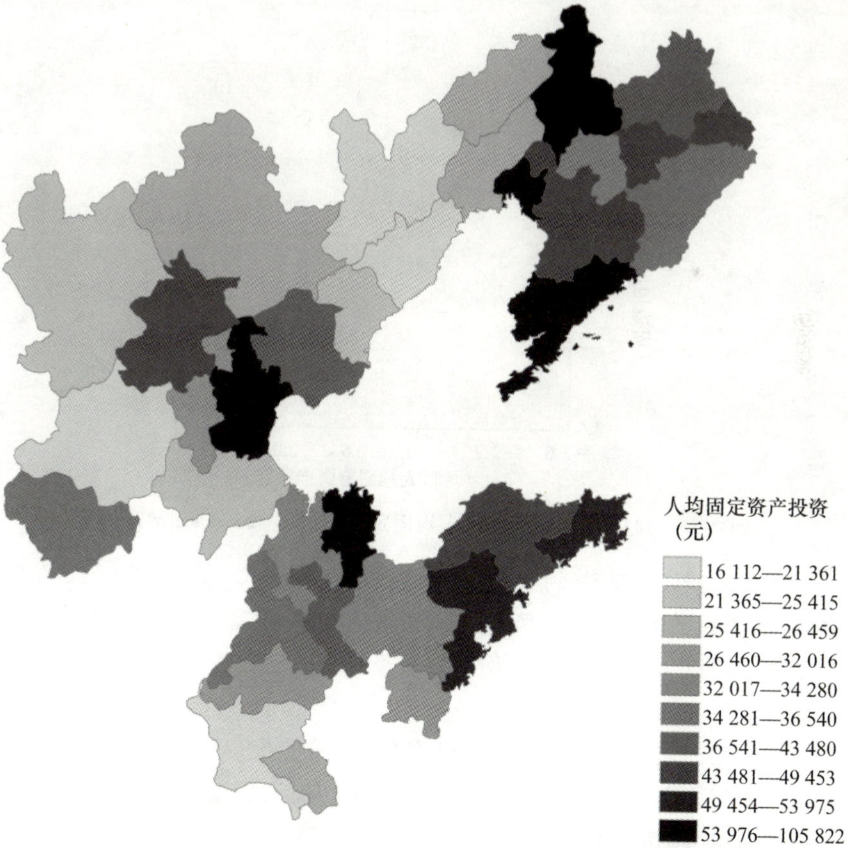

图 2-25　2012 年环渤海地区人均固定资产投资十分位图

在 Moran's I 散点图 2-26 中，横轴表示 j 地区人均固定资产投资，纵轴表示 j 区周边地区人均固定资产投资，四个不同的象限分别刻画地区间人均固定资产投资异同。第一象限呈现“低—高”的特征，即该区域的人均固定资产投资呈低值状态，而周边区域为高值；第二象限呈现“高—高”的特征，即该区域以及周边地区均有较高的人均固定资产投资；第三象限呈现“低—低”的特征，即该区域以及周边地区人均固定资产投资均为低值；第四象限呈现“高—低”的特征，即该地区人均固定资产投资高，但其周边人均固定资产投资低。

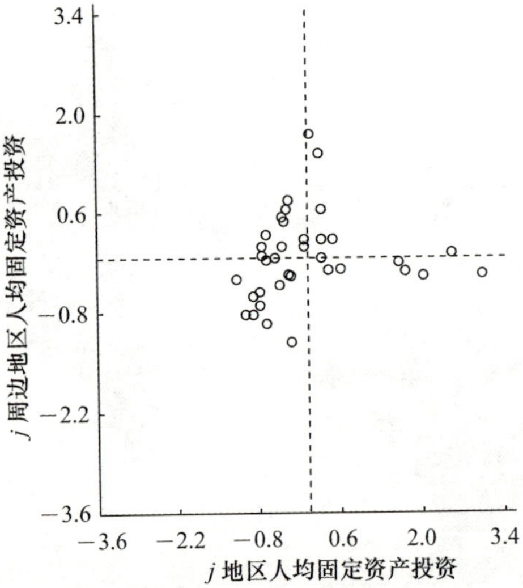

图 2-26　2012 年环渤海地区人均固定资产投资 Moran's I 散点图

通过计算，可以得到 2012 年环渤海地区人均固定资产投资的 Moran's I 指数为 0.0733，经过 999 次随机检验，设定 15%的显著性水平下显著，说明环渤海地区的人均固定资产投资具有较为显著的聚集特征，但是聚集趋势不明显。

在人均固定资产投资局部自相关 LISA 检验中（见图 2-27），营口、鞍山的人均固定资产投资高值聚集；而葫芦岛、朝阳、秦皇岛、石家庄为低—低值的聚集；潍坊为低—高值形态。

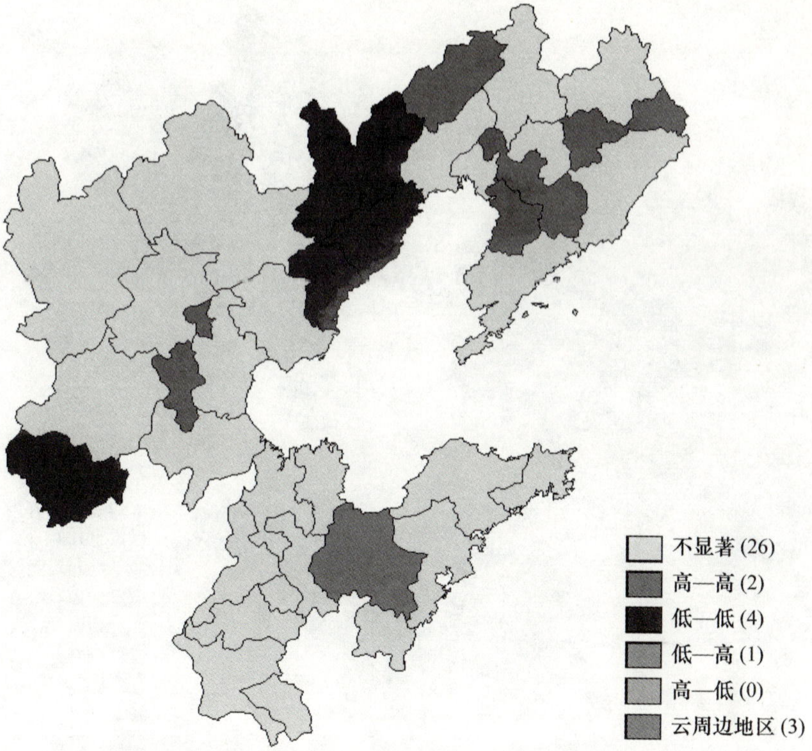

图 2-27　2012 年环渤海地区人均固定资产投资局部自相关 LISA 检验图

（二）人均房地产开发投资

从人均房地产开发投资十分位图（见图 2-28）中，观察到京津冀地区的北京、天津为人均房地产投资密集地区，辽宁省主要集中在沈阳、大连两座城市，山东省主要集中在青岛、济南两座城市。

在 Moran's I 散点图（见图 2-29）中，横轴表示 j 地区人均房地产开发投资，纵轴表示 j 周边地区人均房地产开发投资，四个不同的象限分别刻画该区域与其他地区的人均房地产开发投资差异。第一象限呈现“低—高”的特征，即该区域的人均房地产开发投资呈低值状态，而周边区域为高值；第二象限呈现“高—高”的特征，即该区域以及周边地区均有较高的人均房地产投资；第三象限呈现“低—低”的特征，即该区域以及周边地区人均房地产开发投资均为低值；第四象限呈现“高—低”的特征，即该地区人均房地产开发投资高，但其周边人均房地产开发投资低。

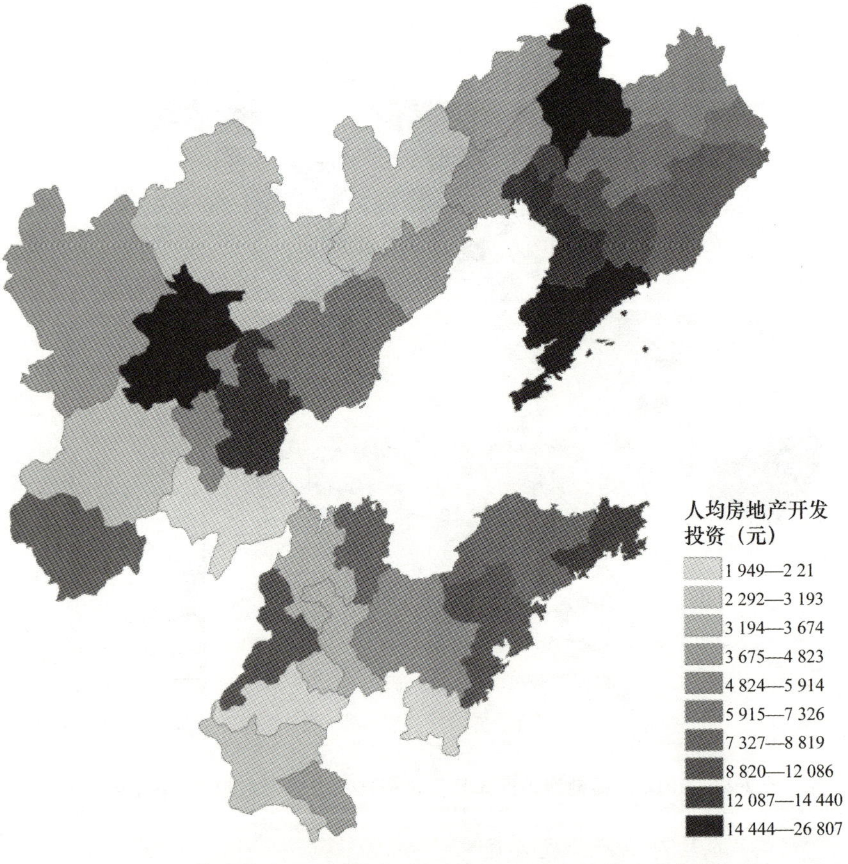

图 2-28　2012 年环渤海地区人均房地产开发投资十分位图

通过计算，可得到 2012 年环渤海地区人均房地产开发投资的 Moran's *I* 指数为 0.0648，经过 999 次随机检验，在设定 20％的显著性水平下显著，说明环渤海地区的人均房地产开发投资没有明显的区域相关性。

在人均固定资产投资局部自相关 LISA 检验中（见图 2-30），抚顺为“低—高”局部自相关，济南为“高—低”局部自相关，没有“低—低”或“高—高”的聚集形态出现，这说明房地产投资仍然以投资大中城市为主，没有明显的区域辐射效应，开发商对经济圈的非核心区域投资相对较少。

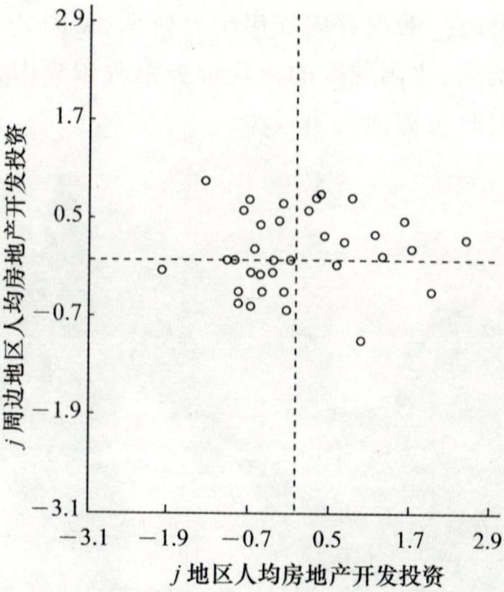

图 2-29 2012 年环渤海地区人均房地产开发投资 Moran's *I* 散点图

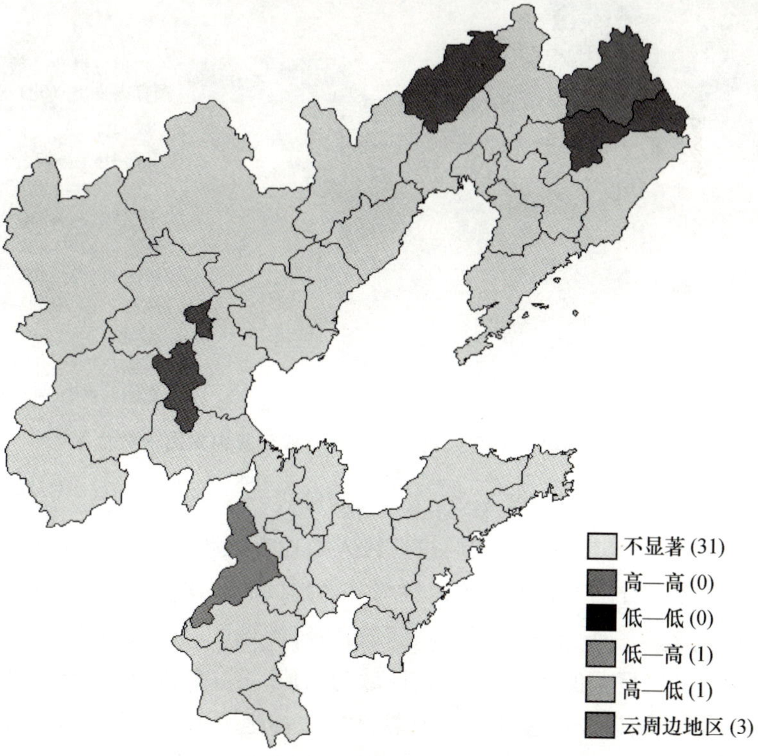

图 2-30 2012 年环渤海地区人均房地产开发投资局部自相关 LISA 检验图

从人均地方财政一般预算内支出十分位图（见图 2-31）知，北京、天津以及大连、营口、抚顺、沈阳地区的人均地方财政预算内支出较高，山东半岛地区人均地方财政预算内支出较少。

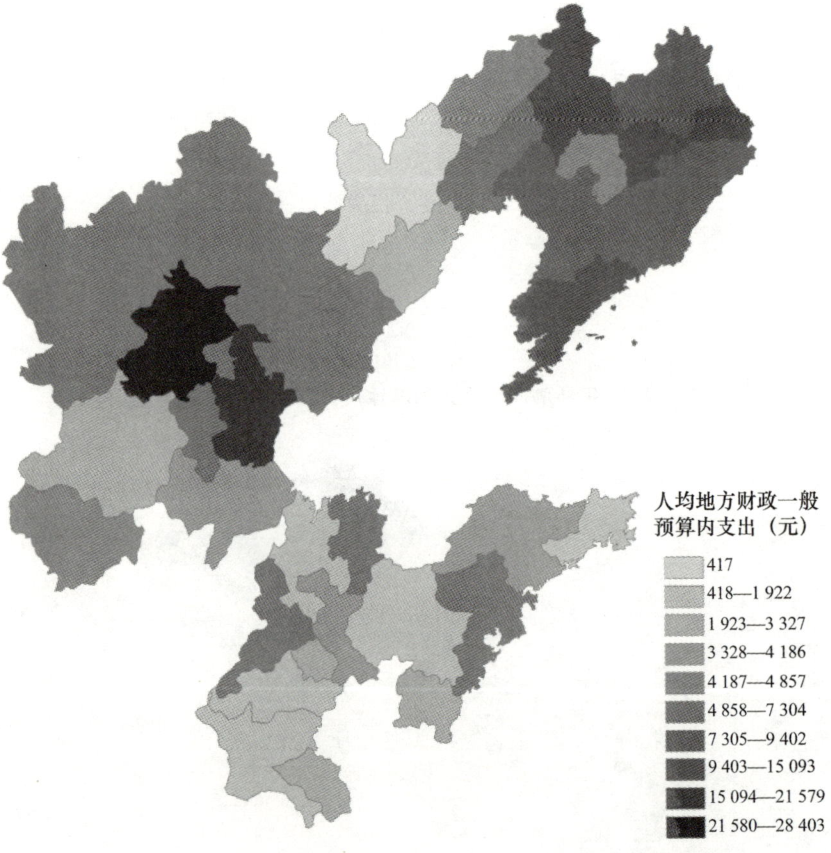

图 2-31　2012 年环渤海地区人均地方财政一般预算内支出十分位图

在 Moran's I 散点图（见图 2-32）中，横轴表示 j 地区人均地方财政一般预算内支出，纵轴也表示 j 周边地区人均地方财政一般预算内支出，四个不同的象限分别刻画地区该区域与其他地区的人均地方财政一般预算内支出差异，第一象限呈现"低—高"的特征，即该区域的人均地方财政一般预算内支出呈低值状态，而周边区域为高值；第二象限呈现"高—高"的特征，即该区域以及周边地区均有较高的人均地方财政一般预算内支出；第三象限呈现"低—低"的特征，即该区域以及周边地区人均地方财政一般预算内支出均为低值;第四象限,呈现“高—低”的特征,即该地区人均地方财政一般预算内支出高,但其周边人均地方财政一般预算内支出低。

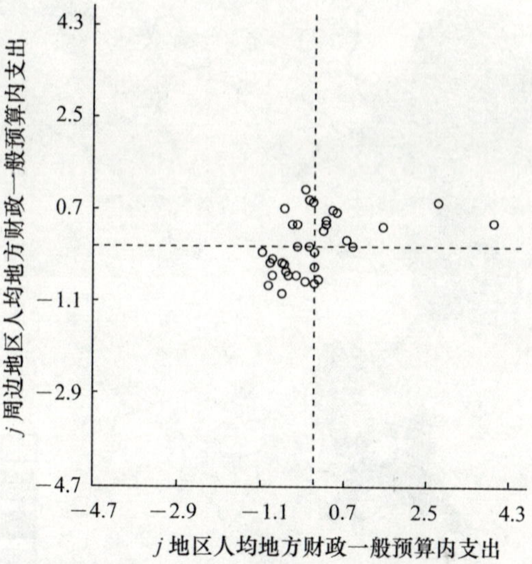

图 2-32　2012 年环渤海地区人均地方财政一般预算内支出 Moran's *I* 散点图

通过计算,可以得到 2012 年环渤海地区人均地方财政一般预算内支出的 Moran's *I* 指数为 0.2507,经过 999 次随机检验,在设定 5%的显著性水平下显著,说明环渤海地区的人均地方财政一般预算内支出具有显著的区域相关性。

在人均固定资产投资局部自相关 LISA 检验中(见图 2-33),天津为“高—高”局部自相关,东营为“高—低”局部自相关,承德为“低—高”局部自相关,济南、淄博为“低—低”聚集形态。

三、劳动力空间依赖检验

(一) 年末单位从业人员数

年末单位从业人数北京、天津、济南、青岛、大连、沈阳较高,这些地区多为直辖市与省会;承德、辽阳、葫芦岛、日照、莱芜年末单位就业人数低。

(二) 每万人在校大学生数

该地区在校大学生人数占该地区总人口比例较高的地区为北京、天

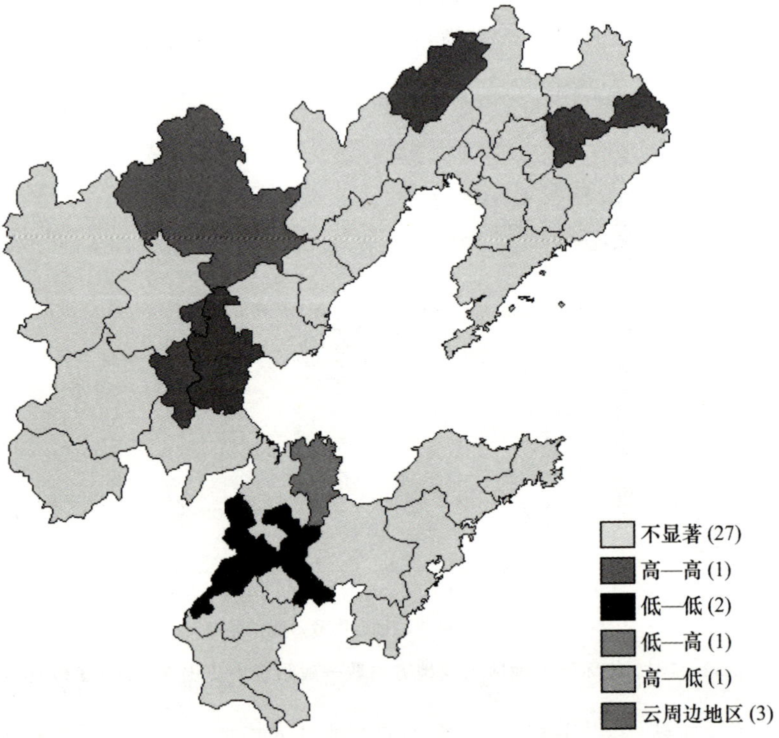

图 2-33 2012 年环渤海地区人均地方财政一般预算内支出局部自相关 LISA 检验图

津、秦皇岛、济南、沈阳、石家庄。

（三）每万人拥有的医院床位

根据每万人拥有的医院床位指标来度量医疗条件，医疗条件最好的区域主要有北京、沈阳、济南、威海、本溪、大连，京津冀地区表现为北京市医疗条件显著高于其周边地区的特征，山东、辽宁地区分布相对差异性较低。

（四）每万人拥有的医生数

以每万人拥有医生数度量医疗水平，北京、济南、潍坊、大连、沈阳、天津等地人们享有的医疗水平较高，与每万人拥有的医院床位数区域分布有一定的相似度，但京津冀地区的北京不再表现为与周边地区存在显著性差异的特征。

（五）建成区绿化覆盖率

建成区绿化覆盖率较高的地区包括北京、廊坊、本溪、秦皇岛、葫芦岛、滨州、威海，除北京外，这些地区均为经济发展核心区域较为边缘化地区。

四、市场状况空间依赖检验

（一）人均限额以上批发零售贸易业商品销售总额

人均限额以上批发零售贸易业商品销售总额较高的地区主要有北京、天津、济南、青岛、大连、沈阳等地，京津冀地区除北京、天津、唐山外其他地区人均限额以上批发零售贸易业商品销售总额均较低。

（二）人均存贷款额

人均存贷款余额一定程度上反映了地区金融发展水平，北京、天津、济南、东营、青岛、大连、沈阳的人均存贷款余额较高，而金融发展较好的地区也往往是经济发展较好的地区。

（三）人均城市道路面积

人均道路面积可以测度地区的公共设施建设水平，山东省的人均道路面积普遍高于京津冀地区以及辽宁省。北京人均道路面积严重低于周边区域，这与北京所承载的巨大人口压力以及有限高昂的用地成本有关。

五、对外开放空间依赖检验

（一）人均城市规模以上外商投资企业工业总产值

从人均城市规模以上外商投资企业工业总产值分布图（见图 2-34）可看出，北京、天津、大连、烟台、青岛的人均城市规模以上外商投资企业工业总产值较高。

（二）人均实际使用外资金额

人均实际使用外资金额反映了市场的对外开放程度，通过对图 2-35 的观察可知北京、天津、青岛、沈阳、大连、盘锦地区人均实际使用外资金额较高，人均实际使用外资金额高的地区主要分布在近海地区。

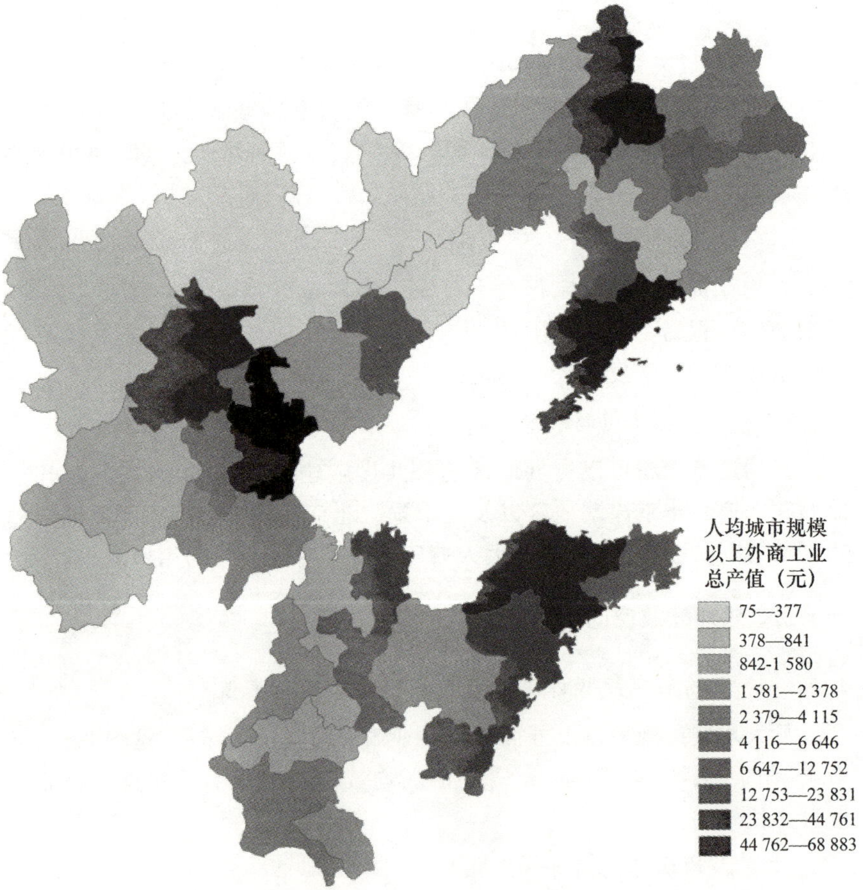

图 2-34　2012 年环渤海地区人均城市规模以上外商投资企业工业总产值十分位图

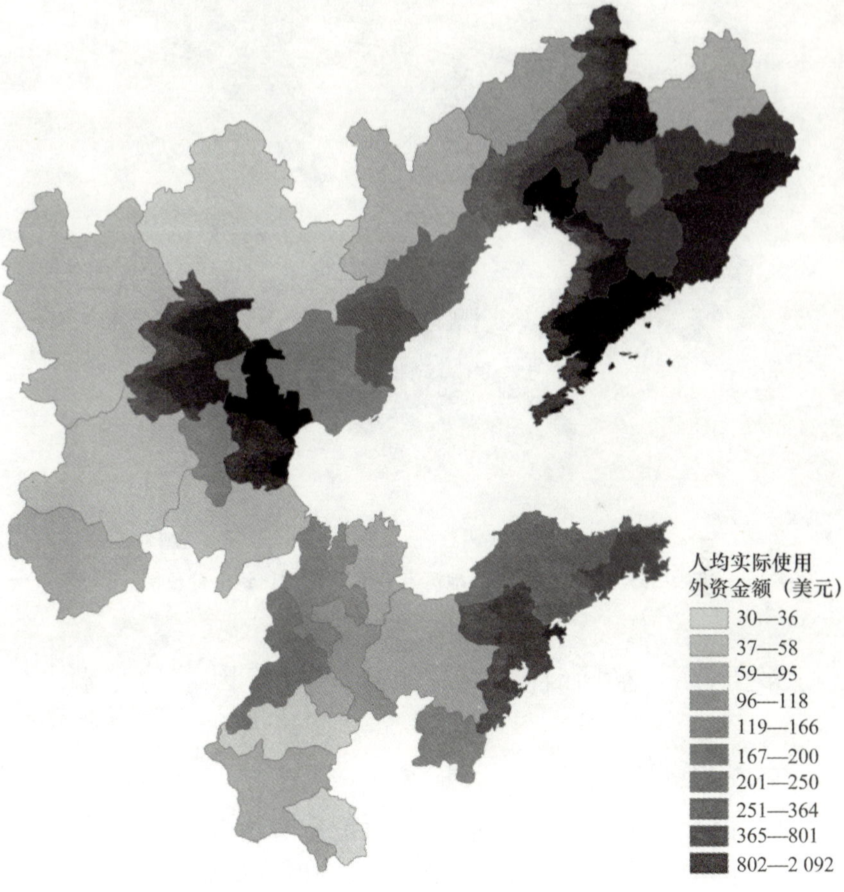

图 2-35　2012 年人均实际使用外资金额十分位图

（三）互联网用户数比例

互联网用户比例可度量市场的信息开放程度，通过对图 2-36 的观察可知北京、济南、大连、沈阳、潍坊、青岛互联网用户比例高，河北的西南部以及山东的西南地区互联网用户比例较低。

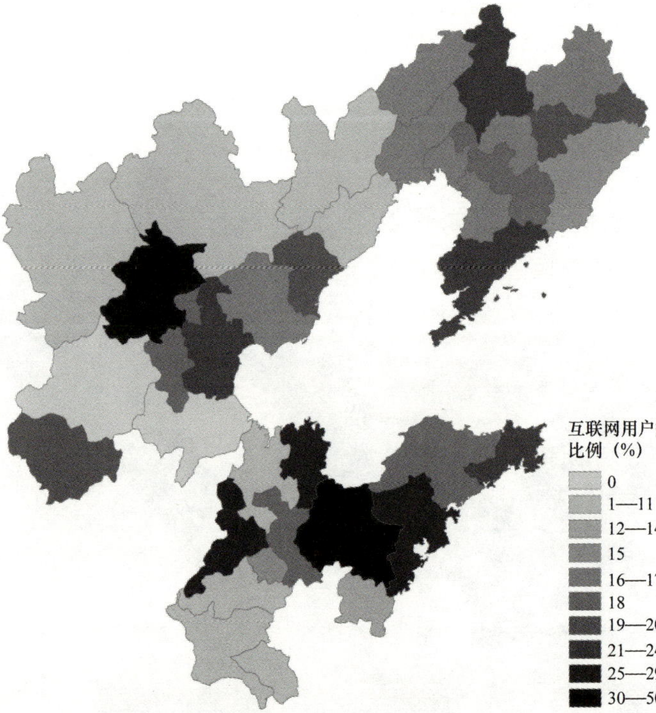

图 2-36　2012 年环渤海地区互联网用户数比例十分位图

第五节　空间计量对区域经济增长因素的分析

一、模型简介

为了用空间计量来分析区域经济增长因素，本节引入三种模型，即空间自回归（SAR）、空间滞后模型（SLM）和空间误差模型（SEM）。

（一）空间自回归（SAR）空间滞后模型（SLM）

$$Y = \rho W y + X\beta + \varepsilon$$
$$Y = (I_n - \rho W)^{-1} X\beta + (I_n - \rho W)^{-1}\varepsilon$$
$$\varepsilon \sim N(0, \sigma^2 I_n)$$

需要数据（均为面板数据）：

Y（被解释变量）：人均 GDP 增长率；

X（解释变量）：

投资率：固定投资占地区生产总值比重；

政府行为：政府支出占生产总值比重；

对外开放度：实际利用外资总额占地区生产总值的比重；

基础设施水平：以各地公路覆盖率作为代理变量；

人力资本：大专以上学历人口占 6 岁及以上人口的比重；

市场化程度：国有企业工业总产值占工业总产值的比重等；

W：标准化的地区邻接矩阵。

（二）空间误差模型(SEM)

$$Y = X\beta + \varepsilon$$

$$\varepsilon = \lambda W\varepsilon + \mu$$

SEM 的空间依赖作用存在于扰动误差项之中，度量了邻接单元关于被解释变量的误差冲击对本单元观测值的影响程度。

可根据回归结果的拟合优度、AIC、SC 等指标确定最优模型，分析回归结果。

二、变量设置与解释

变量	符号	解释
被解释变量变量	LN_PGDP	人均 GDP 的对数值
控制变量	LN_INVEST	人均固定资产投资的对数值
	LN_LABOR	人均年末单位就业人数的对数值
解释变量	LN_HEDUC	每百人在校大学生数的对数值
	LN_HOSBED	每万人拥有的医院床位的对数值
	LN_ENVIR	建成区绿化覆盖率的对数值
	LN_PSALES	人均限额以上批发零售贸易业商品销售总额的对数值
	LN_FINANCE	人均存贷款额的对数值
	LN_PROAD	人均城市道路面积的对数值
	INFVALUE	人均实际使用外资金额的对数值
	LN_NET	互联网用户数比例的对数值

三、实证结果分析

本部分采用普通最小二乘法(OLS)、空间滞后模型(SLM)、空间误差模型(SEM)三种方法进行回归，被解释变量为人均 GDP，解释变量为人均固定资产投资、年末单位就业人数、每万人大学生人数等，为消除异方差性问题，对所有的变量均进行取对数处理，回归结果如表 2-10 所示。

表 2-10　回归结果

模型	符号	OLS	SLM	SEM
被解释变量变量	LN_PGDP			
控制变量	LN_INVEST	0.632***	0.660***	0.639***
	LN_LABOR	0.015	0.132	0.061
解释变量	LN_HEDUC	−0.066	−0.037	−0.060
	LN_HOSBED	0.174	0.179	0.192
	LN_ENVIR	0.187	0.234	0.164
	LN_PSALES	0.037	0.026	0.116**
	LN_FINANCE	0.074	−0.088	−0.080
	LN_PROAD	0.117	0.074	0.207***
	LN_FINANCE	0.022	0.033	0.000
	LN_NET	0.005	0.030	0.039***
	R^2	0.905	0.902	0.932
	AIC	−22.4	−21.2	−29.0
	SC	−5.020	−3.855	−11.664
	B-P	9.32	6.33	14.14

注：*、**、*** 分别表示在 1%、5%、10%的显著水平下显著。

从拟合优度来看，三个模型的拟合优度均大于 0.9，说明解释变量能够在 90%的程度上解释被解释变量的变化，其中空间误差模型(SEM)的拟合系数高于最小二乘法(OLS)与空间滞后模型(SLM)的拟合系数。根据赤池信息量准则，AIC 与 SC 越小，模型越优。从表 2-10 显示结果看出，空间误差模型(SEM)的 SIC 与 SC 值最小，说明该模型优于前二者。尽管三个模型的 B-P 值均无法在 10%的显著水平下显著，但空间误差模型(SEM)的 B-P 检验值能够在 15%的显著水平下显著，较好地避免了异方差问题。

本书选择空间误差模型(SEM)的回归结果对环渤海地区经济增长的因素进行分析。首先，无论哪个模型中，人均固定资产投资是经济增长的最大驱动力之一，其中在空间误差模型中，人均固定资产投资每增长 10%，人均 GDP 将平均增长 6.39%，年末单位就业人数对经济增长显示出正的相关性，但是并不显著。

每百人中大学生人数作为人力资本的直接度量指标，其对数并未表现出与人均 GDP 对数有显著的正向关系，而间接度量指标医疗条件以及区域绿化覆盖率的对数虽然显示出与人均 GDP 的对数有正的关系，但这些数值并不显著。

在市场规模测度指标中，人均限额以上批发零售贸易业商品销售总额对经济增长有显著的正向促进作用，人均限额以上批发零售贸易业商品销售总额每增长 10%，人均 GDP 平均增长 1.16%，这说明人们对零售贸易的消费能力以及相对较大的市场规模会对经济有一定的贡献。以人均存贷款额为指标测度金融发展水平没有能够体现明显的正相关关系。公共设施建设代表良好的交通状况，对经济增长有显著促进作用，人均道路面积每增长 10%，人均 GDP 平均增长 2.07%，交通发展水平也是经济发展的重要动力因素之一。

对外开放从外商投资和信息开放两个维度测度的回归结果显示，外商投资企业工业总产值未表现出对经济增长有显著的促进作用，也就是说有更多外商投资的区域并没有显示出经济发展的优势；但是信息开发程度高可以对经济有一定的促进作用，互联网用户比例每提高 10%，人均 GDP 平均增长 0.39%，虽然影响数值并不大，但也有一定的影响。

第三章　京津冀城市群人口发展研究

区域内人口的数量、增长率、区域分布、区域间的迁移情况直接影响到区域内生产中劳动者的数量和质量，对经济发展起到极为重要的作用。本章将从人口增长、人口空间分布、核心城市人口状况及人口结构特征等角度，结合长三角、珠三角情况，对京津冀地区的人口情况进行对比分析。

分析结果显示，进入21世纪，京津冀地区人口增速要高于20世纪90年代，这表明随着经济发展，京津冀地区人口吸引力在不断增强；对人口进行描述性空间分析、空间相关性分析结果显示，北部山区人口密度明显要低于区域内其他城市，而且人口向核心城市北京、天津聚集趋势明显。与长三角、珠三角地区相比，京津冀地区区域内部各城市间的人口吸引力存在显著差距，这为区域发展提出了挑战。在此基础上，我们进一步对各国首都的功能演化与人口产业发展特征进行了研究，借鉴大国首都的良治经验，并结合北京首都功能发展提出了我们的思考与建议：把握阶段性特征，明确治理目标；加强首都立法工作，保障各项功能设施有序发展建设；多元目标与规划引领的北京现代化治理框架；在疏解中注重北京城市的经济结构优化；立足多空间层次的治理，引导北京大都市区的合理增长；建立大首都管理委员会加强治理力度。

第一节　京津冀地区人口增长变动情况

本节主要对京津冀人口的变动情况进行分析，首先分析京津冀地区人口总数历年来的变化情况；然后再选择1990年、2000年、2010年三个时间节点，进行进一步的变动分析，并与长三角、珠三角地区人口变动状况进行对比分析。

一、京津冀地区历年总人口变动

（一）京津冀地区历总人口

京津冀地区总人口由北京市、天津市以及河北省各地级市的人口加总而得，研究1978—2014年的总人口变化，如图3-1所示。

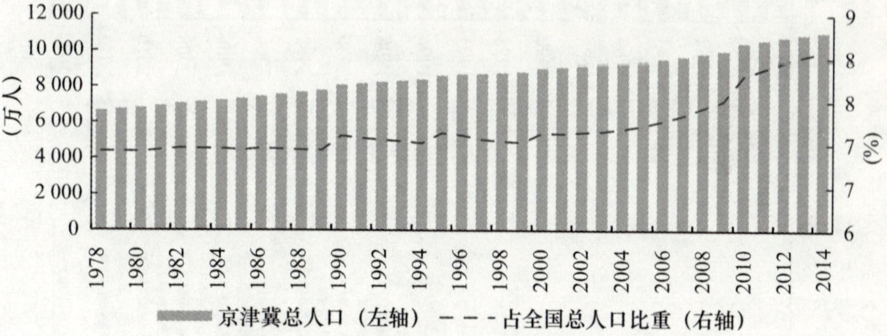

图 3-1　京津冀地区总人口历年变化情况

图3-1展现了历年京津冀地区总人口数及人口的年同比增速，由此可得出，改革开放以来，京津冀地区的总人口数一直呈增加态势，从1978年的6 653万人增至2014年的1.105亿人，增长了将近一倍，京津冀地区总人口占全国总人口的比重在2000年后迅速增加，到2014年京津冀地区总人口已占全国总人口的8.08%。

（二）长三角、珠三角地区历年人口总量

作为参照，对长三角地区、珠三角地区总人口数据进行分析。本节选取了广东省历史人口数据及江、浙、沪人口数据作为替代。

由图3-2和图3-3可知，改革开放以来，江浙沪总人口、广东省总人口与京津冀地区总人口一样，也一直呈增加态势。但从占全国人口比例的角度而言，改革开放以来，江、浙、沪地区人口占比先呈下降态势，在2000年后开始呈上升态势；而广东省人口占比一直呈增加态势。

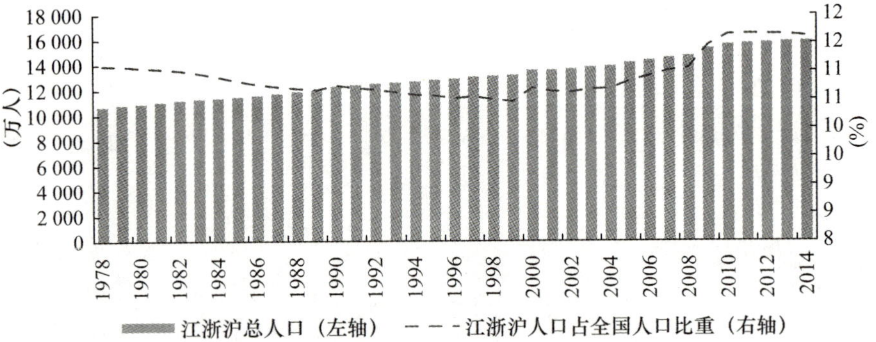

图 3-2　江浙沪总人口历年变化情况(万人)

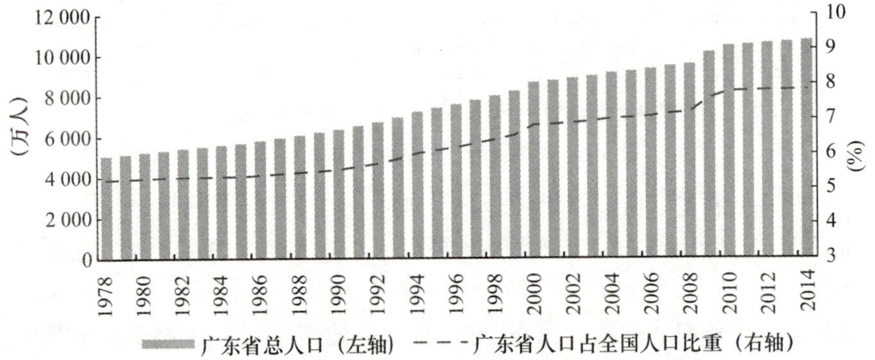

图 3-3　广东省总人口历年变化情况(万人)

二、从三次人口普查数据看京津冀地区的人口变动

从前面的分析中可以看到，京津冀、江浙沪、广东省三个地区的总人口数量虽然在一直增加，但是三个地区在不同年份的人口增速存在着一些差异，而且江浙沪、广东省的范围与长三角、珠三角地区的范围也有所差异，因此本书选取了 1990 年、2000 年以及 2010 年三次人口普查的数据，来对京津冀、长三角、珠三角地区的人口进行分析。

由表 3-1、表 3-2 和图 3-4 可以看到，1990 年人口普查时，京津冀地区总人口为 8 069 万人，占全国总人口的 7.12%；2000 年人口普查时，京津冀地区总人口为 9 051 万人，占全国总人口的 7.15%；2010 年人口普查时，京津冀地区总人口为 10 440 万人，占全国总人口的 7.79%。

表 3-1 京津冀、长三角、珠三角地区三次人口普查人口数据

年份	京津冀地区		长三角地区		珠三角地区	
	总人口数（万人）	占全国人口比重(%)	总人口数（万人）	占全国人口比重(%)	总人口数（万人）	占全国人口比重(%)
1990	8 068.76	7.12	7 753.75	6.84	2 353.77	2.08
2000	9 051.44	7.15	8 776.36	6.93	4 287.91	3.39
2010	10 440.48	7.79	10 763.26	8.03	5 611.84	4.19

表 3-2 京津冀、长三角、珠三角地区人口变动情况　　　　单位:%

地区	1990—2000 年		2000—2010 年	
	人口总增长率	年均增长率	人口总增长率	年均增长率
京津冀	12.18	1.16	15.35	1.44
长三角	13.19	1.25	22.64	2.06
珠三角	82.17	6.18	30.88	2.73

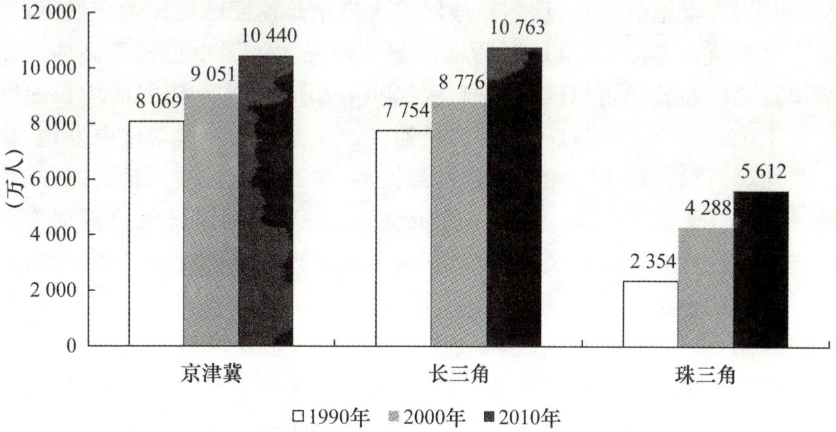

图 3-4 京津冀、长三角、珠三角地区三次人口普查人口情况

1990—2000 年，京津冀地区人口总数由 8 069 万人增长到 9 051 万人，增加了 983 万人，十年间的总增长率为 12.18%，折合年均增长率为 1.16%；2000—2010 年，京津冀地区人口总数由 9 051 万人增长到 7 362 万人，增加了 10 440 万人，这十年间的总增长率为 15.35%，折合年均增长率为 1.44%。京津冀后十年的人口总数的增长速度要快于前十年的

人口增长速度。

再来看长三角地区的人口变动情况：1990—2000 年，长三角地区人口总数由 7 754 万人增长到 8 776 万人，增加了 1 023 万人，十年间的总增长率为 13.19%，折合年均增长率为 1.25%；2000—2010 年，长三角地区人口总数由 8 776 万人增长到 10 763 万人，增加了 1 987 万人，这十年间的总增长率为 22.64%，折合年均增长率为 2.06%。与京津冀地区类似，2000—2010 年这十年间，长三角人口总数的增长速度也要快于前十年的人口增长速度。

对于珠三角地区：1990—2000 年，珠三角地区人口总数由 2 354 万人增长到 4 288 万人，增加了 1 934 万人，十年间的总增长率为 82.17%，折合年均增长率为 6.18%；2000—2010 年，珠三角地区人口总数由 4 288 万人增长到 5 612 万人，增加了 1 324 万人，这十年间的总增长率为 30.88%，折合年均增长率为 2.73%。与京津冀、长三角地区不同，2000—2010 年后十年，珠三角人口总数的增长速度要慢于前十年的人口增长速度。

综合起来看，珠三角地区人口在 20 世纪最后十年中经历了快速增长，到了 21 世纪前十年，珠三角地区的人口增长速度已经开始变慢，但即使速度有所减慢，珠三角地区的增长速度在三大地区中仍是最高的。而京津冀地区和长三角地区则表现为 2000—2010 年这十年间的增长速度要快于 1990—2000 年这十年的增长速度。三个地区整体对比中发现，京津冀地区的总人口增速相对而言是最慢的，珠三角地区增速最快，长三角地区增速介于二者之间。之所以呈现这一结果，与改革开放将深圳作为试点率先发展有很大的关系，改革开放带动了珠三角地区的经济发展，提供了很多就业机会，因此珠三角地区具有很强的人口吸引力，其人口增长速度较高。对于长三角地区，则是以 1990 年浦东开发为起点，以上海为中心的长三角地区开始迅速发展，经济的发展带来了更多的就业机会，该地区的人口吸引力也就相应变大，人口呈快速增长。京津冀地区人口也在加速增长，这表明京津冀地区的人口吸引力在增强，这意味着京津冀地区也开始迅速发展。

当然，各个地区的人口增长速度还与各个地区的人口密度有直接关系，关于各地区人口密度的研究本书在第二节来进行。

第二节　京津冀地区人口空间分布

一、三大地区人口密度对比

（一）三大地区平均人口密度对比

从总体上看，京津冀地区的人口密度在三大地区中一直都是最低的，1990年人口密度为374人/平方公里、2000年为419人/平方公里、2010年为483人/平方公里。长三角地区的人口密度在1990年和2000年时都是最高的，珠三角地区人口密度增长迅速，到2010年时已超过长三角地区，成为三大地区中人口密度最高的（见图3-5）。

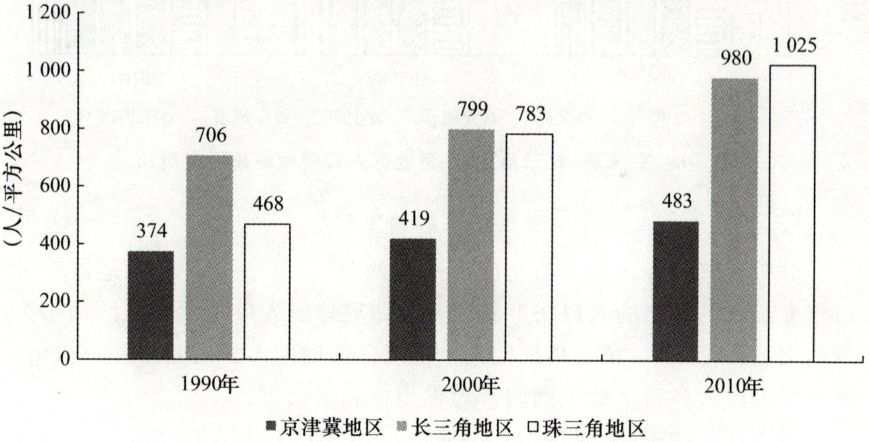

图3-5　京津冀、长三角、珠三角地区人口密度

（二）三大地区中人口密度最高的两市对比

为了对三大地区人口密度有进一步的了解，本书将对三大地区中人口密度最高的两市、最低的两市分别进行对比分析。这里先分析三大地区中人口密度最高的两市的人口密度状况。京津冀地区人口密度最高的两市为北京市和天津市，长三角地区人口密度最高的两市为上海市和无锡市，珠三角地区人口密度最高的两市为深圳市和广州市。

与京津冀地区的平均人口密度在三大地区中是最低的这一结果类似，北京市和天津市的人口密度相对而言在三大地区的人口最高两市中也是最低的。除此之外，可以明显地看到，长三角地区的上海市、珠三角地区的深圳市，人口密度要明显高于其他城市，2010 年上海市人口密度为 3 630 人/平方公里、深圳市为 5 187 人/平方公里，其中，深圳市人口密度的增长速度在各市中是最快的（见图 3-6）。

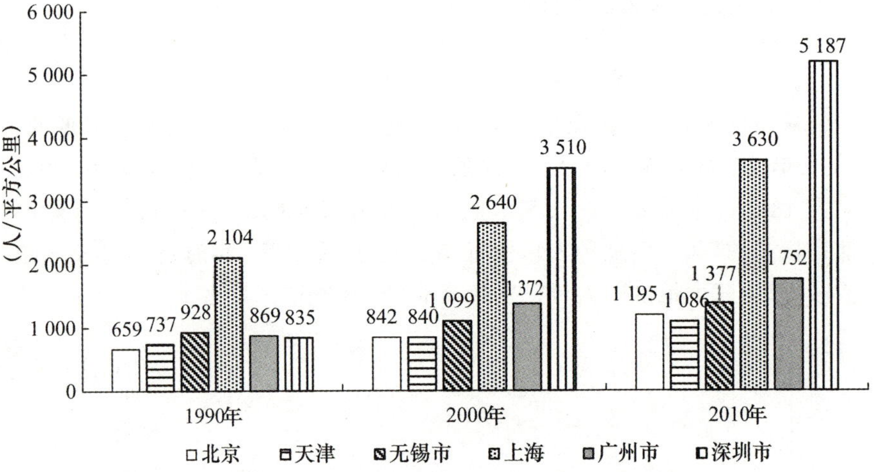

图 3-6 京津冀、长三角、珠三角地区人口密度最高两市对比

（三）三大地区中人口密度最低的两市对比

分析完三大地区中人口密度最高的两市后，接着分析三大地区中人口密度最低的两市的人口密度状况。京津冀地区人口密度最低的两市为承德市和张家口市，长三角地区人口密度最低的两市为湖州市和绍兴市，珠三角地区人口密度最低的两市为惠州市和肇庆市。

由图 3-7 可知，京津冀地区的张家口市和承德市人口密度相对而言在三大地区的人口最低两市中仍是最低的。与前面结果不同的一点是，长三角地区人口密度最低的两市的人口密度，在三大地区中相应城市中是最高的，这体现了长三角地区各市人口密度的差异相对而言没有那么大。

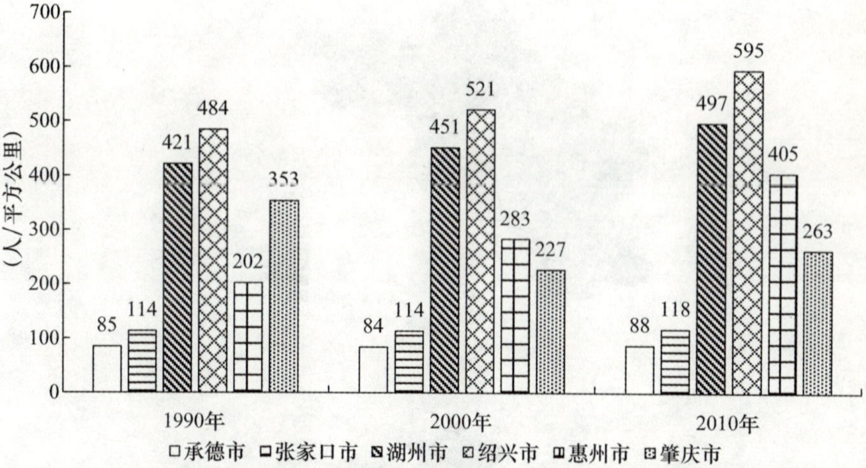

图 3-7　京津冀、长三角、珠三角地区人口密度最低两市对比

二、人口密度分布状况

（一）京津冀地区各市人口密度分布

为了研究京津冀各地区的人口空间分布状况，首先看一下三次人口普查得到的京津冀各市的人口密度状况，做出人口密度分布图，以对京津冀地区的人口分布形成一个直观了解。

由人口密度分布图（见图 3-8）可以明显看出，京津冀地区的人口分布呈“南高北低”的态势，北京以北的张家口市和承德市人口密度较低，仅有 100 人/平方公里左右，而北京和天津是区域内人口密度最高的两个市，2010 年，北京和天津的人口密度都在 1 000 人/平方公里以上。但区域内各市的人口差距依旧很大。

就人口密度的增长速度来说，区域内北京、天津和廊坊三市的人口密度增长速度最快，同时这三个城市的人口密度也是区域内人口密度最高的三个市，这显示出了北京、天津和廊坊具有较高的人口吸引力（见表 3-3）。

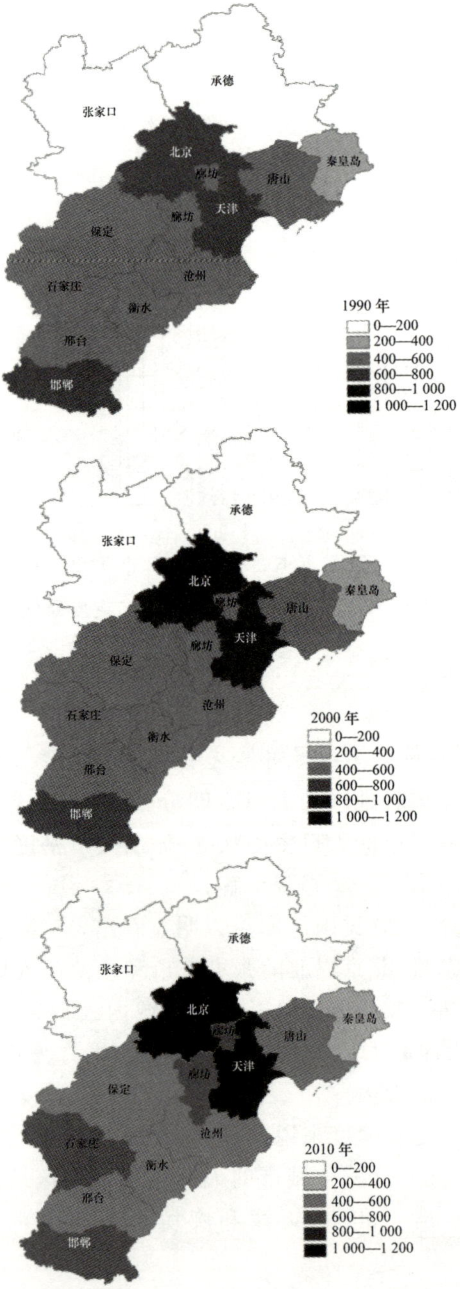

图 3-8　1990 年、2000 年、2010 年京津冀地区人口密度图(人/平方公里)

表 3-3　1990 年、2000 年、2010 年京津冀地区人口密度

单位：人/平方公里

	1990 年	2000 年	2010 年
北京	659.30	842.14	1 195.11
天津	737.23	839.99	1 085.71
唐山	489.21	522.61	562.45
廊坊	526.99	596.27	678.00
秦皇岛	316.51	352.98	382.93
保定	437.23	471.99	504.59
沧州	431.08	472.46	507.65
张家口	113.67	113.66	117.85
承德	85.22	84.05	87.82
石家庄	508.29	583.11	641.33
邯郸	626.86	695.14	760.44
邢台	480.73	534.53	571.39
衡水	433.19	470.40	491.20
京津冀地区	373.52	419.01	483.31

（二）长江三角洲地区各市人口密度分布

由长三角人口密度分布图（见图 3-9）可以看到，长三角地区的人口分布呈“北高南低”的态势，上海是整个区域内人口密度最高的市，2010 年上海市人口密度达 3 630 人/平方公里；上海以北的江苏各市人口密度也比较高，2010 年，南京、无锡、苏州、常州等市人口密度均在 1 000 人/平方公里以上；而上海以南的浙江各市人口密度则要相对低些（见表 3-4）。

表 3-4　1990 年、2000 年、2010 年长三角地区人口密度

单位：人/平方公里

	1990 年	2000 年	2010 年
上海	2 104.23	2 640.17	3 630.49
南京	784.59	930.04	1 215.23
无锡	927.52	1 099.33	1 377.26
苏州	664.89	800.21	1 233.03
常州	750.17	863.75	1 050.32
南通	958.37	939.00	910.24
泰州	833.29	826.99	798.10

（续表）

	1990 年	2000 年	2010 年
扬州	657.34	696.18	676.65
镇江	676.94	739.51	809.31
宁波	518.63	607.51	774.83
杭州	351.95	415.11	525.04
嘉兴	807.94	915.20	1 149.86
湖州	420.95	451.13	497.16
绍兴	484.15	521.35	594.99
舟山	670.88	688.34	770.65
台州	518.15	547.63	634.24
长三角地区	705.63	798.69	979.51

（三）珠江三角洲地区各市人口密度分布

从珠江三角洲地区人口密度分布图（见图 3-10）可以看到，珠三角地区的广州、深圳、东莞、中山、佛山等市人口密度较高，1990 年珠三角地区人口密度最高的市为广州市；深圳作为后起之秀，发展迅速，吸引了很多人口，在 2000 年和 2010 年均为珠三角地区人口密度最高的市，2000 年深圳市人口密度达到 3 510 人/平方公里，到 2010 年，这一数据直接升至 5 187 人/平方公里，比 2010 年上海市人口密度（3 630 人/平方公里）要高得多，更是远高于 2010 年北京市的人口密度（1 195/平方公里）。

表 3-5　1990 年、2000 年、2010 年珠三角地区人口密度

单位：人/平方公里

	1990 年	2000 年	2010 年
广州	869.08	1 371.50	1 752.08
深圳	834.93	3 509.68	5 186.75
珠海	368.61	716.61	905.01
佛山	790.62	1 405.40	1 894.24
江门	364.20	416.29	468.06
东莞	708.02	2 620.23	3 341.56
中山	693.63	1 324.73	1 749.37
惠州	201.85	283.45	405.16
肇庆	353.35	226.52	263.12
珠三角地区	467.52	783.12	1 024.92

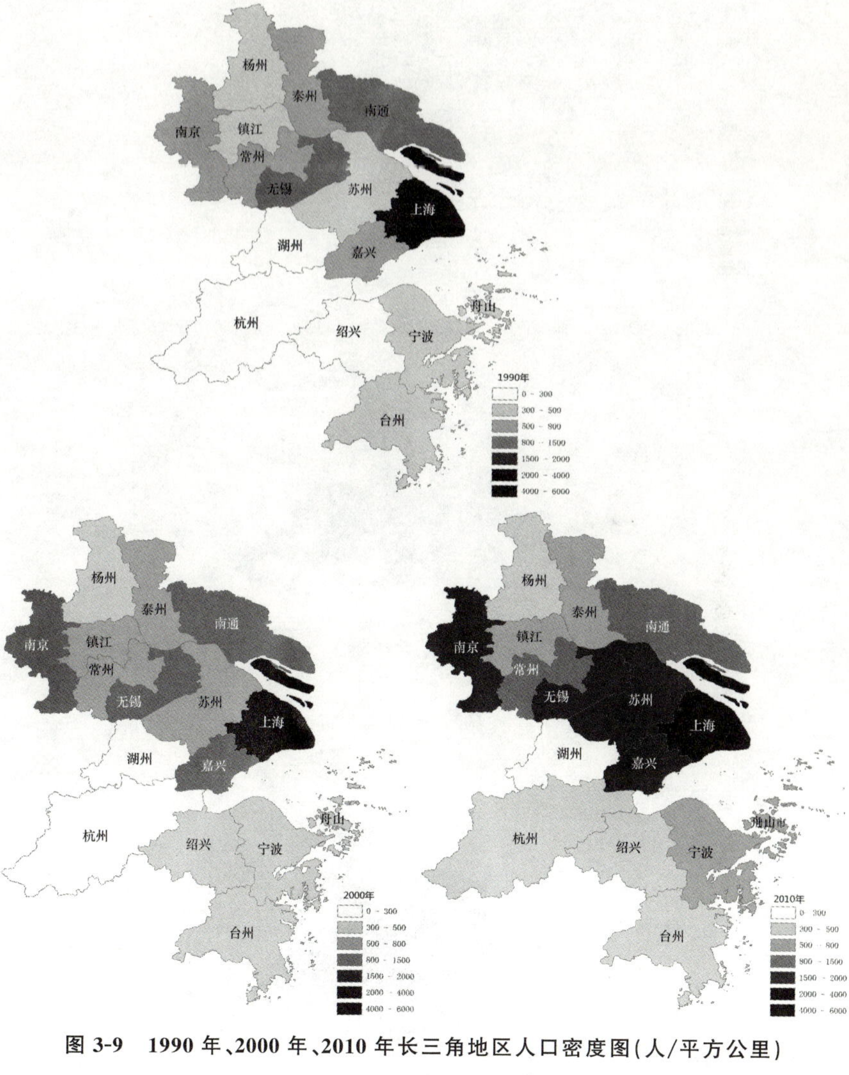

图 3-9　1990 年、2000 年、2010 年长三角地区人口密度图(人/平方公里)

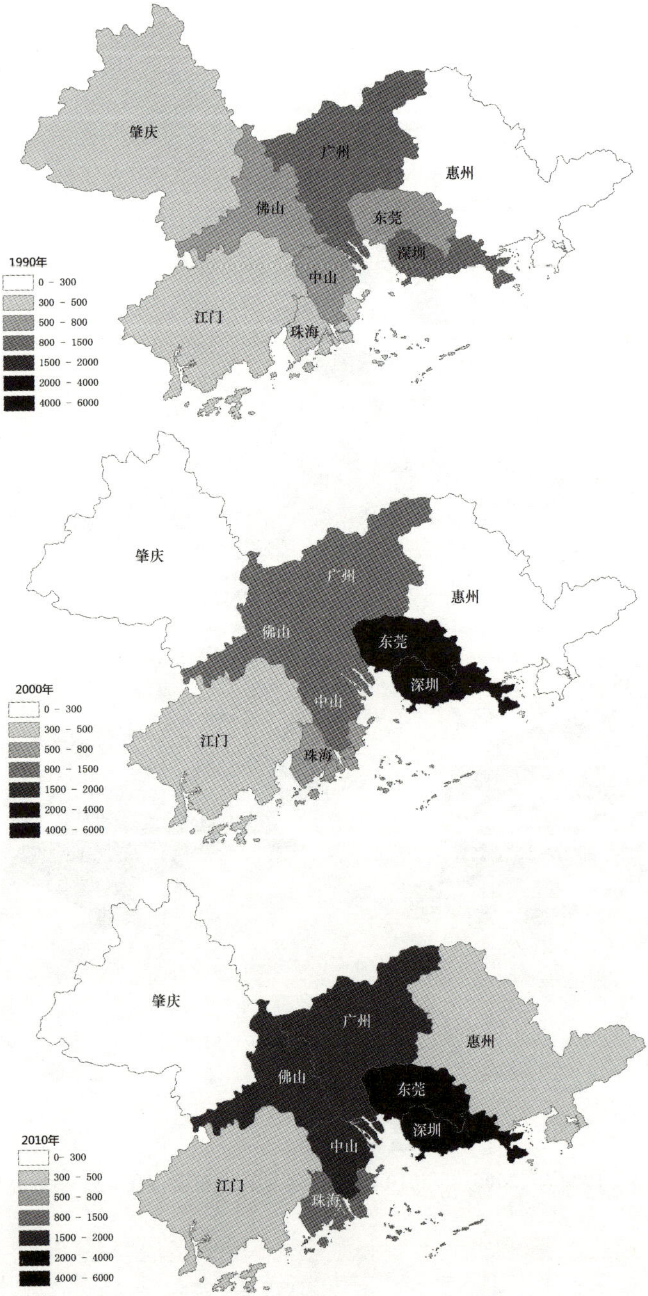

图 3-10　1990 年、2000 年、2010 年珠三角地区人口密度图(人/平方公里)

二、空间自相关分析

在上一章空间分析中，本书采用探索性空间数据分析方法(ESDA)对京津冀地区经济、产业、资源、教育等进行了分析，来探索这些变量空间分布的模式及变化。在本节中，仍将采用上一章的方法，利用全局Moran's *I* 统计量和全局 General *G* 统计量来进行人口密度全局自相关分析，利用联系局部指标 LISA 和局部 *G* 系数来进行人口密度局部自相关分析。对于具体统计量的计算公式及解释在本章就不再介绍，如有需要可参照第二章第一节的相关内容。为了更好地了解京津冀地区人口空间分布模式，下面对长三角地区、珠三角地区的人口分布做了空间自相关分析。

(一) 京津冀地区人口空间自相关分析

1. 京津冀地区全局自相关

(1) 全局 Moran's *I* 统计分析

首先对 1990 年、2000 年、2010 年京津冀地区各市三次人口普查人口密度进行了全局自相关分析。表 3-6 列出了 1990 年、2000 年、2010 年京津冀地区各个地级市人口密度的全局 Moran's *I* 统计结果。从表 3-6 中可以看出，全局 Moran's *I* 自相关分析的结果显示，1990 年、2000 年及 2010 年，京津冀各市人口密度的空间分布模式均为随机分布模式。1990 年，Moran's *I* 指数为 0.018482，高于期望值 $E(I)$，但 P 值为 0.613，远高于 0.1；2000 年，Moran's *I* 指数为−0.024919，高于期望值 $E(I)$，但 P 值为 0.773，远高于 0.1；2010 年，Moran's *I* 指数为 −0.041874，略高于期望值 $E(I)$，但 P 值为 0.836，远高于 0.1。说明京津冀地区各市人口密度空间分布模式非常接近于随机分布，且随着时间的演变并没有呈现聚集的趋势。

表 3-6　1990 年、2000 年、2010 年京津冀地区 Moran's *I* 指数

年份	Moran's *I* 指数	预期指数 $E(I)$	方差	Z 值	P 值
1990	0.018482	−0.083333	0.040484	0.506025	0.612839
2000	−0.024919	−0.083333	0.040999	0.288493	0.772969
2010	−0.041874	−0.083333	0.040204	0.206771	0.836189

(2) 全局 General *G* 统计分析

表 3-7 列出了 1990 年、2000 年、2010 年京津冀地区各个地级市人口

密度的全局 General G 统计结果。由表 3-7 可以发现，京津冀地区的全局 General G 系数在各年中均为正，且高于 G 系数的期望值 $E(G)$，这表明人口密度的观测模式展现出一定的正向空间联系，即存在高—高聚集。

表 3-7　1990 年、2000 年、2010 年京津冀地区 General G 指数

年份	General G 指数	预期指数 $E(G)$	方差	Z 值	P 值
1990	0.000003	0.000002	0	2.406984	0.016085
2000	0.000003	0.000002	0	2.308886	0.020950
2010	0.000003	0.000002	0	2.197698	0.027971

2. 京津冀地区局部自相关分析

(1) LISA(Local Moran's I)统计分析

1990 年、2000 年、2010 年京津冀地区各个地级市人口密度的 Moran 显著性图是采用 LISA(Local Moran's I)及 0.05 的显著水平得到的。Moran 局部指数是用来检验局部地区是否有相似或者相异的观察值聚集在一起。从图 3-11、图 3-12 和图 3-13 中可以看出京津冀地区只有张家口市和承德市呈现 LH 分布，其余城市均不显著。

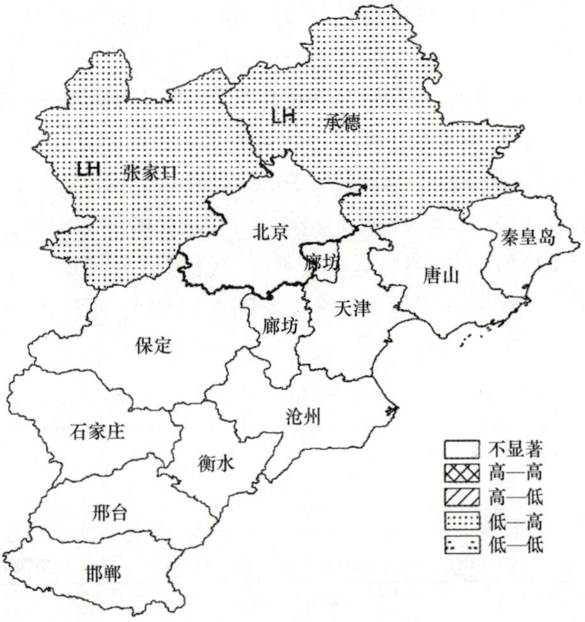

图 3-11　1990 年京津冀 Moran 局部自相关结果

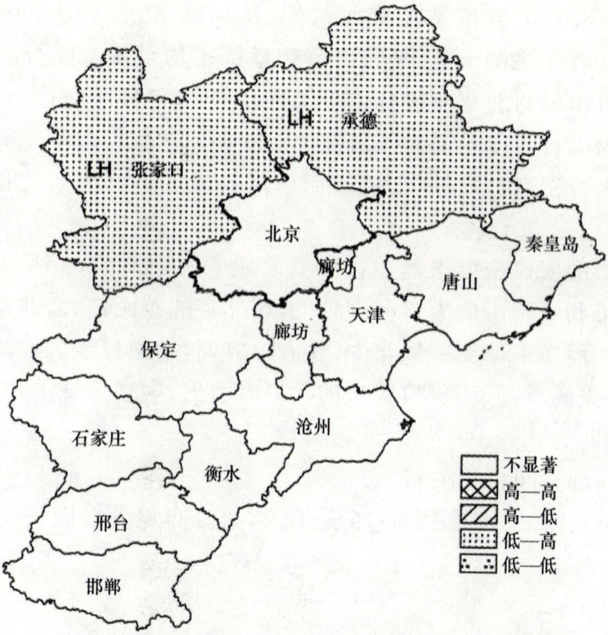

图 3-12　2000 年京津冀 Moran 局部自相关结果

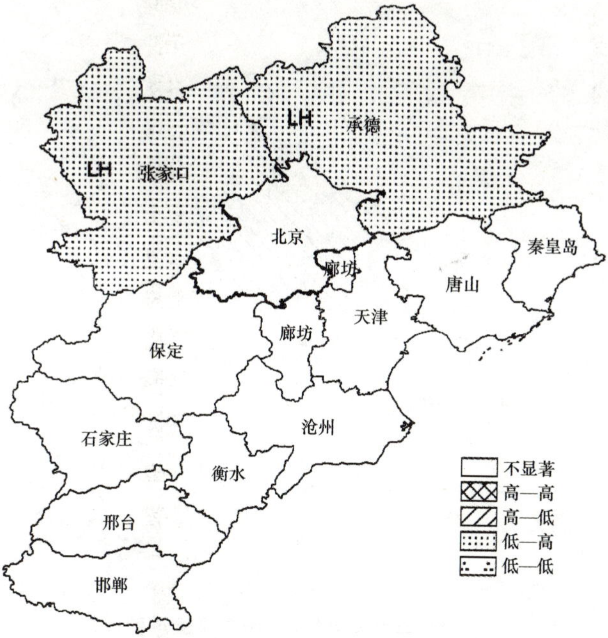

图 3-13　2010 年京津冀 Moran 局部自相关结果

LH 表示一个低值被高值所包围，从局部 Moran 图中可以看到在 1990 年、2000 年、2010 年，张家口市和承德市均呈现 LH 分布。而承德市和张家口市均与北京相接且位于北京以北，在 LH 分布中，承德市和张家口市均为人口密度的低点区。这说明北部的张家口市和承德市与周围城市之间人口密度存在较大差异；而南部各地区人口密度没有表现出显著特征。

北京市的人口密度虽然在京津冀区域中是最高的，但是由于其北部的张家口市和承德市的人口密度较低，与北京的差距较大，北京并未呈现 HH 分布。而在京津冀一体化中，在人口方面，如何打破区域之间人口密度的差距，提高承德、张家口等市的人口吸引力，实现区域的均衡发展，是非常关键的。

(2) 局部空间自相关 G_i

图 3-14、图 3-15 和图 3-16 是 G_i 指数分布显著性图。G_i 指数主要

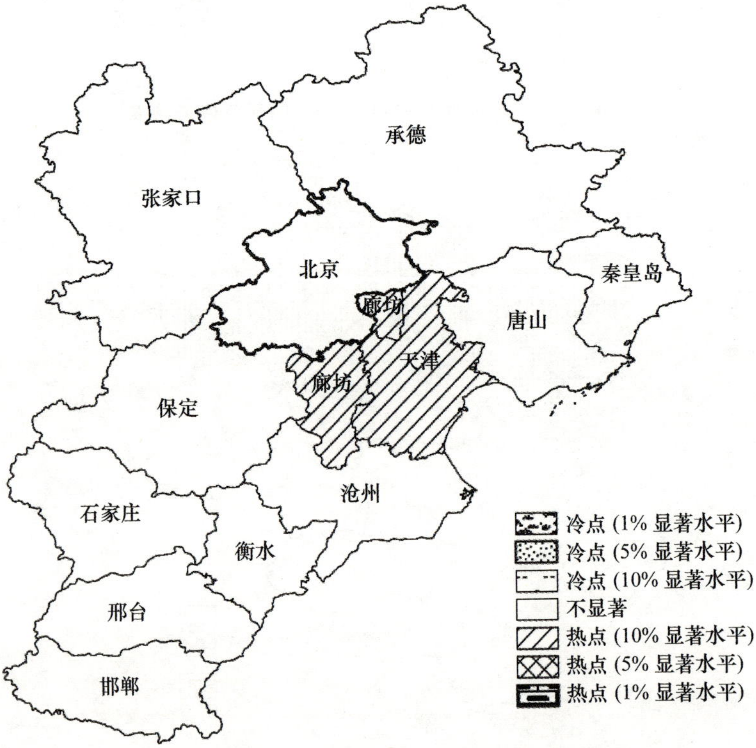

图 3-14　1990 年京津冀地区 G_i 局部空间自相关结果

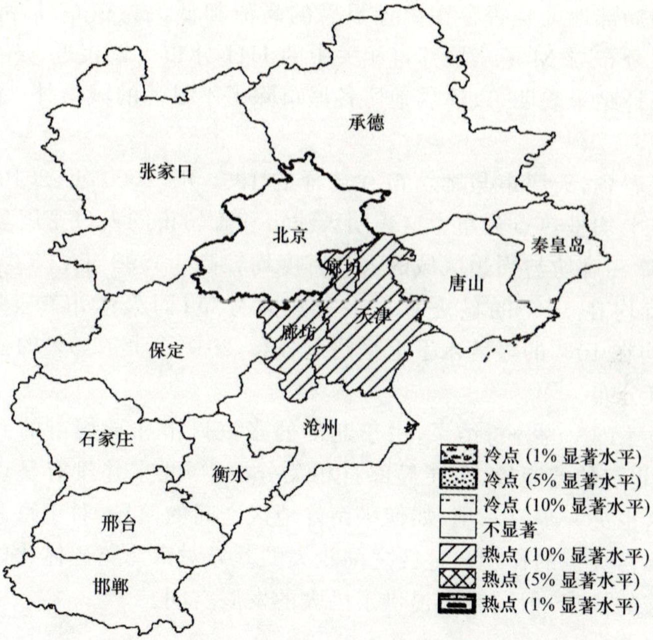

图 3-15　2000 年京津冀地区 G_i 局部空间自相关结果

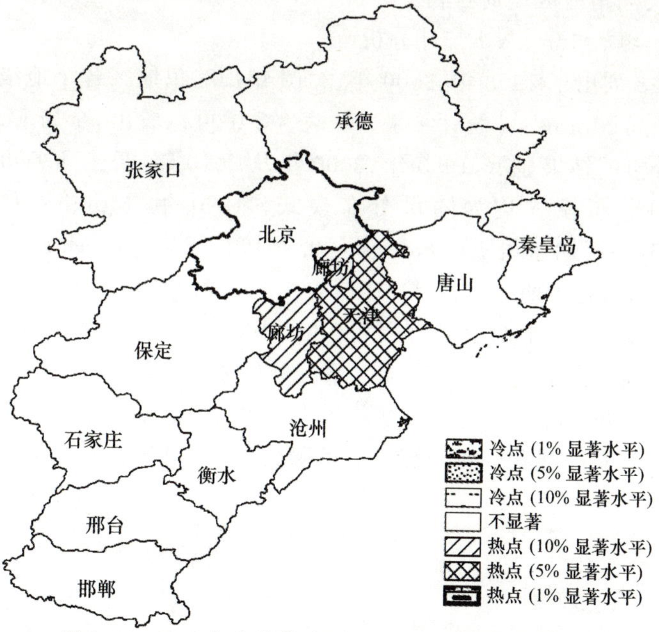

图 3-16　2010 年京津冀地区 G_i 局部空间自相关结果

用来检验局部地区是否存在统计显著的高值和低值。在 G_i 局部自相关中的热点分布与 Moran 局部自相关中的 HH 分布比较相近。G_i 局部自相关的统计结果表明，京津冀地区各城市除了不显著的城市外，还有热点分布区域。

可以看到，天津市与廊坊市在选择的 1990 年、2000 年、2010 年三个时间节点上均呈热点分布。这表明天津市和廊坊市的人口密度呈现高点聚集，天津和廊坊与周边区域的人口密度均较高。1990 年、2000 年、2010 年廊坊市均在 10%的显著水平上呈热点分布；而天津市在 1990 年与 2000 年均在 10%的显著水平上呈热点分布，2010 年是在 5%的显著水平上呈热点分布。

结合 LISA 的分析结果，由于北部的张家口市和承德市的人口密度较低，与北京的差距较大，在局部自相关分析中，北京并没有呈现局部热点区。这也进一步显示出，如何平衡好地区之间的差异，对于京津冀一体化起到非常关键的作用。地区之间较大的差异对京津冀一体化的发展提出了严峻的挑战，但同时也提供了巨大的发展空间。

（二）长三角地区人口空间自相关分析

1. 长三角地区全局自相关分析

(1) 全局 Moran's I 统计分析

表 3-8 列出了 1990 年、2000 年、2010 年长三角地区各个地级市人口密度的全局 Moran's I 统计结果。从表 3-8 中可以看出，全局 Moran's I 自相关分析的结果显示，1990 年、2000 年及 2010 年，长三角各市人口密度的空间分布模式均为随机分布模式。1990 年，Moran's I 指数为 0.032315，高于期望值 $E(I)$，P 值为 0.404628；2000 年，Moran's I 指数为 0.035208，高于期望值 $E(I)$，P 值为 0.34738；2010 年，Moran's I 指数为 0.085726，略高于期望值 $E(I)$，P 值为 0.151644。由此可见，长三角地区各市人口密度的全局 Moran's I 统计结果虽然在 P 值上并不显著，但是随着时间的推移，Moran's I 指数在增大，P 值也在减小，这说明长三角地区各市人口密度空间分布虽然呈随机分布，但随着时间的推移有聚集的趋势。

表 3-8　1990 年、2000 年、2010 年长三角地区 Moran's *I* 指数

年份	Moran's *I* 指数	预期指数 *E*(*I*)	方差	*Z* 值	*P* 值
1990	0.032315	−0.066667	0.014107	0.833385	0.404628
2000	0.035208	−0.066667	0.011754	0.939683	0.347380
2010	0.085726	−0.066667	0.011297	1.43375	0.151644

(2) 全局 General *G* 统计分析

表 3-9 列出了 1990 年、2000 年、2010 年长三角地区各个地级市人口密度的全局 General *G* 统计结果。由表 3-9 中发现，长三角地区的全局 General *G* 系数与其期望值 *E*(*G*)差距并不大，这表明长三角地区人口密度的观测模式呈随机分布。

表 3-9　1990 年、2000 年、2010 年长三角地区 General *G* 指数

年份	General *G* 指数	预期指数 *E*(*I*)	方差	*Z* 值	*P* 值
1990	0.205751	0.208333	0.00066	−0.100542	0.919914
2000	0.209806	0.208333	0.000823	0.051333	0.959060
2010	0.222782	0.208333	0.001137	0.428579	0.668230

2. 长三角地区局部自相关分析

(1) LISA(Local Moran's *I*)统计分析

Moran 局部指数是用来检验局部地区是否有相似或者相异的观察值。长三角地区的 Moran 局部指数结果表明，长三角各地区人口密度均不显著。这表明长三角地区各市人口密度在空间上呈随机分布，这一结果与全局分析的结果一致。与京津唐地区相比，长三角地区各市人口密度差异相对较小。

(2) 局部空间自相关 G_i

图 3-17 是 G_i 指数分布的显著性图。G_i 指数主要用来检验局部地区是否存在统计显著的高值和低值。在 G_i 局部自相关中的热点分布与 Moran 局部自相关中的 HH 分布比较相近。G_i 局部自相关的统计结果表明，长三角地区各城市除了部分不显著的城市外，普遍是热点分布区域。

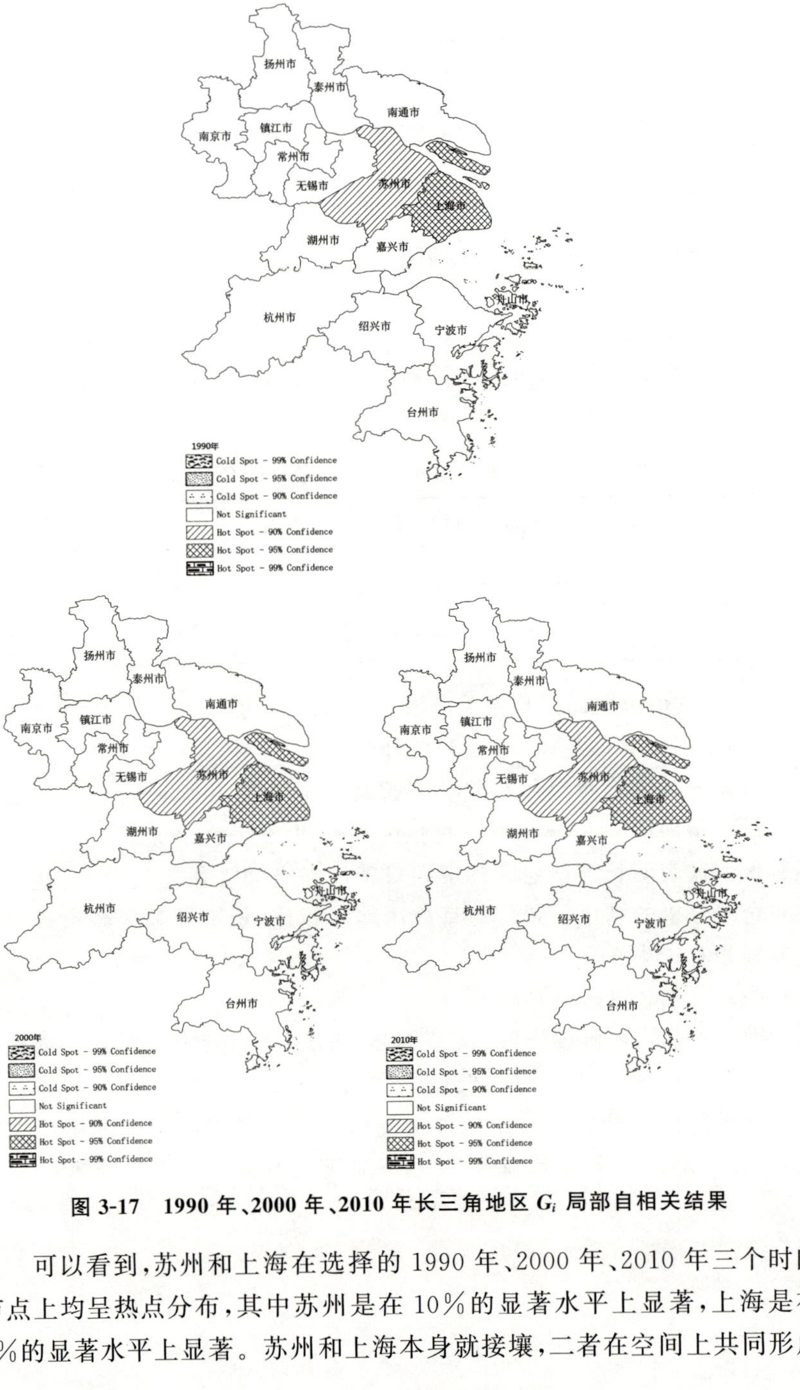

图 3-17　1990 年、2000 年、2010 年长三角地区 G_i 局部自相关结果

可以看到，苏州和上海在选择的 1990 年、2000 年、2010 年三个时间节点上均呈热点分布，其中苏州是在 10%的显著水平上显著，上海是在 5%的显著水平上显著。苏州和上海本身就接壤，二者在空间上共同形成了人口密度高点聚集区。

（三）珠三角地区人口空间自相关分析

1. 长三角地区全局自相关分析

（1）全局 Moran's I 统计分析

表 3-10 列出了 1990 年、2000 年、2010 年珠三角地区各个地级市人口密度的全局 Moran's I 统计结果。全局 Moran's I 自相关分析的结果显示，1990 年、2000 年及 2010 年，珠三角各市人口密度的空间分布模式均为随机分布模式。

表 3-10　1990 年、2000 年、2010 年珠三角地区 Moran's I 指数

年份	Moran's I 指数	预期指数 $E(I)$	方差	Z 值	P 值
1990	−0.067567	−0.125	0.035849	0.303337	0.761633
2000	−0.098404	−0.125	0.030192	0.15306	0.878351
2010	−0.108354	−0.125	0.027661	0.100089	0.920273

（2）全局 General G 统计分析

表 3-11 列出了 1990 年、2000 年、2010 年珠三角地区各个地级市人口密度的全局 General G 统计结果，珠三角地区的全局 General G 系数在各年中均为正，且高于 G 系数的期望值 $E(G)$，这表明人口密度的观测模式展现出一定的正向空间联系，即存在“高—高”聚集。1990 年珠三角地区人口密度的 General G 系数为 0.508415，相应 P 值为 0.078224，在 0.1 的水平上显著，即在空间上显著存在“高—高”聚集。2000 年、2010 年虽然 General G 系数值也在增大，但方差增大得更快，Z 值相应变小，对应 P 值分别为 0.115、0.127，显著性虽然在降低，但 P 值也不是太大，仍然可以认为珠三角地区人口密度的观测模式展现出正向空间联系，但这种聚集的模式有不太明显的减弱的态势。

表 3-11　1990 年、2000 年、2010 年珠三角地区 General G 指数

年份	General G 指数	预期指数 $E(I)$	方差	Z 值	P 值
1990	0.508415	0.416667	0.002714	1.761088	0.078224
2000	0.580154	0.416667	0.010781	1.574569	0.115356
2010	0.584581	0.416667	0.012119	1.525279	0.127190

2. 珠三角地区局部自相关分析

(1) LISA(Local Moran's I)统计分析

图 3-18、图 3-19 和图 3-20 是采用 LISA(Local Moran's I)及设定 0.05

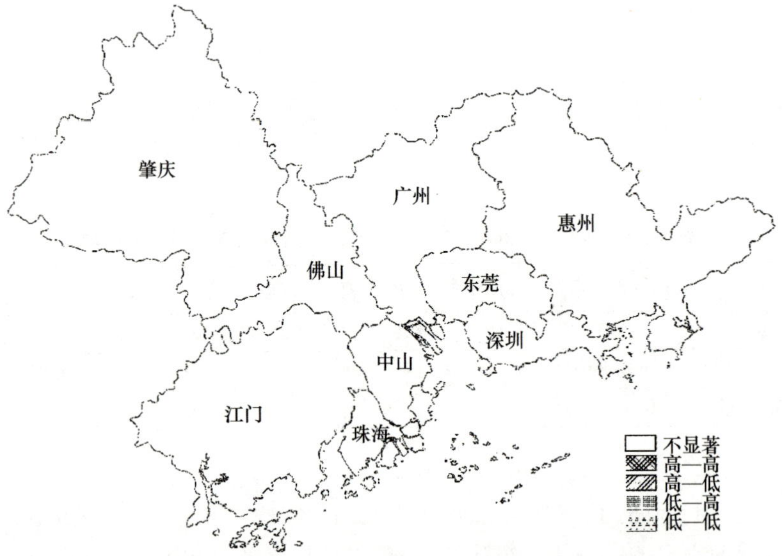

图 3-18　1990 年珠三角 Moran 局部自相关结果

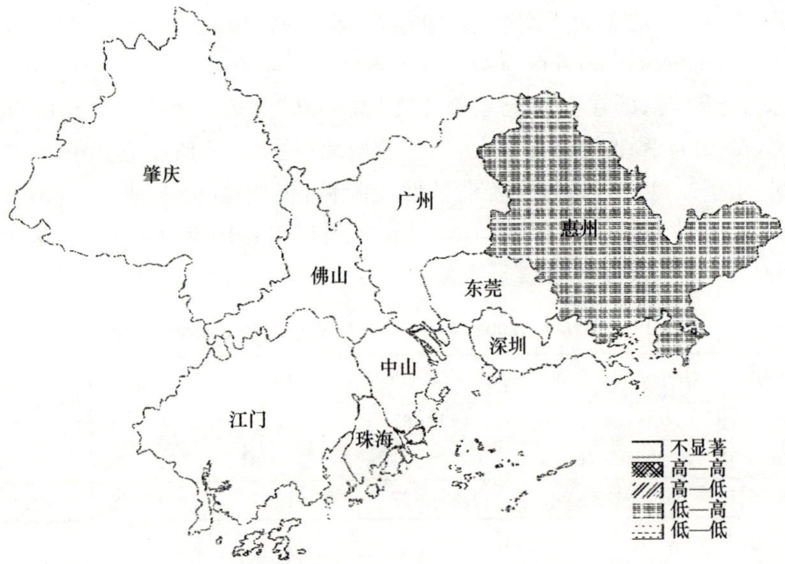

图 3-19　2000 年珠三角 Moran 局部自相关结果

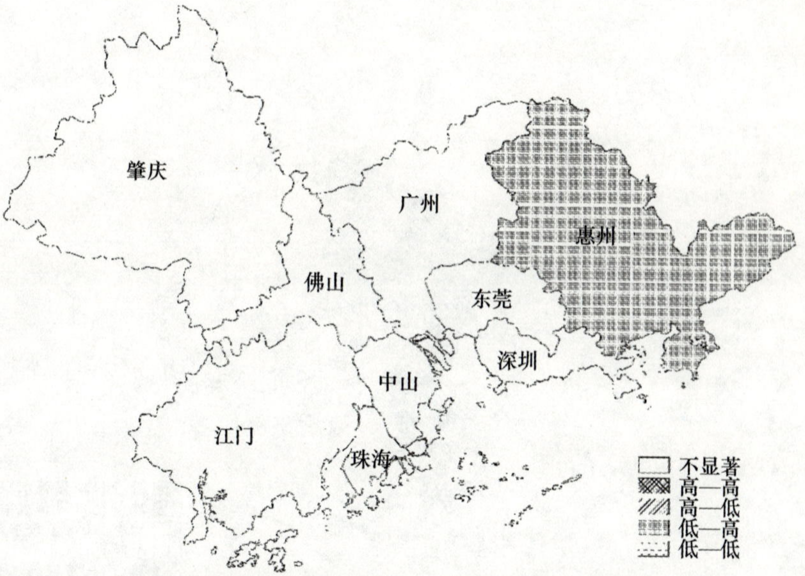

图 3-20　2010 年珠三角 Moran 局部自相关结果

的显著水平下，得到的 1990 年、2000 年、2010 年珠三角地区各个地级市人口密度的 Moran 显著性图。从图中可以看出珠三角地区除部分不显著地区以外，剩余地区聚集分布形式有 LH 分布。

1990 年，珠三角地区各城市均人口密度 LISA 分析结果均不显著。2000 年和 2010 年，惠州市呈现 LH 分布，LH 表示一个低值被高值所包围，而与惠州邻接的市有广州、东莞、深圳，其中东莞和深圳的人口增长速度在地区内是最快的。

（2）局部空间自相关 G_i

图 3-21、图 3-22 和图 3-23 是 G_i 指数分布显著性图。在 G_i 局部自相关中的热点分布与 Moran 局部自相关中的 HH 分布比较相近。

1990 年，珠三角地区的广州和中山均为热点分布区域，其中，广州在 5％的水平上显著，中山在 10％的水平上显著。

2000 年和 2010 年，珠三角的各城市均不显著，这主要是因为深圳、东莞、珠海、佛山等市的迅速发展缩小了人口密度差距，广州等地的高人口密度已经没有绝对优势。

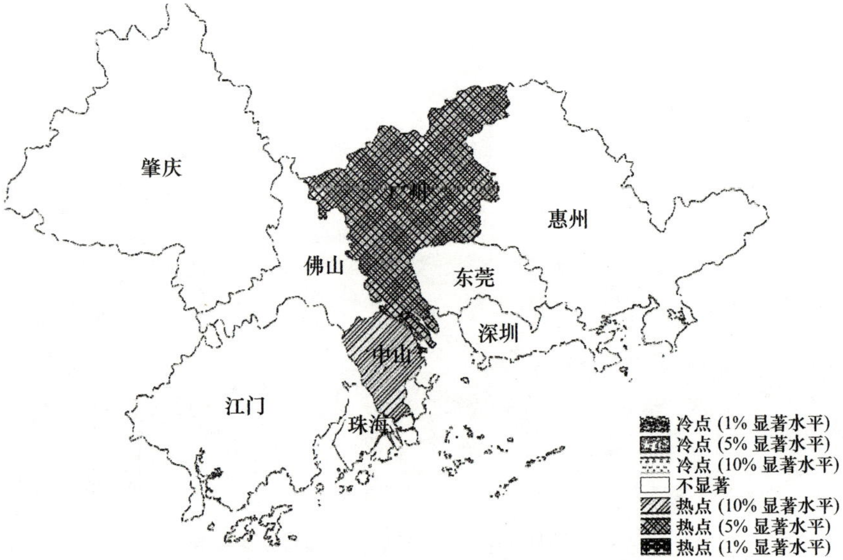

图 3-21　1990 年珠三角地区 G_i 局部空间自相关结果

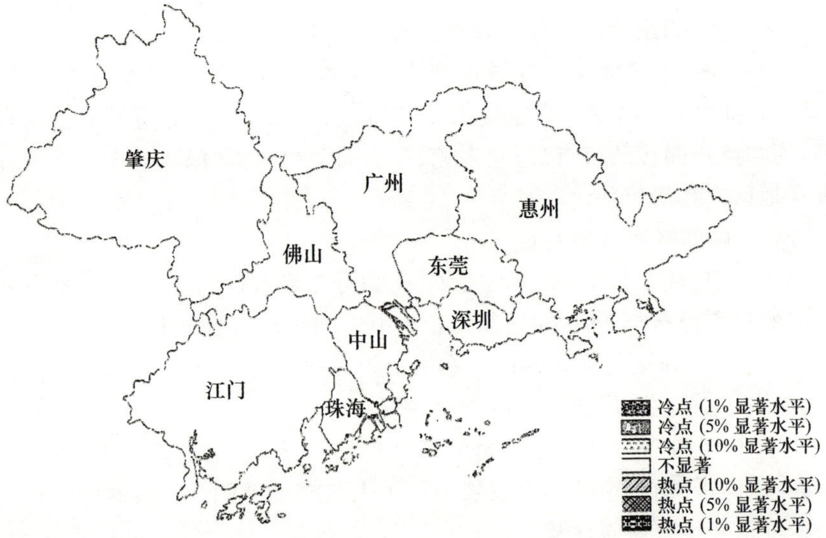

图 3-22　2000 年珠三角地区 G_i 局部空间自相关结果

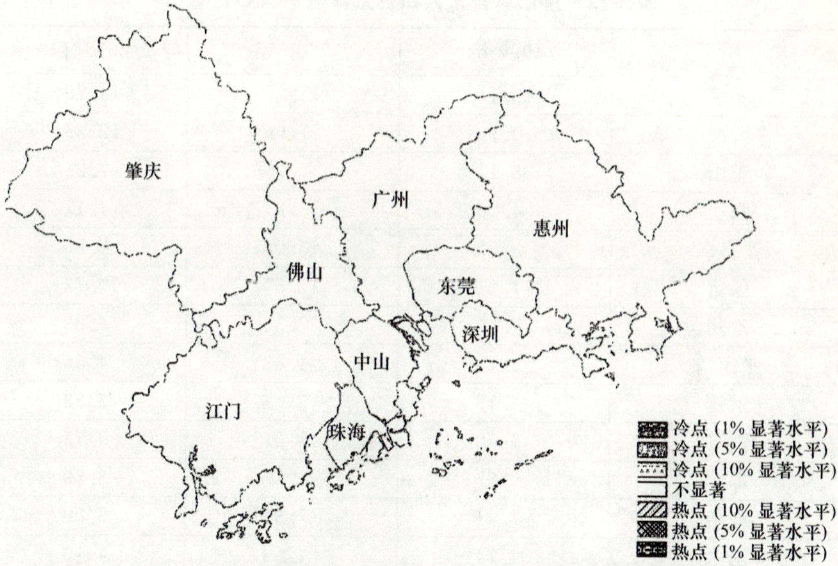

图 3-23　2010 年珠三角地区 G_i 局部空间自相关结果

第三节　京津冀地区核心城市人口状况

一、核心城市在区域中人口占比

(一) 京津冀地区核心城市人口占比

在区域经济发展中，沿着某些城市或由城市组成的中心轴向周围地区辐射，已经成为区域发展的一个规律。像北美比较成熟的美国东北海岸大都市带以波士顿—纽约—华盛顿为中心轴线、五大湖大都市带以蒙特利尔—多伦多—底特律—芝加哥为中心轴线，日本东海道大都市带以东京—大阪为中心轴线，英格兰大都市带以伦敦—利物浦为中心轴线，西北欧大都市带以阿姆斯特丹—安特卫普—布鲁塞尔—科隆为中心轴线等等。由此可见，核心城市对于区域发展非常重要。

京津冀地区以北京—天津为核心，1990—2010 年，北京和天津的人口占京津冀总人口的比重在一直增大，这表明人口有向北京、天津集聚的趋势(见表 3-12)。

表 3-12 京津冀各市人口占京津冀总人口比重 单位:%

	1990 年	2000 年	2010 年
北京	13.41	15.27	18.78
天津	10.89	11.06	12.39
唐山	8.17	7.78	7.26
廊坊	4.20	4.24	4.17
秦皇岛	3.06	3.04	2.86
保定	11.91	11.57	10.72
沧州	7.49	7.34	6.83
张家口	5.19	4.63	4.16
承德	4.18	3.67	3.33
石家庄	9.98	10.21	9.73
邯郸	9.37	9.27	8.79
邢台	7.41	7.34	6.80
衡水	4.74	4.59	4.16

1990—2000 年的 10 年间,北京人口占比由 1990 年的 13.41%增加到 2000 年的 15.27%,比重增大 1.86%;天津的人口占比由 1990 年的 10.89%增加到了 2000 年的 11.06%,比重增大 0.17%。2000—2010 年的 10 年间,北京人口占比由 2000 年的 15.27%增加到了 2000 年的 18.78%,比重增大 3.52%;天津的人口占比由 2000 年的 11.06%增加到了 2010 年的 12.39%,比重增大 1.33%。

天津人口占比的增长幅度要小于北京人口占比的增长幅度,这表明北京的人口吸引力是要大于天津的。

然而对于京津冀地区的河北各地而言,人口占比却一直在下降,说明河北各地的人口吸引力有减弱趋势。

(二) 长三角、珠三角核心城市人口占比

长三角地区包括主中心城市上海和五个副中心城市——南京、无锡、苏州、宁波、杭州。由表 3-13 中可知,这六个中心城市的人口占比都一直在增大,而对于其周边城市而言,除嘉兴市人口占比也是一直增大外,剩下的城市人口占比也呈减小的趋势。同时可发现,中心城市对人口的吸引力要远高于非中心城市,区域中人口在向中心城市聚集。

表 3-13　长三角各市人口占长三角总人口比重　　单位：%

	1990 年	2000 年	2010 年
上海	17.21	19.07	21.39
南京	6.67	6.98	7.44
无锡	5.53	5.80	5.92
苏州	7.28	7.74	9.72
常州	4.23	4.30	4.27
南通	9.89	8.56	6.77
泰州	6.22	5.45	4.29
扬州	5.59	5.23	4.14
镇江	3.36	3.24	2.89
宁波	6.57	6.79	7.07
杭州	7.52	7.84	8.08
嘉兴	4.08	4.08	4.18
湖州	3.16	2.99	2.69
绍兴	5.16	4.90	4.56
舟山	1.26	1.14	1.04
台州	6.29	5.87	5.55

珠三角地区以广州和深圳为中心城市。1990—2000 年的 10 年间，广州的人口占比略有下降，而深圳的人口占比由 7.08%迅速攀升至 16.35%；2000—2010 年的 10 年间，广州的人口仍略有下降，而深圳人口占比仍在增大。除此之外，还可以看出东莞人口也在 20 世纪 90 年代飞速增长，其人口占比由 7.4%迅速攀升至 15.03%，进入 21 世纪以来，其人口占比略有下降，但仍占区域总人口的 14.56%(见表 3-14)。

表 3-14　珠三角各市人口占长三角总人口比重　　单位：%

	1990 年	2000 年	2010 年
广州	26.77	23.19	22.63
深圳	7.08	16.35	18.46
珠海	2.70	2.88	2.78
佛山	12.76	12.45	12.82
江门	14.71	9.23	7.93
东莞	7.40	15.03	14.65
中山	5.26	5.51	5.56
惠州	9.73	7.50	8.19
肇庆	13.60	7.87	6.98

二、核心城市的人口引力

牛顿的万有引力定律是说，两物体之间的吸引力的大小，与两物体质量之积成正比，与距离的平方成反比。拉文斯坦（E. G. Raven-stein）提出的人口迁移引力模型就来自牛顿的万有引力定律。人口引力模型的思想：两地之间人口吸引力的大小，与两地人口数的乘积成正比，与两地间距离的平方成反比，即：

$$I_{ij} = k\frac{M_i M_j}{D_{ij}^2}$$

其中，I 表示两地之间的人口引力大小，M 代表两个城市的人口数量（万人），D 为距离（公里），在这里由于比较的是引力相对值的大小，为了计算方便，将 K 值设为 1。根据该公式计算京津冀各市对周边城市人口分别在 1990 年、2000 年、2010 年的吸引力，结果如表 3-15 所示。

表 3-15　京津冀各市对周边城市人口吸引力

	1990 年	2000 年	2010 年
北京	509.88	724.78	1 175.86
廊坊	381.93	524.88	800.42
天津	383.52	497.7	759.08
保定	271.99	337.46	431.06
邢台	272.39	337.55	397.36
邯郸	252.14	311.76	369.78
沧州	187.19	231.95	297.77
石家庄	191.54	243.28	296.74
唐山	180.27	221.23	296.06
衡水	114.22	138.93	162.62
张家口	47.57	55.00	69.72
承德	41.38	46.74	59.23
秦皇岛	27.09	33.49	42.31

从表 3-15 中结果可以看出，在京津冀各城市中，北京市对周边城市的人口吸引力最大，其次是廊坊，然后是天津。其中廊坊之所以计算得到的人口吸引力很高，一是廊坊离北京和天津都较近，具有较大的区位优势，二是本模型的假定放大了距离的影响。

第四节　京津冀地区人口结构特征

一、京津冀地区人口年龄结构

京津冀地区劳动力资源是十分丰富的，2014 年全国总人口中 15—64 岁人口的比重为 73.45%，京津冀地区 15—64 岁人口占比为 74.61%，京津冀地区略高于全国平均水平。其中北京为 81.29%、天津为 77.54%、河北为 72.05%，北京、天津的比重高于全国平均水平，河北低于全国平均水平。说明北京、天津劳动力人口占总人口的比重较大，抚养率较低，为经济的发展创造了有利的人口条件，即人口红利。

在社会学中，总抚养比可以用来表现社会人口红利的大小。总抚养比也称人口负担系数，是指人口总体中非劳动年龄人口数与劳动年龄人口数之比。抚养比可分为总抚养比、少儿抚养比和老年抚养比。少儿抚养比是指 0—14 岁人口占 15—64 岁劳动年龄人口的比重，老年抚养比是指 65 岁以上人口占 15—64 岁劳动年龄人口的比重。总抚养比为少儿抚养比与老年抚养比二者之和。《中国统计年鉴》中常以 0—14 岁和 65 岁及以上人口作为被抚养人口，把 15—64 岁的人口作为抚养人口，抚养比的计算公式为：

$$\text{社会总抚养比} = \frac{\text{0—14 岁人口数} + \text{65 岁以上人口数}}{\text{15—64 岁人口数}}$$

$$\text{儿童抚养比} = \frac{\text{0—14 岁人口数}}{\text{15—64 岁人口数}}$$

$$\text{老年抚养比} = \frac{\text{65 岁以上人口数}}{\text{15—64 岁人口数}}$$

2014 年北京总抚养比为 23.02%，天津为 28.97%，河北为 38.78%，此时全国总抚养比为 36.16%，京津地区的总抚养比远低于全国平均水平，而河北省劳动力人口流出，总抚养比略高，人口吸引力有待提高（见图 3-24）。从老年人口抚养比和少年儿童抚养比的角度来看，2014 年河北省的少年儿童抚养比为 25.84%、老年人口抚养比为 13.70%，河北较高的抚养比主要是少年儿童抚养比较高所致，而再过若干年这些少年儿童将成长为劳动力人口，河北的劳动力供给还是充足的；北京市的少年儿童抚养比仅为 12.50%，其老年人口抚养比也很低，仅为 10.52%，这也反映出北京吸引了众多的劳动力人口，人口引力较大（见图 3-25 和图 3-26）。

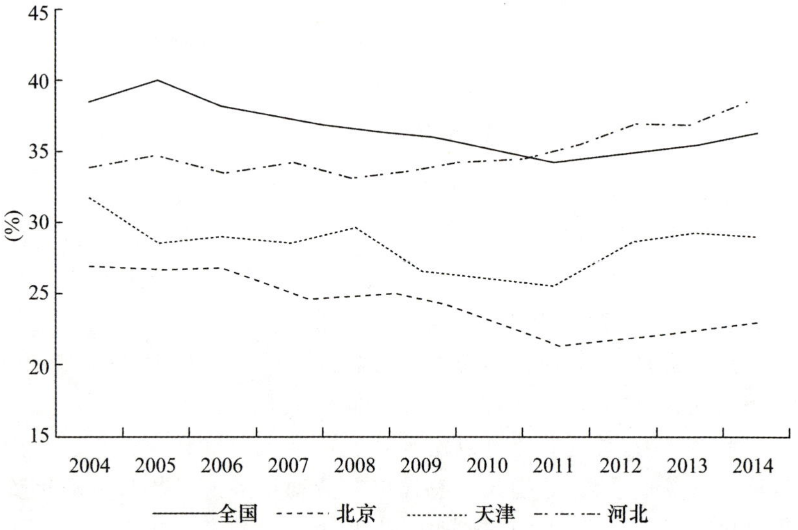

图 3-24　京津冀地区总抚养比

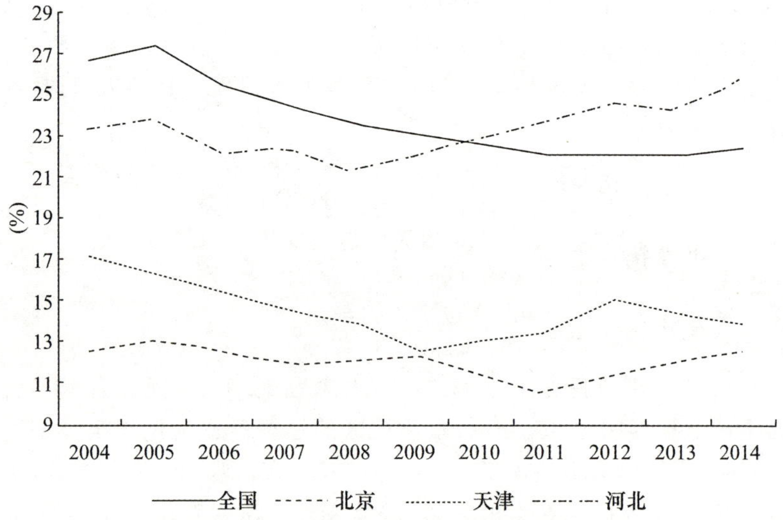

图 3-25　京津冀地区少年儿童抚养比

通常将人口抚养比小于或等于 50%称为人口机会窗口期。在窗口关闭之前的时间内，劳动力供给充足，社会负担相对较轻，有利于经济的快速发展。从图 3-43 中可以看到，全国的总人口抚养比及京津冀各地区的总人口抚养比均小于 50%，也就是说现在还处于人口机会窗口期，劳

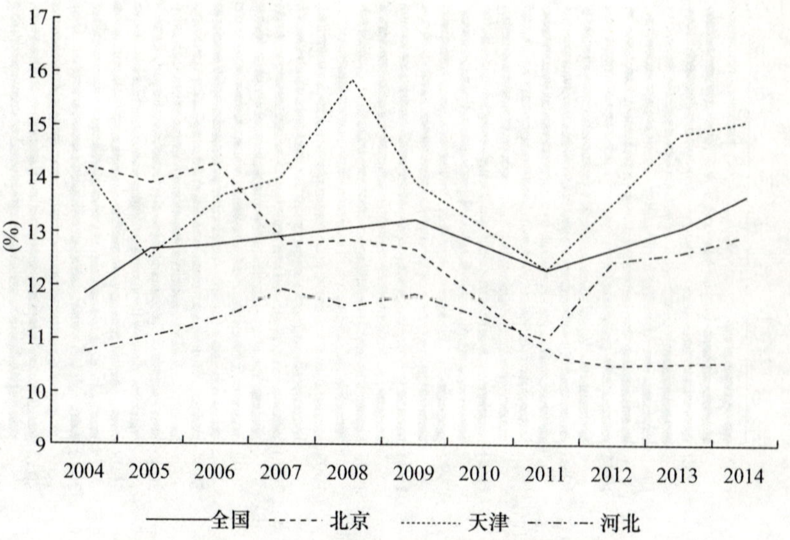

图 3-26　京津冀地区老年人口抚养比

动力供给充足，仍可享受人口红利的福利。伴随低生育水平的稳定和人口老龄化尚未开始加速，总人口的抚养比在一段时间内仍将保持较低水平。然而随着老龄化加速，人口抚养比会逐渐提高。从图 3-26 中可看到，从 2011 年开始人口抚养比已经出现上升趋势。当人口红利消失之时，我国要负担大量的老年人口。这就需要我们做好充分的政策准备以迎接挑战。

二、京津冀各城市就业人口从事产业情况

2014 年京津冀地区第一、二、三产业从业人口共计 6 237 余万人，占总人口的 55.97%。从就业人员的产业构成上看，北京、天津已形成三、二、一次产业结构，河北仍然为一、二、三次结构。其中北京已形成第三产业为主导的从业人口结构，2014 年第三产业从业人口所占比例已达 77.32%，一、二产业比重较小；天津第二、三产业就业比重相当，第三产业比重略高一点；河北省发展最为落后，三大产业就业比重相当（见图 3-27、图 3-28 和图 3-29）。

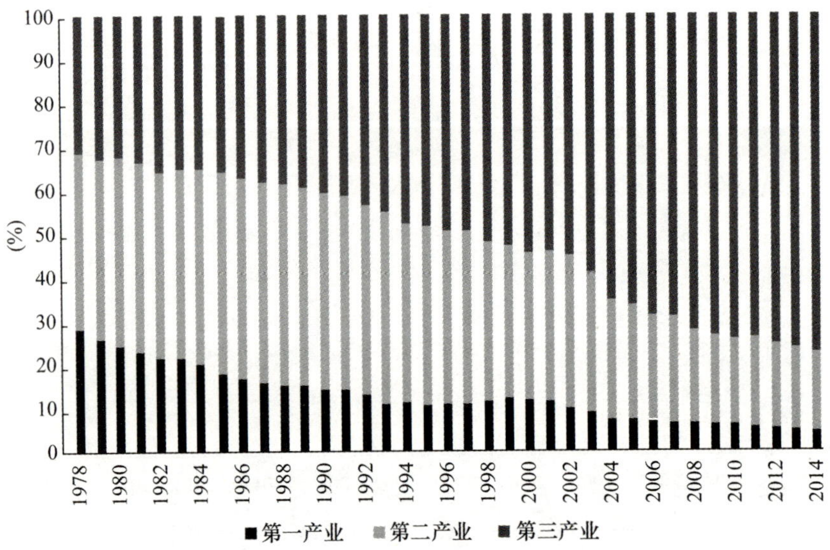

图 3-27　1978—2014 年北京市三大产业从业人口占比

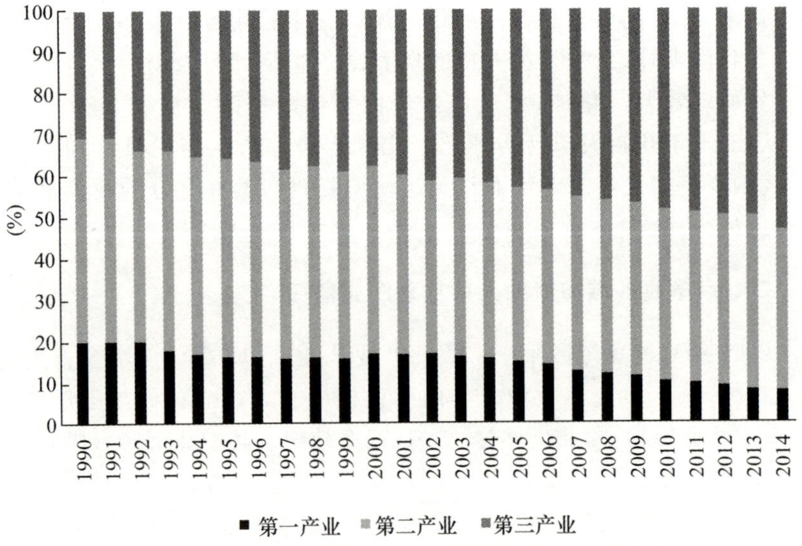

图 3-28　1990—2014 年天津市三大产业从业人口占比

三、京津冀地区受教育水平

与 2005 年相比，2014 年京津冀地区人口受教育水平有较大幅度提高，文盲人口比例大幅降低。由于区域内高校云集高等教育具有得天独

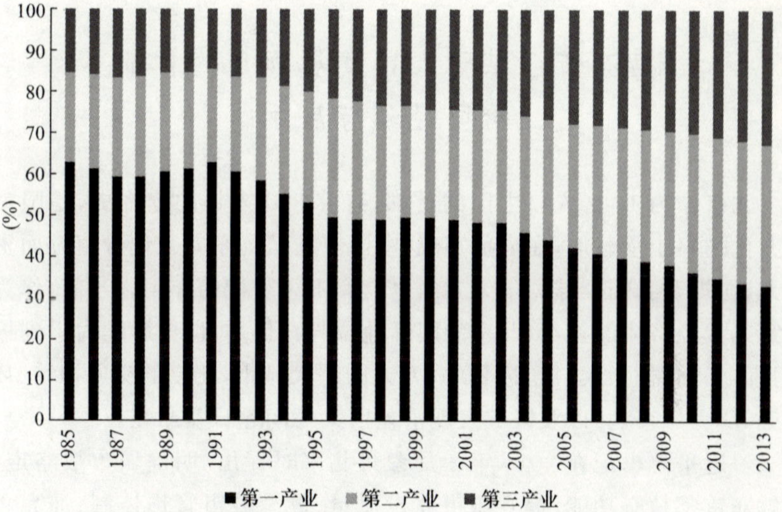

图 3-29 1985—2014 年河北省三大产业从业人口占比

资料来源：国家统计局、wind 数据库。

厚的优势、首都吸引人才的特殊条件以及各大高校的普遍扩招，京津冀地区的教育水平明显高于全国平均水平，其中北京、天津的文盲比例非常低，而河北省人口的受教育水平还有很大的提升空间，应该加大力度吸引高学历人才，带动产业转型，以促进京津冀城市群的整体发展（见图 3-30）。

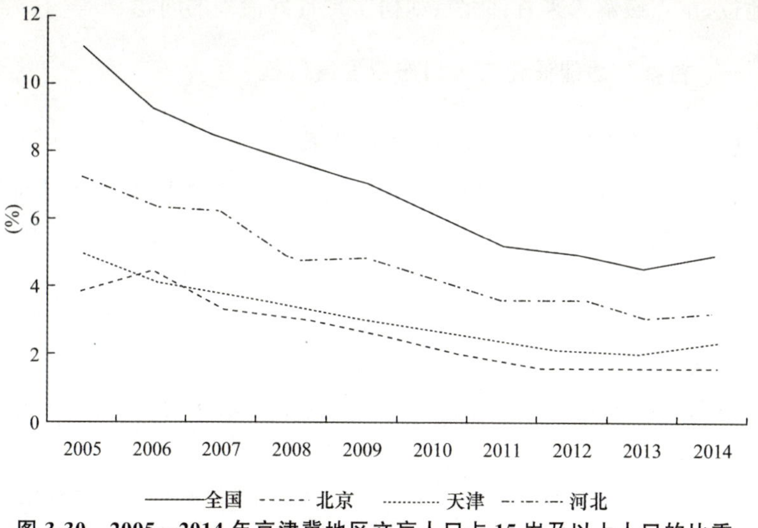

图 3-30 2005—2014 年京津冀地区文盲人口占 15 岁及以上人口的比重

资料来源：北京、天津、河北统计局。

第五节　基于人口发展视角的首都治理经验与启示

北京作为13亿人口中国的首都，有着800多年的建都史，是国家精神文化的集中承载地，在肩负实现“中国梦”、弘扬东方文化价值方面责任重大，在提升我国全球竞争力方面也具有不可替代的作用。当前，作为全球第二大经济体的首都，北京的国际地位与日俱增，世界影响力得到极大增强。然而，作为人口超过2000万人的超大城市，北京的交通拥堵、环境污染等“大城市病”以及区域发展落差巨大等问题日益凸显。

习近平总书记在2014年2月考察北京时提出“明确城市战略定位、疏解非首都核心功能、提升城市建设质量、健全城市管理体制、加大大气污染治理力度”五点要求，并将京津冀协同发展上升至国家战略。[①] 从根本上推动京津冀协同发展，治理北京“大城市病”，需要基于首都城市发展的特殊性，对北京的城市功能进行合理准确定位，并以此为前提采取有效的城市治理措施，处理好首都发展与各项保障功能建设的关系。

因此，本研究通过借鉴国际上大国首都城市的功能发展规律与现代化治理经验，充分认识国家首都在国家社会经济管理与全球事务中的角色地位，重点破解未来首都北京如何实现良好治理的问题。

一、首都的功能演化与人口产业发展特征[②]

（一）首都城市的主要功能与发展模式

首都是国家主权的象征城市，对内肩负政治管理中枢，对外体现国家形象和竞争力，由此决定了国家管理、对外交往是首都的根本职责所在，属于最基本的核心职能，而文化、科技创新功能则是首都基本职能的重要支撑。同时，由于大国首都在很多发展资源的占有上具有绝对优势，因而往往还综合经济、宜居等其他重要功能于一身。

根据首都在国家中的地位及其担负的主要功能的差异性，世界首都

① 习近平总书记在2014年2月26日讲话中指出：京津冀同属京畿重地，地缘相接、人缘相亲、地域一体、文化一脉、历史渊源深厚、交往半径相宜，完全能够相互融合、协同发展。

② 徐辉. 首都的现代化治理经验与启示.

城市大致可划分为复合功能型首都与简单功能型首都两类，其核心区别在于是否拥有庞大的经济管理与经济服务职能（见表3-16）。其中，前者既是国家的政治、文化中心，也是全国重要的经济中心；后者仅仅是政治中心或政治—文化中心，经济职能不突出。复合功能型首都作为政治、经济、文化等综合中心，人口、经济在国内占比往往很高，在国家城市体系中地位举足轻重，全球影响力也因而巨大。例如伦敦、巴黎、东京、莫斯科、曼谷、首尔等都是国家最大经济中心的典型代表，对于北京的发展借鉴意义较大。当然，这样的首都城市往往也具有最悠久的历史传统，如罗马、巴黎就是世界上最古老的城市之一，确立为国家首都后其政治中心优势与经济地缘优势会进一步相互强化，最终形成国家的首位城市或特大城市。

表3-16　世界各类型首都城市的人口、经济发展情况

类型	典型大国首都	人口规模及占全国比重	GDP规模及占全国比重
复合功能型首都	日本东京	东京都1 300万人，占全国总人口的10.3%	东京都GDP 1.06万亿美元，约占全国的21.6%
	英国伦敦	大伦敦都市区817.41万人（2011年），占英国总人口的近13%	大伦敦都市区7 303亿美元（2013年），占全国的28.8%
	俄罗斯莫斯科	城区人口1 211万人（2014年），占全国的10%	GDP为8.4亿卢布（2010年），占全国的18.6%
	法国巴黎	市区2013年人口248.33万人，占全国的3.6%	2009年巴黎都会区GDP约为5 521亿欧元，占法国都会区的29.5%
	意大利罗马	罗马市人口277.4万人（2011年），都会区人口540万人，占全国人口的8.7%	GDP 955亿美元（2008年），占意大利全国的6.7%
	沙特利雅得	人口达590万人（2013年），占全国的15%左右	GDP 804亿美元（2011年），占全国的13.9%
	墨西哥墨西哥城	2 000万人左右（含卫星城）（2013年），占全国的20%	1 250亿美元（2004年），占全国的48%
	印尼雅加达	总人口1 200万人（2010年），约占全国的5%	GDP 920亿美元（2008年）；占全国的20%左右
	阿根廷布宜诺斯艾利斯	大布宜诺都会区1 280万人（2012年），占全国的31%	3 484亿美元（2013年），占全国的57%

（续表）

类型	典型大国首都	人口规模及占全国比重	GDP规模及占全国比重
复合功能型首都	韩国首尔	1 058 万人(2010 年)，占全国的 20.6%	236.2 万亿韩元(2009 年)，占全国的 23.6%
	德国柏林	353.1 万人(2012 年)，占全国的 4.39%	1 036 亿欧元(2012 年)，占全国的 3.91%
简单功能型首都	美国华盛顿	市区有 65.9 万人(2014 年估计值)，占全国的 0.2%	3 511 亿美元(2010 年)，占全国的 2.4%
	澳大利亚堪培拉	38.1 万人，约占全国的1.6%	3 557 万美元(2013 年)，占全国的 0.002%
	加拿大渥太华	145 多万人(2014 年)，占全国的 5%左右	795 亿美元(2011 年)，占全国的 4%左右
	巴西巴西利亚	260 万人(2009 年)，占全国的 1.5%	1 392 亿美元(2013 年)，占全国的 6.2%
	印度新德里	德里人口 1 675 万人(2011 年)，占全国总人口的 1.38%，其中新德里 13.37 万人	德里 GDP 460 亿美元(2010 年)，占全国的 2.4%
	南非[①]比勒陀利亚（茨瓦内）	总人口约 235 万人；占全国的 4.7%	——；占全国的 8.55%(2002 年)

（二）人口与产业的发展特征

纵观国际上大国首都城市的发展演进历程，可以看到具有很强的规律性与无法超越的阶段性特点。一般而言，产业经济升级的一般路径包括工业化、服务业化、服务业高端化及创新化发展四个阶段，与之相适应，人口发展也大致经历了从城市化、郊区化到逆城市化、再城市化（如伦敦、巴黎）或平稳发展（如东京、首尔）。

应该看到，无论何种类型的首都，政治中心职能所依附的资源要素的高度集中，都不可避免会对其城市经济增长形成巨大推动作用。伦敦、巴黎、东京等大国首都城市正是基于此，积极通过功能结构的不断调整转

① 南非是世界上唯一同时存在三个首都的国家，其中，行政首都比勒陀利亚(Pretoria，现已更名为茨瓦内，Tshwane)是南非中央政府所在地，人口约 200 万人；立法首都开普敦(Cape Town)是南非国会所在地，是全国第二大城市和重要国际海运航道交汇点，人口约 300 万人；司法首都布隆方丹(Bloemfontein)为全国司法机构的所在地，人口约 50 万人。

型，一直对全球经济发挥重要的引领作用，从而不断巩固、加强其全球地位和影响力。一方面，伦敦、巴黎、东京等世界首都城市在20世纪八九十年代陆续发展成为全球前位的金融和生产要素配置中心之后，开始转而寻求发展成为全球性知识和技术创新中心、总部和高新技术产品生产中心。另一方面，面向各类人群需求的社会服务业是世界首都城市保持全球领先地位的重要方面，尤其在创新为发展动力的趋势背景下，人力资本的积累越来越得到重视。东京、伦敦等城市就业快速增长部门集中在医疗、教育、休闲娱乐等，体现出了对高素质人群的吸引力和国际竞争软实力（见图3-31）。

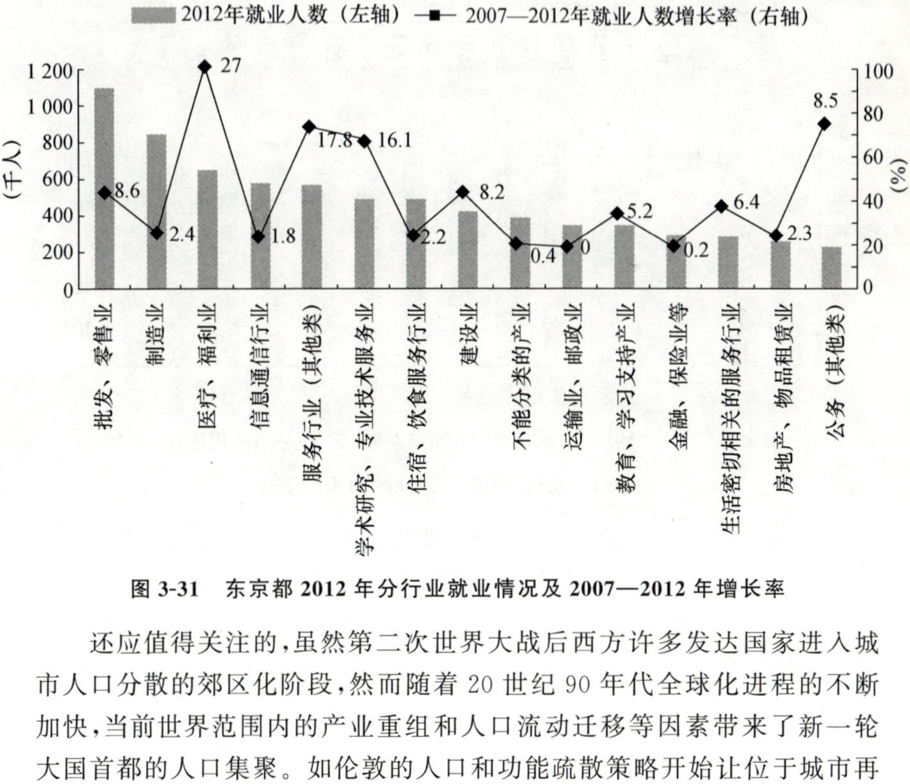

图3-31　东京都2012年分行业就业情况及2007—2012年增长率

还应值得关注的，虽然第二次世界大战后西方许多发达国家进入城市人口分散的郊区化阶段，然而随着20世纪90年代全球化进程的不断加快，当前世界范围内的产业重组和人口流动迁移等因素带来了新一轮大国首都的人口集聚。如伦敦的人口和功能疏散策略开始让位于城市再生，2011年人口重新回到800万人以上，2013年大伦敦居民中出生于国外的人口占到35.8%。再如首尔进入21世纪以后又继续维持稳定的增长水平，仁川市和京畿道受到其辐射力的影响，人口也在持续增加（见图3-32）。

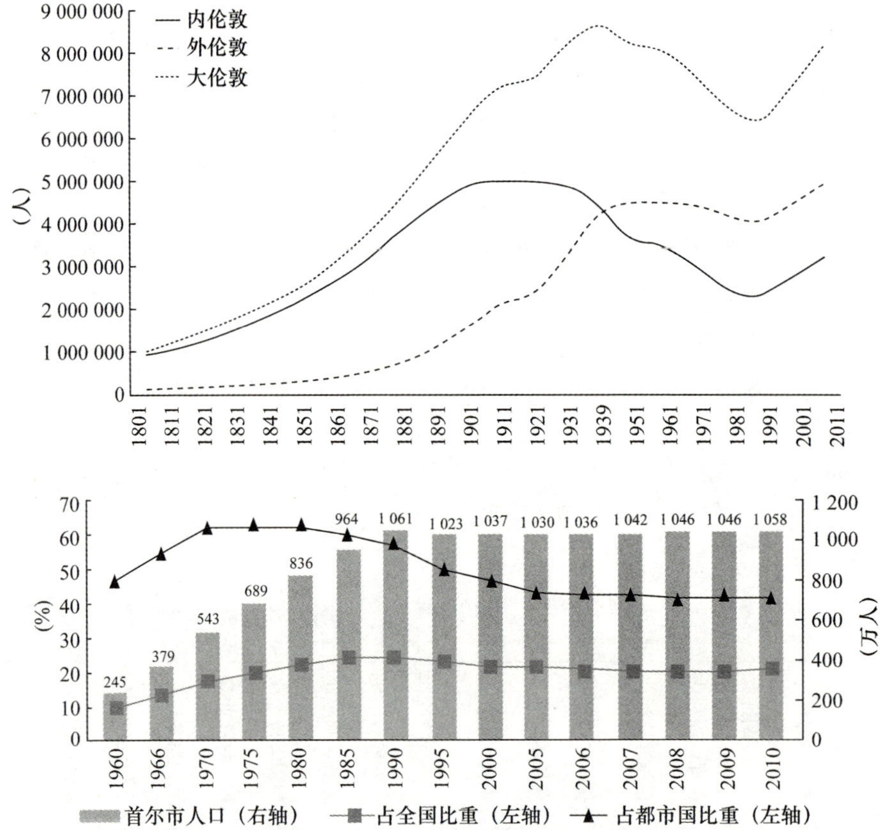

图 3-32　伦敦、首尔不同地区的人口变化

此外，从大国首都地区人口、产业聚集与扩散的空间演变来看，在高端服务功能持续向首都中心聚集与叠加的同时，各类专业化服务、生产功能加速向区域转移。东京在 20 世纪 60 年代至今也一直根据世界产业经济的发展态势不断调整其产业布局，制造业的产值比重呈现持续下降态势。其中，东京都从 1965 年的 15%下降到 2008 年的 3%左右，包括近邻三县的东京都市圈也从 1965 年的 31%下降到 2008 年的不到 20%，但同时远郊外围四县的制造业比重持续从 5%上升至 10%左右（见图 3-33）。

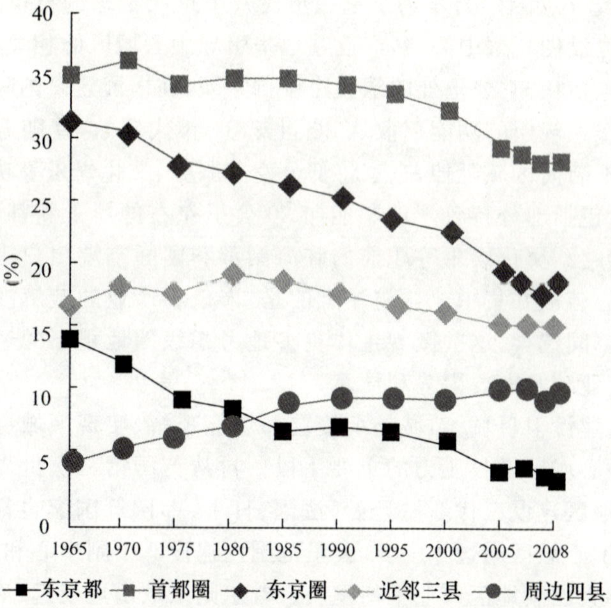

图 3-33　1965—2008 年东京都各圈层制造业产值占全国比重变化

二、大国首都的良治经验借鉴

(一) 市场主导和政府引导并举推动人口和功能疏解

在每个不同的发展阶段,城市发展所面临的问题各不相同,所采取的应对对策自然也各有侧重。在城市化快速发展的中后期,大国首都基本都不可避免地面临人口与功能过度集聚带来的“大城市病”难题,并曾经通过疏解部分功能、约束进入门槛等各种方式有效地控制了城市过度膨胀,甚至极端至迁都。

首先,人口与功能疏解是发达国家复合功能型首都为代表的特大城市治理城市病的有效途径,其疏解对象与城市发展阶段密切相关,一般遵循市场经济条件下各类产业郊区化外溢的客观规律。以日本东京为例,东京的第一次大规模功能疏解集中在第二次世界大战后的 20 年里,主要是城市人口快速聚集导致中心城区地价快速上升,客观地促进了既有的工业和居住功能的疏解。1958 年政府开始限制东京湾化工、钢铁的布局,引导相关产业向近郊京滨或横滨港区疏解;同时期在中心城区 30 多公里的多摩地区开发大型房地产项目,旨在疏散中心城区过度集中的人口。19 世纪 70 年代，日本为了进一步提升东京在全球的竞争力，着力通过在郊区建设创新型中心、新产业基地来引导中心城区的相关功能外迁，主要举措包括在 60 公里外的筑波建设科学城，在横滨建设国际物流基地等。第二次大规模的功能疏散从 20 世纪 80 年代开始，伴随着高铁和城际轨道网不断向区域延伸，东京将部分商务服务、文化娱乐等功能向周边地区疏散，包括部分行政管理职能向 30 公里左右的埼玉新都疏散，部分城市商务办公、文化娱乐等职能向临海副都和国际空港门户区位指向的幕张新中心疏散并集中。需要注意的是，人口和产业的疏解涉及大量微观主体的空间选择，这些微观主体更多地考虑级差地租下的经济成本问题，因此产业疏解需要因势利导。

其次，建设卫星城、新城是承接首都功能疏解、实现区域层面功能重组、缓解中心城区增长压力的重要手段。自从英国第二次世界大战后在伦敦周边地区建设三代新城开始，法国、日本、韩国等国家也都效仿。巴黎通过在中心城区周边 10—50 公里范围内建设八个副中心和 60 个地区中心，引导大巴黎地区产业平衡发展。首尔则采取由近及远、逐步外扩的策略在距中心城市 30—100 公里的距离建设了 20 多个卫星城。虽然不能寄希望于新城建设彻底解决一系列大城市病问题，人口持续中心聚集的态势也无法从根本上扭转，但是以此促进对大量历史文化遗产和非物质文化遗产聚集的古城整体保护，以彰显大国首都悠久的历史文化，值得我们学习。

此外，日本、韩国等国家曾有通过建设新的行政服务中心城市，即迁都的方式来实现集中式功能疏解的计划，以转向简单功能型首都，但代价很大，实际效果也不尽如人意。日本 20 世纪 90 年代列入政府正式议事日程的“迁都构想”，后由于财政问题搁置至今未能实施。[①] 韩国经过近 20 年的曲折反复终于在 2012 年 7 月正式启用新行政首都世宗市[②]，但包括韩国总统府和国会在内的外交、国防、统一等部门仍然留守首尔，直到目前依然面临着新首都发展动力不足、机构分散影响效率等问题。

---

① 日本国会于 1992 年 12 月 24 日颁布并开始实施《关于国会等转移法》，新首都规划人口为 60 万人，面积 90 平方公里，据估算迁都经费大约需要 123 亿美元，由于经济萧条，1998 年决定迁都工程延期三年，之后反对迁都的声音逐渐增强。

② 韩国世宗新行政中心总共涉及 16 个部门和 20 个组织机构共 1.3 万名公务员，韩国希望未来通过行政管理、文化发展、科技创新、宜居生活等功能发展形成人口规模 50 万人左右的城市，以较为彻底地缓解首尔地区的压力。

（二）强调“规划—政策—法规”并举的治理方式

国外特大城市地区往往通过编制区域性规划来实现区域的协调可持续发展，首都地区更是强调规划管控与引导策略。譬如，东京从 1958 年开始先后制定了五版《首都圈[①]基本规划》，针对当时的发展阶段和具体问题，统筹协调首都区域的交通、基础设施、资源环境、空间组织、产业布局等方面内容。其中，加强环城绿带规划管理是抑制首都城市空间无序蔓延，提高生态环境品质的重要举措。环城绿带建设最早起于大伦敦地区，其后在欧美地区广泛推广。如罗马的大都市区规划十分重视保护生态空间，规划待建区域 20%的土地为生态绿地，包括大区域公园、开敞农田以及跨区域生态廊道。[②] 东亚地区国家人地关系紧张，虽然环城绿带空间相对欠缺，但也都通过法律形式强化绿地系统保护。如日本将绿地作为限制城市空间蔓延的重要手段纳入法律文件，在 1968 年的《首都圈整备法》就开始将近郊地带（绿化带）纳入规划统一管理，在面积 6 700 多平方公里的近郊整备地带中，包含了 18 片绿地空间，面积约 157 平方公里。

规划调控要发挥基础性作用还需要一套完善的空间政策体系来支撑，包括配套行政、税收、补贴等综合性政策。如巴黎 1955 年宣布不批准市区新增工业，鼓励政府部门外迁，1959 年禁止市区建造 1 万平方米及以上办公楼宇，20 世纪 60 年代起市内新建办公楼开征“拥挤税”；同时对愿意迁出市区的企业或个人建立补偿制度，占地 500 平方米以上的工厂可享受到 60%的拆迁补偿费用，各类行政、研究机构均可享受到 15%—20%的投资津贴，以及家庭移居补贴等。再如东京、首尔等城市均提出了政策区划管控体系[③]，配套不同的土地利用规则、事业制度以及财税政策以保障实施。其中，首尔划定的“拥塞抑制区”（首尔、仁川等）内所得税、登记税提高 3 倍，财产税提高 5 倍，严格限制新的开发项目。长期性政策与阶段性政策相结合也十分重要。巴黎关于环境改善、文化遗产保护等领域的各项全国性法律是长期坚持原则性要求，在此基础上针对某个历

---

① 日本首都圈规划包括东京都及其周围 7 县。

② 目前围绕罗马城市周边地区拥有维欧公园、阿涅内河公园、古阿庇亚大道公园、台伯河公园和滨海海岸公园等，总面积占到都市区范围的 30%左右。

③ 东京《首都圈综合规划》划定“控制发展区”“优化发展区”和“促进发展区”三类空间政策区，首尔首都圈也分出了“拥塞抑制区”“增长管理区”和“自然保护区”三类政策区。

史时期、某段时间、某个突发事件制订相应的应对方案，此外灵活性、针对性、实施性更强的临时性的行政指令也是重要的补充政策（见表 3-17）。

表 3-17　法国巴黎的文化保护制度框架

制度/政策	内容
“保护区”制度	1962 年的《马尔罗法案》规定由国家行政主管部门——法国文化部设立保护区和划定保护区范围，并负责组织编制专门的《保护区保护与利用规划》
“开发利用建筑与遗产价值区”制度	2010 年《2010-788 号法案》规定一般由地方政府根据自身意愿设立开发利用建筑与遗产价值区和划定区域范围，并负责组织编制法律规定的专门管理文件
其他	根据保护城市传统风貌的需要，针对非法定历史街区，同样予以有效保护与合理利用

（三）处理好“央地关系”，健全相关法律法规与管理体制

大国首都的城市治理相比普通城市具有特殊性，尤其复合功能型首都在国家与地方利益之间的平衡是治理难题。一方面，中央政府需要一套自上而下的管理体制来保障首都执行国家重大事务；另一方面，首都所在城市的发展也需要一套服务于地方经济和本地居民的管理体制。因此，协调好目标指向不一致的中央与地方两套管理体制，明晰责权关系是首都治理的一个核心问题，处理好这一问题需要结合各国的政治体制、发展水平、历史文化背景和政府治理能力来统筹考虑，重点应在规划建设法律法规、管理机构两方面做好工作。

首先，国外大国首都治理的边界与内容都有法律法规的保障支撑，两级政府的管辖事权与空间管理范围明确清晰。1965 年日本修订《首都圈整备法》，根据东京城市发展和控制地区的统一管理需要，将首都圈范围进一步扩大到“一都七县”，并为中央层面编制的《首都圈整备规划》落地实施保驾护航。同时，日本还相继出台了《首都圈市街地开发区域整备法》《首都圈近郊绿地保护法》《首都圈建成区限制工业等的相关法律》等法律法规，来保障功能疏解、绿地保护、限制工业等工作的步调一致。

其次，国外首都地区往往通过设立跨行政区的管理机构来加强治理工作，统筹各项规划建设任务。欧美地区更多地强调多层级政府协调下的治理模式。1999 年《大伦敦市政府法案》规定了大伦敦地区的区域性规划管理事务整体由大伦敦政府负责，大伦敦政府与 33 个地方政府共同拥有地方行政权力。巴黎大都市区在大区规划基础上推进联盟合作机

制，由巴黎市长组织100多个市镇共同协商解决跨区域发展问题。东亚地区的管理体制更强调自上而下的政府强制力。韩国设立国家层面的“首都地区管理委员会”，由国务总理任委员长，财政部部长和建设交通部部长任副委员长，包括首尔、仁川和京畿道的地方长官和相关部委长官任委员，对首都圈范围内各行政区的新建项目拥有最终审查决定权。

三、启示与思考

（一）把握阶段性特征，明确治理目标

确定北京的发展目标需要充分认识到特大城市发展的客观阶段性规律[①]，也要看到北京作为13亿人口大国首都是其他国家首都所没有的独一性。在中国大国崛起的背景下，北京作为首都应致力于提升全球影响力，以谋求屹立于世界城市之林的顶端。并且，作为京津冀世界级城市群的核心城市，北京也需要承担强大而综合的功能，引领区域成为国家经济新常态下推动创新发展的新引擎。因此，未来北京的发展目标应以保障首都功能的高效发挥为前提，同时肩负城市提升发展的重要使命，在借鉴伦敦、巴黎、东京等城市的先进管理经验基础上，在综合职能优化与现代化治理方面做文章。总的来看需要把握以下两个阶段性特征：

阶段性的城市病问题，包括两方面：一是功能庞杂、过度聚集已经对首都北京的健康可持续发展产生负面影响，一般制造业、批发零售等产业的就业规模依然偏高，“大城市病”问题集中爆发，古城保护挑战巨大；二是城市现代化治理体系建设滞后、任务艰巨，经济服务导向的管理目标影响北京服务于首都职能的良性运转，“城乡二元”规划管理体制造成农村违法违章建设缺乏有力管控，用地无序扩张，距离建设国际一流宜居城市目标差距较大。

新时期面向全球性管理事务的新任务要求。未来北京在全球经济事务管理、国际交往、文化复兴等方面的任务依然十分繁重，但北京在科技创新、信息咨询、文化创意等高端服务领域与高品质社会服务、宜居环境等方面，与伦敦、东京等世界经济强国的首都相比差距仍然显著。除了经济总量指标较高外，北京的信息咨询服务、文化创意、科技创新等从业人员仅为伦敦、纽约等世界城市的1/4—1/3，医疗、教育、文化服务等从业

---

① 从人口与经济发展水平来看，北京的发展阶段相当于东京在20世纪七八十年代的发展水平，相当于首尔20世纪末的发展水平。

人员比重为25%,远低于世界城市40%的平均水平,这方面的功能还有待进一步提升。

(二)加强首都立法工作,保障各项功能设施有序发展建设

借鉴日韩首都的立法要求,建议国家积极推进《首都法》。北京和周边与首都功能发展密切关联的地区适用该法,对首都的性质、地位、功能、组织机构、管理权限、决策程序与规章等方面做出制度安排。尤其应对中央行政空间的管理做出要求,确立与事权、管理范围相匹配的财税体制。对首都涉及的大都市地区产业与功能发展导向进行明晰,对于跨区域的生态环境保护、区域开发、设施建设进行引导;同时对于非首都功能的疏解工作进行引导。对北京的文化保护、财政收支、规划建设、交通管理、教育科技、生态环境保护、城市安全等方面明确相关规定。

对于北京自身立法,着重推进以下法律法规:

一是历史文化名城保护方面,在现有历史文化名城保护基础上更强调北京市历史街区保护与更新立法工作。将历史街区的整体保护、风貌特色引导与社区活力复兴相衔接,深化对北京优秀历史文化资源的合法利用。对北京市历史文化风貌区和优秀历史建筑的保护进行立法,保护有价值的建筑和院落,合理保留城市肌理、风貌和空间尺度。

二是在交通方面制定更科学、更人性的管理法规。借鉴伦敦、东京、新加坡等城市交通管理经验,适时出台《北京市缓解交通拥堵治理条例》,明确市、区、县及各主管机构交通拥堵治理责权,为小客车数量调控、机动车限行、拥堵收费提供法律支持和保障。在此基础上明确制定分时段、分区的交通拥堵费征收方案;同时应给予电动自行车更多路权,但限制其速度,规范其停车(见表3-18)。

表3-18 国外首都的拥堵收费

城市	内容
伦敦	2003年2月17日开始施行"交通拥堵收费",划定面积约21平方公里的管制区,对进入车辆征收拥堵费。2008年开始施行"低排放区"政策,范围达2644平方公里,将近整个大伦敦地区,对不同类型车辆制定不同排放标准,如未达标将面临不同程度的处罚
首尔	韩国首尔于1996年年底开征"交通拥挤费",汽车通行量减少了9%,其中小轿车减少了53%,通行速度提高了一倍
新加坡	新加坡于1975年开始在市中心6平方公里的区域征收拥堵费,除公交车辆外,进入收费区的车辆都需要缴费

三是加强生态保护与生态修复的立法。参照深圳基本生态控制线的立法，适时出台《北京市生态空间保护与修复条例》，并配套修订《北京市森林资源保护管理条例》《北京市绿化条例》和《北京市公园条例》等相关法规。严格惩处生态控制线内的违法建设，加快拆违还绿工作；将生态补偿机制、生态环境损害的责任终身追究制度、生态修复的财政补贴等内容纳入法规条款。

（三）多元目标与规划引领的北京现代化治理框架

作为国际地位持续上升的大国首都，北京应该构筑一个可持续、绿色增长、更为包容的多元目标体系，立足新的目标体系建立起现代化的治理框架。借鉴《“21世纪城市”会议——关于城市未来的柏林宣言》中对于城市发展的重大议题，未来北京应着眼以下四方面目标：第一，建立起具有世界创新影响力的产业集群和国际化服务业聚集区。第二，进一步强化国家文化精神，建成能够展现历史文化记忆，具有独特活力的城市。第三，建立起一个更加生态宜居、精致化治理的城市。为了更加突出城市的软实力，为居住生活在其中的各阶层居民提供更为安全、便捷和宜居的服务。第四，建立起一套保障首都职能高效运行的管理体系。围绕多元目标体系，建立起符合北京大都市区职能一体、城乡统筹、设施支撑的现代城市规划管理体制。发挥规划在城市现代化治理中的重要作用，对空间资源加强统筹配置。

（四）在疏解中注重北京城市的经济结构优化

从世界大国首都的发展经验来看，多元而良好的经济结构是保障首都功能可持续发展的重要基础与必要条件。不同于以往关于北京是否“建设经济中心”的政策讨论与实践反复，北京应进一步优化经济功能、宜居功能、生态环境功能等，不仅为首都职能的良好发展提供强有力配套保障，也满足其作为国家中心城市自身的发展需求。

北京不应追求大而全的产业体系，首先应在全球经济事务管理、科技创新、文化创意等技术和智力密集型高端服务领域积极拓展转变，全面提升知识经济取向下的核心竞争力。其次应加快缩小与纽约、伦敦、东京等世界城市在社会服务、文化复兴、宜居环境等方面的差距，增强对全球范围内高素质人才的吸引力与容纳能力。此外，应将不符合首都核心功能的其他相关产业逐步剥离和疏散到区域中去，通过财税等手段抑制新增劳动密集型产业和都市型工业，从源头上减少低端行业对流动人口的就业需求。

（五）立足多空间层次的治理，引导北京大都市区的合理增长

北京的合理增长需要针对不同的空间单元制定差异性的目标体系，借鉴发达国家首都的治理经验来看，大致可分为三个空间层次的综合治理工作。

首先，实现中心城区运营效率与品质双提升。一方面，尤其面对人流、信息流高度密集的特征，要进一步提高交通、市政基础设施服务的运营效率，加大土地的功能混合利用效率，在尽可能节省交通时间和降低交易成本等方面做工作。另一方面，应在便民的公共服务配套、社区综合服务、街区管理等方面下大力气，强化重要功能节点地区的高效开发与环境品质建设。

其次，立足长远发展目标加大城乡结合部的功能置换与社会治理。一方面，城乡结合部的环境品质地区能够提供更为多元的生产、生活和休闲空间，弥补中心城区高度拥挤与嘈杂的环境短板；另一方面，通过均好的公共服务，为城市发展提供一个较低成本的空间，往往成为创新要素聚集的区域，形成新的经济增长点。北京应通过空间资源使用制度的创新，逐步改变目前空间无序扩张的局面，同时综合各方面政策，在规范土地用途管制基础上实现人口治理与环境治理相结合。

再次，以京津冀协同发展为契机引导人口在更大范围内均衡发展，实现区域层面的职能重构与协同发展。以首都为核心的首都经济圈（世界级城市群）是大国首都的基本空间发展模式，也已成为国家经济发展、参与全球经济、提升国际竞争力的重要空间载体。一方面，通过产业链协作、产业转移园和科技园区共建等方式，引导部分与首都功能不相适应的产业或产业链环节向周边区域转移；另一方面，通过完善区域交通体系，加大经济、教育、文化等资源共享，提高一体化发展水平，建设职住平衡的新城体系，减缓周边区域人口向北京集聚压力。

（六）建立大首都管理委员会加强治理力度

未来应成立由国务院领导牵头，由中央部委和北京、天津、河北主要负责人及有关专家共同成立大首都协调发展管理委员会，建立联席会议制度。建立“政府组织、专家建言、公众参与、科学决策”的规划决策机制。在大首都协调发展管理委员会下设立“首都协调工作办公室”，由国家住房和城乡建设部、国家发改委等部门联合北京市、天津市、河北省等共同

成立。办公室的职责应包括:以十年为周期编制首都综合整治规划;起草制定推进首都功能发展区同城化、一体化发展的各项政策和机制;推进规划、交通、产业、重大市政设施布局等各项协调发展工作,加强跨区域联合管理与生态环境保护监管,加强重大建设项目选址管理等。

第六节 小 结

通过对京津冀地区、长三角地区、珠三角地区人口变动及分布的对比分析,发现珠三角地区人口在20世纪90年代增长速度要高于21世纪前10年的增长速度,长三角地区和京津冀地区则是21世纪前10年的增长速度要高于20世纪90年代的人口增长速度。京津冀地区随着经济的发展,人口吸引力也在不断增强。

对于区域内部的各城市人口吸引力状况,与长三角地区、珠三角地区相比,京津冀地区内部的差异更大。北京、天津的人口吸引力较高,而河北各市的人口吸引力则较弱,河北各市与北京、天津相比差距较大。而长三角地区、珠三角地区各市的人口吸引力则相对均衡。京津冀地区内存在的巨大的差距向区域的发展提出了严峻的挑战,同时也提供了很大的机会与成长空间。最后,从人口视角对首都治理的经验进行了研究和学习,并结合北京首都功能发展提出了我们的思考与建议:把握阶段性特征,明确治理目标;加强首都立法工作,保障各项功能设施有序发展建设;多元目标与规划引领的北京现代化治理框架;在疏解中注重北京城市的经济结构优化;立足多空间层次的治理,引导北京大都市区的合理增长;建立大首都管理委员会加强治理力度。

第四章　京津冀城市群产业一体化研究

京津冀城市群产业协作是实现一体化的关键，如何打破历史上产业分割的布局，利用各自的比较优势打造特色产业，从而形成产业聚集效应，带动整个京津冀地区产业结构的协同发展应是重中之重。本章分为九个小节，其中第一至第八节从产业层面针对京津冀城市群一体化进程进行了系统的研究，第九节为结论。为了探明产业层面反映的城市群一体化进展情况，本章重点研究了目前京津冀地区的产业专业化和集聚效应大小、产业间要素流动和效率高低、各城市优势产业比较情况和各城市收入水平及收入增长率水平的变动趋势。目前尤为重要的问题是如何解决当前一体化进程中的北京市越发凸显的极化现象，第七节通过理论模型对此进行了深入的分析，并提出了政策性建议。

第一节　京津冀城市群内部产业概况

产业集聚是指某一产业在某个特定地理区域内高度集中、产业资本要素在空间范围内不断集聚的过程。马歇尔于 1890 年提出“内部经济”和“外部经济”两个概念认为是产业集聚研究的滥觞。自此产业集聚理论迅速发展起来，也分化出了许多流派，其中比较有影响的有韦伯的区位集聚论、熊彼特的创新产业集聚论、E. M. 胡佛的产业集聚最佳规模论、波特的企业竞争优势与钻石模型等。

产业集聚现象由来已久，但真正得到学界的普遍关注是在 20 世纪七八十年代。当时，全球范围内出现了产业大规模衰退，许多国家和地区陷入经济低谷，发展停滞不前。然而，欧洲和北美的少数几个国家依然保持着平稳的经济增长，这些国家的产业结构中既有高新技术产业，也有传统的劳动力密集型产业，其中较典型的是意大利北部的艾米利亚—罗马涅地区、德国的巴登—符腾堡地区、法国的普罗旺斯地区、瑞典的哥德堡以及美国的硅谷，这些地区均有一个共同的特征——产业或行业的高度集聚，使其在区域经济中具有很强的竞争力。

本节使用区域经济学中三个比较主流的产业集中度分析指数来对北京、天津、河北三地的产业集中度进行分析，从而发现 1978—2014 年各地的产业集中发展趋势如何，同时，对 2014 年三地的三个指标从不同行业的维度来进行对比，找出三地的产业集中度的区别，从而为京津冀一体化在产业分布方面的政策制定提供依据。

一、赫芬达尔指数

赫芬达尔指数为：

$$\mathrm{SHHI} = \sum_{k=1}^{n} S_k^2$$

其中，n 为某地区的全部产业数；S_k 可以用就业份额、增加值份额、产值份额、销售份额等表示；SHHI 值在 $1/n$ 至 1 之间变动，SHHI 值越大，表示该地区产业的专业化程度越高，SHHI 值为 $1/n$，表示该地区产业高度多样化，其中 SHHI 值为 1，表示该地区产业全部集中在一个部门。但 SHHI 值并没有确切含义，只能衡量地区间的相对专业化程度。

二、区位熵指数

与赫芬达尔指数强调大规模产业的权重不同，区位熵指数(SE)以产业份额 S_k 的对数作为权重，比较强调小规模产业的权重。SE 值在 0 至 $\log_2 n$ 之间变动，值越小，越趋于 0，表示地区专业化的程度也就越高。

$$\mathrm{SE} = \sum_{k=1}^{n} S_k \log_2 S_k^{-1}$$

对 SE 进行适当的转换，可以得到相对熵指数 RSE。RSE 值在 0 至 1 之间变动。其值越小，表示地区的专业化程度越高。

$$\mathrm{RSE} = \frac{\mathrm{SE}}{\log_2 n} = \frac{\sum_{k=1}^{n} S_k \log_2 S_k^{-1}}{\log_2 n}$$

北京市的专业化指数变动显示 1992 年之前北京市产业向多样化方向发展，但 1992 年以后，北京基本上呈现出生产专业化的发展趋势。也就是产业更加集中到某一行业中发展，形成该行业的专业化优势，并对外输出该行业的产出。联系前述两个指标，北京市第三产业在 1992 年以后专业化水平不断提升的同时，第一产业和第二产业则开始相对削弱。可知北京在 1992 年以后强调将第三产业作为发展的重心，产业多样化水平下降，而专业化水平提升（见表 4-1 和图 4-1）。

表 4-1　北京市产业集中度指标历史数据

年份	北京市 SHHI 指数	区位熵指数 SE
1978	0.564966750	0.670131015
1979	0.566289818	0.659931668
1980	0.547769604	0.679658469
1981	0.526810634	0.705129797
1982	0.503174334	0.748466924
1983	0.482702328	0.772356815
1984	0.476531454	0.777193055
1985	0.473036249	0.781526871
1986	0.466371542	0.786180947
1987	0.452341349	0.806786024
1988	0.436179590	0.835733022
1989	0.444421264	0.822950527
1990	0.433057986	0.836840971
1991	0.433545013	0.827280517
1992	0.438954689	0.815343729
1993	0.444940554	0.800754473
1994	0.446965500	0.796997707
1995	0.459287853	0.773215461
1996	0.473386229	0.750765528
1997	0.486965919	0.731032553
1998	0.502644192	0.709342865
1999	0.515042252	0.691803108
2000	0.527473511	0.672690061
2001	0.544453684	0.650238499
2002	0.562063809	0.627850605
2003	0.559357708	0.625902505

（续表）

年份	北京市 SHHI 指数	区位熵指数 SE
2004	0.554666172	0.625543022
2005	0.569828266	0.606780903
2006	0.590113414	0.582569238
2007	0.605082651	0.566049794
2008	0.623787556	0.546780943
2009	0.625785110	0.543739001
2010	0.621875529	0.545432728
2011	0.632074008	0.533940546
2012	0.636170956	0.529772452
2013	0.641193820	0.521396657
2014	0.645577250	0.521252153

注：按照三次产业计算，S_k 以产业 GDP 占全行业 GDP 比重计算，n 为 3。

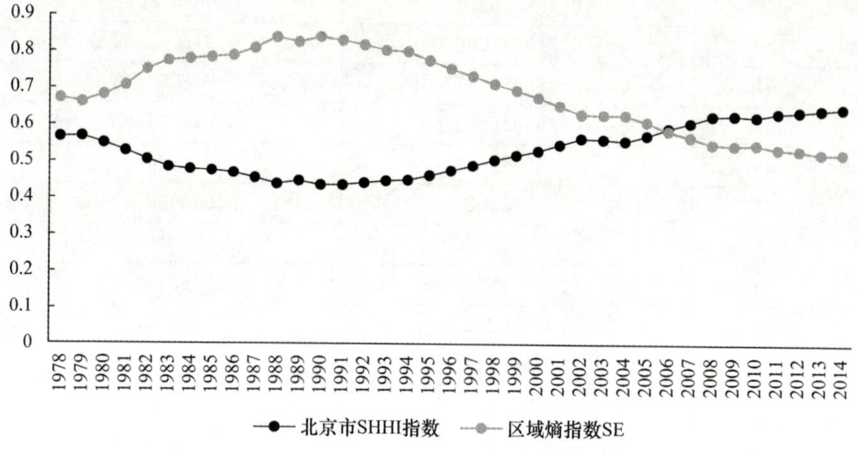

图 4-1 北京市专业化指数变动趋势

从表 4-2、图 4-2 和表 4-3、图 4-3 中可以看出，与北京、天津相比，河北的赫芬达尔指数(SHHI)数值较高，区位熵指数数值较低，这表明河北的专业化水平相对较低。河北的生产专业化发展逐渐集中，虽然个别年份有小幅回调，但总体趋势是朝着更集中的方向发展。但河北与北京和天津相比经济发展始终比较落后，各种产业聚集情况非常不明显，所以尽管在不断发展，但是发展的速度和规模仍然很缓慢。这反映了在京津冀一体化进程中，河北的发展始终是一块短板，影响着整个区域的发展。

表 4-2　河北省产业集中度指标历史数据

年份	河北省 SHHI 指数	区位熵指数 SE
1978	0.380162593	0.938244979
1979	0.380587728	0.936347391
1980	0.372324081	0.947026027
1981	0.363941810	0.958132890
1982	0.353020098	0.972412497
1983	0.349207610	0.977227873
1984	0.356125740	0.968218398
1985	0.361634472	0.962232125
1986	0.364118189	0.959790822
1987	0.370517843	0.951972504
1988	0.360717930	0.963272382
1989	0.358025324	0.967018652
1990	0.349787200	0.977912022
1991	0.355389837	0.968590248
1992	0.364340386	0.955458722
1993	0.385779318	0.926876853
1994	0.371785623	0.947666785
1995	0.363319630	0.959310919
1996	0.372785785	0.946019874
1997	0.377662522	0.938806743
1998	0.379651414	0.935290718
1999	0.380254337	0.933109974
2000	0.389522774	0.919059974
2001	0.385774165	0.923786821
2002	0.386941603	0.920587046
2003	0.391697087	0.913762834
2004	0.394629842	0.911675061
2005	0.408097567	0.891189874
2006	0.415556212	0.878185592
2007	0.412027768	0.884143302

（续表）

年份	河北省 SHHI 指数	区位熵指数 SE
2008	0.420033291	0.873249903
2009	0.410605812	0.883692874
2010	0.413464344	0.879584258
2011	0.420486585	0.868783881
2012	0.478034650	0.873379323
2013	0.474200460	0.867878791
2014	0.471611440	0.863893341

注：按照三次产业计算，S_k 以产业 GDP 占全行业 GDP 比重计算，n 为 3。

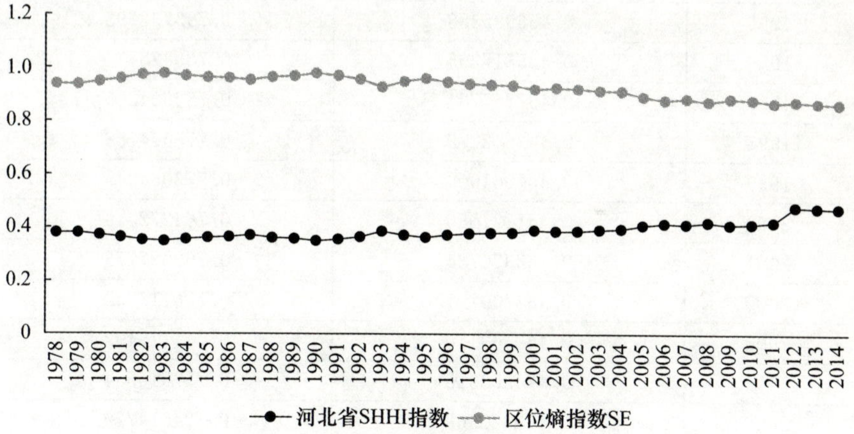

图 4-2　河北省专业化指数变动趋势

表 4-3　天津市产业集中度指标历史数据

年份	天津市 SHHI 指数	区位熵指数 SE
1978	0.547298724	0.697560353
1979	0.544815943	0.707830344
1980	0.550910075	0.695618707
1981	0.567753248	0.663607292
1982	0.550540396	0.694469104
1983	0.536731681	0.709316256
1984	0.506533039	0.752286516
1985	0.507132127	0.750306139

（续表）

年份	天津市 SHHI 指数	区位熵指数 SE
1986	0.487739720	0.778666343
1987	0.481651241	0.787970771
1988	0.472312460	0.804831486
1989	0.479032255	0.794156972
1990	0.456098808	0.813600454
1991	0.452670592	0.815317032
1992	0.456419301	0.802069570
1993	0.462869384	0.788367591
1994	0.461720580	0.787372155
1995	0.456995388	0.793738998
1996	0.455817265	0.789875874
1997	0.457257784	0.782604225
1998	0.452842279	0.785674788
1999	0.457661006	0.773064845
2000	0.461221086	0.764272349
2001	0.462320784	0.760087775
2002	0.463700191	0.756113735
2003	0.469569130	0.744175193
2004	0.474803318	0.737616534
2005	0.479922369	0.724514729
2006	0.485372727	0.709306145
2007	0.487162991	0.703401434
2008	0.489759553	0.695387451
2009	0.486310478	0.696211816
2010	0.486718198	0.692855943
2011	0.488140153	0.687737365
2012	0.492770620	0.686061421
2013	0.492375620	0.686139324
2014	0.491840320	0.685307681

注：按照三次产业计算，S_k 以产业 GDP 占全行业 GDP 比重计算，n 为 3。

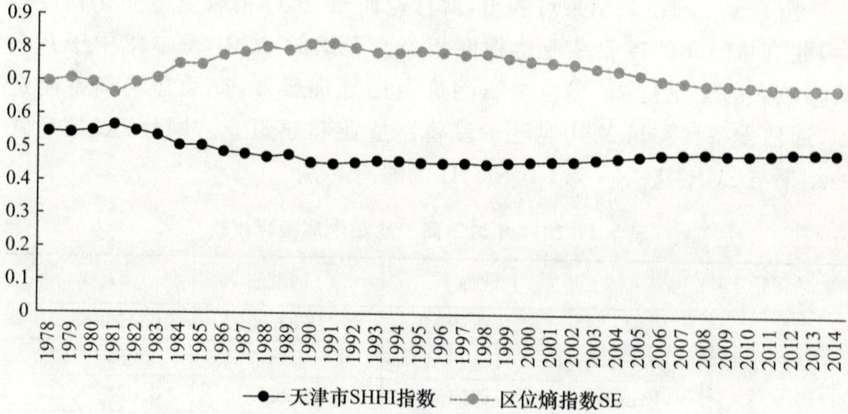

图 4-3　天津市专业化指数变动趋势

天津作为老牌的工业城市，20 世纪七八十年代的赫芬达尔（SHHI）指数还是比较高的，但由于改革开放后北京作为政治文化经济中心的资源集聚力量逐渐增强，天津不仅没有借到北京发展之力，反而被北京吸收掉了部分较重要的产业，赫芬达尔（SHHI）指数不断减小，直到 1999 年开始才缓慢回调，但是截止到目前天津都没有回到 20 世纪七八十年代时的水平。这说明，在一个城市圈当中，中心城市一定要发挥“辐射”效应，带动周边地区的共同发展，但北京却还未发挥出这种作用。

三、SCR_n 指数

SCR_n 指数主要是借用产业集中率指标来衡量地区前几位产业所占份额的大小。

$$SCR_n = \sum_{k=1}^{n} S_k$$

其中，SCR_n 为前 n 个产业所占的产值份额；S_k 为某地区 k 产业的就业数占地区总产值数的比重；n 为按从高到低排列的前几位产业数，一般取值 1、4 或 8。如果将各产业的产值份额从大到小排列，SCR_n 表示前 n 个产业的产值份额之和。例如，SCR_4 表示地区前 4 位产业的产值份额之和，由此来考察地区的总体专业化程度。若 SCR_n 数值较大，则表示地区的总体生产专业化程度较高，该地区产值的提供主要来自少数几个产业。该计算方法较为简便，但它不能确定哪些产业属于专业化部门，而且其数值因 n 取值的不同而不同。

由表 4-4 的指数结果可看出，就行业而言，天津的行业专业化程度较高，北京与河北的行业专业化程度相当。天津的 SCR_4 基本集中于几个规模较大的工业行业，黑色金属冶炼及压延加工业、交通运输设备制造业、通信设备计算机及其他电子设备制造业和建筑业。同样，RSE 反映的结果与 SCR_4 基本一致，但 SHHI 的略有差别。

表 4-4　2014 年城市间产业集中度指标比较

部门	指标	北京	河北	天津
全产业	SCR_4	0.388838762	0.386079057	0.419345210
	SHHI	0.067823740	0.075337764	0.061487542
	RSE	0.794894830	0.785935712	0.808790610
第二产业	SCR_4	0.532737652	0.459376210	0.511478960
	SHHI	0.091675492	0.109893472	0.091098993
	RSE	0.763737621	0.773789537	0.776988420
第三产业	SCR_4	0.567142379	0.872013842	0.625298543
	SHHI	0.112287942	0.221039723	0.137269734
	RSE	0.890989873	0.902629745	1.730099893

注：按 2014 年投入产出延长表 42 行业计算。

对第二产业从 SCR_4 来看，北京具有较高的专业化程度，说明北京的第二产业虽然整体专业化程度不高，但第二产业内部的专业化分工较为明确，主要集中于第二产业中高新技术的产业。但就 SHHI 指数来看，河北整个第二产业的专业化程度是高于北京和天津的。

对第三产业从 SCR_4 和 SHHI 指标来看，河北的行业专业化程度要高于北京和天津。河北的第三产业中，前四位的行业分别为交通运输和仓储、批发和零售以及金融业。就第三产业前四位行业的集中度及整个第三产业的集中度来看，河北的第三产业具有较高的产业专业化程度。

第二节　京津冀城市群产业聚集分析

一、静态集聚实证分析

产业集聚程度可以用静态指标进行衡量，也可以用动态指标进行衡量。本节将用静态指标进行衡量，在分析产业集聚程度时不考虑时间因素，即在同一时点上对产业集聚程度进行比较分析。本节采用区位基尼系数和区位熵两种方法来计算静态集聚指数。

（一）区位基尼系数

区位基尼系数的定义为单位正方形中洛伦兹曲线与45°线之间区域的面积。其基本思想如下：假设全国有 N 个地区，S 个产业，其中 i 地区 s 产业的规模（一般以就业人数、产值或增加值表示）为 x_i^s，i 地区 s 产业的规模占全国 s 产业规模的比重为 $\lambda_i^s=x_i^s/x^s$，其中 x^s 为 s 产业的全国总规模。将 λ_1^s 从低到高排列，然后画出其累加曲线，即为洛伦兹曲线，该曲线与45°线之间的面积即为区位基尼系数。为了分析方便，一般将该数值乘以2，从而使得区位基尼系数的取值为[0,1]。区位基尼系数的值越大，则该产业在各地区的分布越不均匀，产业集聚程度越高。对于区位基尼系数，有很多种计算公式，此处根据 Wen(2004)提出的公式进行改进，得出基尼系数 G^s 公式为：

$$G^s=\frac{1}{2(N-1)}\sum_{i=1}^{N}\sum_{j=1}^{N}\mid\lambda_i^s-\lambda_j^s\mid\times 2=\frac{1}{N-1}\sum_{i=1}^{N}\sum_{j=1}^{N}\mid\lambda_i^s-\lambda_j^s\mid$$

基于上述公式，选取2015年北京、天津和河北的三次产业产值数据计算区位基尼系数，得出结果如表4-5所示。

表4-5 2015年京津冀地区三次产业区位基尼系数

行业	区位基尼系数
第一产业	0.870476
第二产业	0.370208
第三产业	0.249401

资料来源：《北京统计年鉴》《天津统计年鉴》《河北统计年鉴》。

表4-5给出了京津冀地区三次产业的区位基尼系数。可以发现，三次产业的区位基尼系数分别为0.870476、0.370208、0.249401，差距较大，其中第一产业的区位基尼系数非常高，表明第一产业在京津冀内部的分布不均，主要原因在于河北的第一产业产值显著高于北京和天津；第二产业数值也较高，原因同样在于河北显著偏高的第二产业产值数据，这与近年来北京将重工业迁往河北的政策相符；相比较而言，第三产业的区位基尼系数则比较低，表明第三产业在区域内分布比较均匀，从产值这一角度上看，京津冀三地的第三产业产值确实相近。然而，考虑到京津冀地区生产总值的体量差异，三次产业的产量数据并不能直观地刻画其在各自经济体中的占比情况，导致区位基尼系数的结果有所偏差。因此，考虑采

用区位熵的方法进行进一步分析。

（二）区位熵

区位熵，又称地区专业化指数，可用来判别产业集聚存在的可能性，是指一个地区特定部门的产值在地区总产值中所占比重与全国该部门产值在全国总产值中所占比重的比值，计算公式为：

$$LQ_{ij} = \frac{\frac{L_{ij}}{L_i}}{\frac{L_j}{L}}$$

其中，LQ_{ij} 为 i 地区 j 部门的区位熵，L_{ij} 为 i 地区 j 部门的产值，L_i 为 i 地区总产值，L_j 为全国 j 部门的总产值，L 为全国总产值。区位熵反映了某个地区的优势产业与集聚水平，区位熵大于 1 表明该产业在该地区具有比较优势；区位熵大于 2 表明该产业在该地区优势十分突出，产业集聚明显；区位熵小于 1 则表明该产业并非该地区的优势产业，不具有集聚效应。

基于上述公式，选取改革开放以来 1978—2015 年北京、天津和河北的三次产业产值数据，进行区位熵指标的计算，得出结果如图 4-4、图 4-5 和图 4-6 所示。

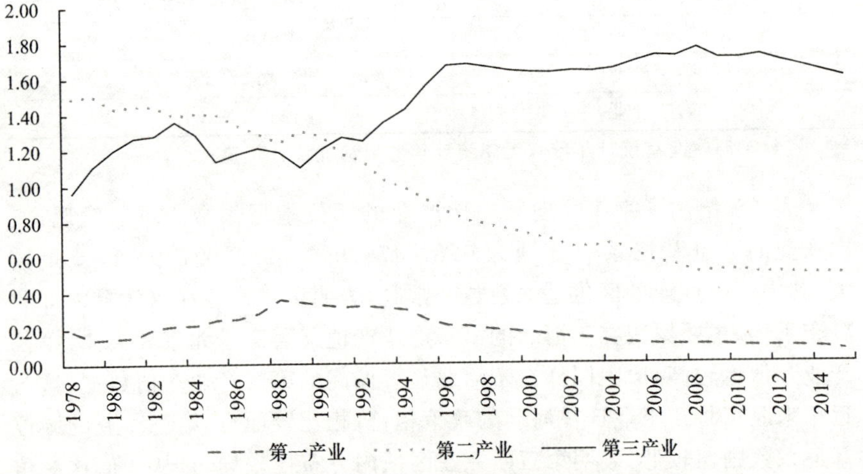

图 4-4　北京市三次产业区位熵

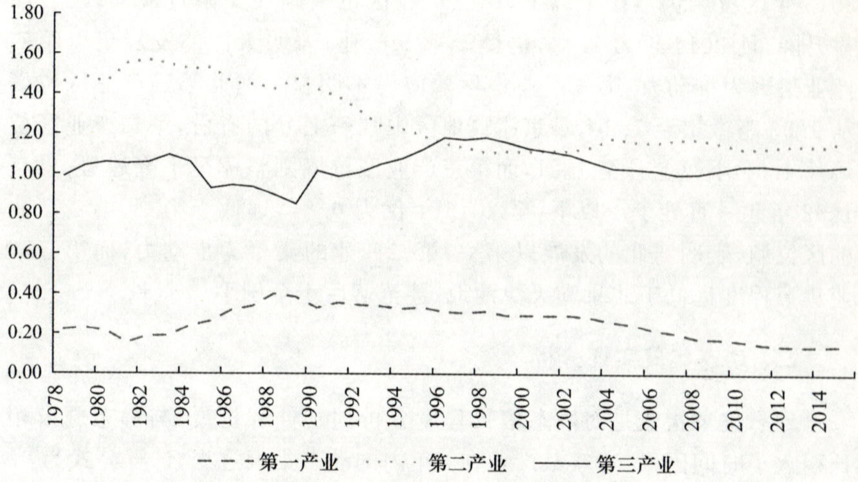

图 4-5　天津市三次产业区位熵

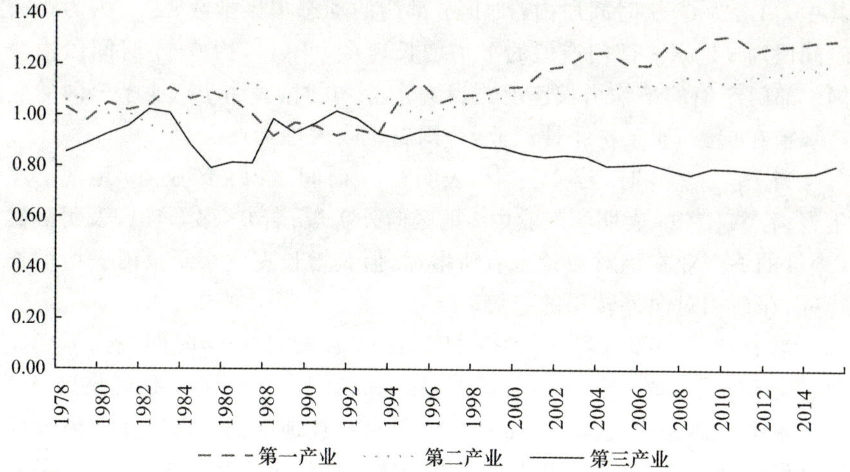

图 4-6　河北省三次产业区位熵

资料来源:《中国统计年鉴》《北京统计年鉴》《天津统计年鉴》《河北统计年鉴》。

由上述结果可以看出,1978—2015 年,北京第一产业区位熵基本保持不变,第二产业区位熵从最高 1.51 大幅下降至 0.49,第三产业区位熵则从 0.96 增至最高 1.72,增速明显,表明北京的发展以第三产业集聚为推动力,而第二产业则逐渐向外扩散。天津第一产业区位熵同样基本维持稳定,第二产业区位熵虽然从 1.46 降至 1.16,但期间有所波动,且

2015 年区位熵仍然在 1 以上，第三产业区位熵则在 1 附近波动，没有明显升降，且 2015 年为 1.04，仍低于第二产业，表明天津的发展仍以第二产业集聚为推动力，第三产业集聚效应尚不明显。河北第一产业区位熵从 1.03 略微增至 1.30，是京津冀地区中唯一上升的省份，第二产业区位熵从 1.06 小幅上升至 1.21，而第三产业区位熵则整体呈下降趋势，且自 1992 年起一直处于 1 以下，至 2015 年仅为 0.81，远低于第一、第二产业的区位熵，表明河北的发展以第一、第二产业的集聚为推动力，而第三产业集聚程度远低于北京和天津两地，甚至落后于全国平均水平。

二、动态集聚实证分析

动态集聚指数是对静态集聚程度分析的延伸和扩展，与静态分析相比引入了时间因素，考察某产业在 t 年内的动态集聚过程，计算公式为：

$$A_{Dij} = \frac{P_{ij(0-t)}}{P_{j(0-t)}}$$

其中，A_{Dij} 为 0—t 时间段内 i 地区 j 部门的动态集聚指数，$P_{ij(0-t)}$ 为 0—t 时间段内 i 地区 j 部门产值的平均增长速度，$P_{j(0-t)}$ 为 0—t 时间段内全国 j 部门产值的平均增长速度。当 $P_{j(0-t)}>0$ 时，表明 j 产业于全国的生产规模在扩大，属于扩张性产业，否则属于收缩性产业。

当 $P_{j(0-t)}>0$ 时，若 $A_{Dij}>1$，表明 0—t 时间段内 j 产业向 i 地区迅速集聚；若 $A_{Dij}<0$，表明 j 产业由 i 地区向外扩散；若 $0<A_{Dij}<1$，表明虽然 i 地区的 j 产业在绝对数量上有所增加，但其增长速度小于全国平均增长速度，存在相对向外转移的趋势。

当 $P_{j(0-t)}<0$ 时，若 $A_{Dij}>0$，$P_{ij(0-t)}<0$，表明 0—t 时间段内 j 产业由 i 地区向外扩散；若 $A_{Dij}<0$，$P_{ij(0-t)}>0$，表明 j 产业向 i 地区集聚。

基于上述公式，选取 1978—2015 年京津冀地区的三次产业产值数据计算得出动态集聚指数，其中平均增长率的计算采用几何平均数，结果如表 4-6 所示。

表 4-6　京津冀地区三次产业动态集聚指数

地区	第一产业	第二产业	第三产业
北京	0.976620	0.973776	1.017225
天津	0.990420	0.995905	1.003425
河北	1.002643	0.999910	0.994811

资料来源：《中国统计年鉴》《北京统计年鉴》《天津统计年鉴》《河北统计年鉴》。

由上述结果可知,北京的第一产业和第二产业动态集聚指数小于1,而第三产业大于1,表明北京市第一、第二产业的发展已经过了集聚阶段,开始向外扩散,这与北京将重工业外迁的政策方向一致;而第三产业在北京有较强的集聚效应,北京作为全国的经济中心,第三产业有着蓬勃的发展趋势,无论是发展增速还是在经济结构中的比例,第三产业都已经是北京的支柱产业和稳定增长点。

天津和北京类似,第一、第二产业的动态集聚指数小于1,而第三产业大于1,但三者都与1非常接近,表明天津虽然也有将第一、第二产业向外扩散的趋势,但由于经济发展起步较晚,经济结构的转型也尚未达到成熟地步,因此扩散效应相对较小。同样地,第三产业在天津有一定的集聚效应,但该效应目前较弱,未来需要着力发展第三产业,增强集聚效应,通过第三产业的发展推动经济水平进一步提升。

河北的三次产业动态集聚指数与北京、天津不同,第一产业大于1,而第二、第三产业小于1,表明第一产业在河北仍有一定的集聚效应,这从河北较高的农业产业产值即可见一斑;第三产业在河北则没有集聚效应,其发展速度落后于全国平均水平,目前仍不是河北经济的主要增长点;第二产业的动态集聚指数与1非常接近,可以认为其增速与全国平均水平相当,在未来短期内仍会为河北的经济发展贡献主要力量。

第三节　京津冀城市群产业间要素流动

对于一个开放系统的区域来说,只要各地区的经济发展水平存在差异,生产要素就会在各地区之间进行流动,通过流动方式使各要素的边际收益达到基本相同,此时各地区间的要素流动达到均衡状态。区域间生产要素的流动对于提高要素的使用效率起到重要的作用。其中生产要素的流动包括生产资料的流动以及商品的流动。将生产过程看成是一个连续的生产流水线,上游企业向下游企业提供供给,下游企业对上游企业产生需求。对下游企业而言,上游企业的产出是下游企业的投入,下游企业的产出同样又是后续企业的投入。上游、下游企业的关系并不一定是单向的:比如Intel公司生产CPU芯片,提供给IBM作为电脑整机的零部件,此时Intel是上游企业,IBM是下游企业;与此同时,IBM的电脑产品同样提供给Intel作为开发CPU的必要生产工具,此时IBM作为上游企业,而Intel作为下游企业。同理,行业之间的关系也是如此:金属冶炼行业对装备制造业提供供给,装备制造业同样也为金属冶炼行业提供装备支持。

产业间的要素就在生产链中不断流动,这样的投入产出关系表现了产业之间的相互协作关系,宏观上反映了产业在国民经济中的核心地位。在产业经济学中,对产业间这样的要素流动通过产业关联进行描述。产业关联理论是通过对产业之间的联系进行量化研究,从而揭示产业之间在生产、交换、分配过程中发生的数量比例规律性的一种理论(刘水杏,2006)。如前文所说,生产过程可以看成是一个流水线,上游产业向下游产业提供供给,下游产业对上游产业产生需求。正是因为上、下游产业之间供给需求的合作,各产业才能持续稳定地发展。因此,产业关联的实质是"产业间以各种投入品和产出品为连接纽带的技术经济联系"。这种技术经济联系和联系方式"可以是实物形态的联系和联系方式,也可以是价值形态的联系和联系方式。由于价值形态的联系和联系方式可以从量化比例的角度来进行研究,所以,在产业关联分析的实际应用中使用更多的是价值形态的技术经济联系和联系方式"(范金等,2004)。

美国经济学家瓦西里·列昂惕夫(Wassily Leontief)开拓的投入产出经济学借助投入产出表能有效地揭示产业间技术经济联系的量化比例关系,因此,产业关联理论也被称为投入产出理论,投入产出分析法成为产业关联分析的基本方法。另外,赫希曼和罗斯托也是产业关联理论的杰出贡献者。赫希曼明确提出了"关联效应"的概念,把它作为主导产业部门选择的基准,并详细论述了产业之间发生关联的方式,即前向关联、后向关联和旁侧关联。罗斯托在"经济起飞"理论中分析主导部门综合体系时,认为主导部门通过回顾影响、旁侧影响和前瞻影响三种方式带动整个经济增长;其中回顾影响是指主导产业对某些供给生产资料部门的影响,旁侧影响是指主导产业对所在地区的影响,前瞻影响是指主导产业对新原料、新能源、新技术出现的诱导作用。主导产业部门与其他部门之间的这三种关联方式即为后向关联、旁侧关联和前向关联。

产业关联方式就是指"产业部门间发生联系的依托或基础,以及产业间相互依托的不同类型"(范金等,2004)。产业关联的方式依据不同的维系关系,可分为单向/双向关联、纵向/横向关联、前向/后向关联、直接/间接关联、替代/互补关联、环向循环关联等类别。在进行分析时,可以依据不同产业的特点选择特定的类别。

一、投入产出分析概述

投入产出分析以投入产出表为基础，分为静态分析和动态分析。静态分析主要目标是考察行业之间的相互关联，以及行业的资本使用和最终消费；动态分析以时间为序，考察行业的动态发展。这里以我国42行业投入产出表为例，简单介绍行业间要素流动、行业间产业关联的分析。

表4-7中存在几个主要的平衡关系：

(1) 行平衡关系：中间使用＋最终使用－进口＋其他＝总产出；

(2) 列平衡关系：中间投入＋增加值＝总投入；

(3) 总量平衡关系：总投入＝总产出，每个部门的总投入＝该部门的总产出，中间投入合计＝中间使用合计。

表4-7　国民经济42行业分布

行业名称	代码	行业名称	代码
农业	01	废品废料	22
煤炭开采和洗选业	02	电力、热力的生产和供应业	23
石油和天然气开采业	03	燃气生产和供应业	24
金属矿采选业	04	水的生产和供应业	25
非金属矿采选业	05	建筑业	26
食品制造及烟草加工业	06	交通运输及仓储业	27
纺织业	07	邮政业	28
服装、皮革、羽绒及其制品业	08	信息传输、计算机服务和软件业	29
木材加工及家具制造业	09	批发和零售贸易业	30
造纸印刷及文教用品制造业	10	住宿和餐饮业	31
石油加工、炼焦及核燃料加工业	11	金融保险业	32
化学工业	12	房地产业	33
非金属矿制造业	13	租赁和商务服务业	34
金属冶炼及压延加工业	14	旅游业	35
金属制品业	15	科学研究事业	36
通用、专用设备制造业	16	综合技术服务业	37
交通运输设备制造业	17	其他社会服务业	38
电气、机械及器材制造业	18	教育事业	39
通信设备、计算机及其他电子设备制造业	19	卫生、社会保障和社会福利业	40
仪器仪表及文化办公用机械制造业	20	文化、体育和娱乐业	41
其他制造业	21	公共管理和社会组织	42

本节将以北京市为例，利用北京市 2012 年投入产出表进行分析，并得出相关结论。

二、实证分析及结论

（一）直接消耗系数

直接消耗系数也称投入系数，记为 $a_{ij}(i,j=1,2,\cdots,n)$，是指在生产经营过程中第 j 产品（或产业）部门的单位总产出直接消耗的第 i 产品部门货物或服务的价值量，而所有产品（或产业）部门的直接消耗系数可以在直接消耗系数矩阵 A 中体现。直接消耗系数的计算方法为：用第 j 产品（或产业）部门在生产经营中直接消耗的第 i 产品部门的货物或服务的价值量除以该产品（或产业）部门的总投入，用公式表示为：

$$a_{ij}=\frac{X_{ij}}{X_j},\quad i,j=1,2,\cdots,n$$

（二）完全消耗系数

在经济活动中，一种产品对另一种产品的消耗，不仅有直接消耗，还有间接消耗，即一种产品通过媒介产品对另一种产品的消耗（范金等，2004）。在投入产出理论中，将某一产业在生产经营过程中对其他产业产品的直接消耗和全部间接消耗相加之和称为完全消耗。完全消耗系数，通常记为 b_{ij}，是指第 j 产品部门每提供一个单位最终使用时，对第 i 产品部门货物或服务的直接消耗和间接消耗之和。利用直接消耗系数矩阵 A 计算完全消耗系数矩阵 B 的公式为：

$$B=(I-A)^{-1}-I$$

（三）直接分配系数

直接分配系数是指国民经济各部门提供的货物和服务（包括进口）在各种用途（指中间使用和各种最终使用）之间的分配比例。其计算公式为：

$$h_{ij}=\frac{x_{ij}}{X_i+M_i},\quad i=1,2,\cdots,n;\ j=1,2,\cdots,n,\ n+1,\ \cdots,\ n+q$$

当 $j=1,2,\cdots,n$ 时，x_{ij} 为第 i 部门提供给第 j 部门中间使用的货物或服务的价值量；$j=n+1,\cdots,n+q$ 时，x_{ij} 为第 i 部门提供给第 j 部门最终使用的货物或服务的价值量；q 为最终使用的项目数。M 为进口，X_i+M_i 为 i 部门货物或服务的总供给量（国内生产＋进口）。

(四) 完全分配系数

同完全消耗一样,某一部门货物或服务的分配,同样既有直接分配,也有间接分配。完全分配系数(用 w_{ij} 表示)是 i 部门单位总产出直接分配和全部间接分配(包括一次间接分配、二次间接分配等)而给予 j 部门的数量。它反映了 i 部门对 j 部门直接和间接的全部贡献程度,在数量上等于 i 部门对 j 部门的直接分配系数和全部间接分配系数之和。利用直接分配系数矩阵 H 计算完全分配系数矩阵的公式表示为:

$$W=(I-H)^{-1}-I$$

由于完全消耗系数和完全分配系数的结果是以矩阵的形式展现,因而并不能直观地进行各行业之间的横向比较。此外,从中心性指数的结果也只能得出某行业对其他行业的综合影响,而不能得出其具体拉动力和推动力的大小水平。因此,这里我们将继续引入影响力系数和感应度系数指标。

(五) 影响力系数

影响力系数表示某产业部门增加一单位最终使用时,通过直接或间接关联关系需要国民经济各部门提供的投入总量,在投入产出表中是完全消耗系数矩阵的列合计。影响力可以作为该产业对国民经济各部门拉动作用水平的体现,因此也被称为拉动力。影响力系数是该产业的影响力与国民经济各部门平均影响力之比,体现了该产业对国民经济各部门拉动作用的相对水平,计算公式为:

$$F_j=\frac{\sum_{i=1}^{n}b_{ij}}{\frac{1}{n}\sum_{j=1}^{n}\sum_{i=1}^{n}b_{ij}}$$

其中,b_{ij} 是第 j 部门对第 i 部门的完全消耗系数;$\sum_{i=1}^{n}b_{ij}$ 为完全消耗系数矩阵的第 j 列之和,即第 j 部门对国民经济各部门的影响力;$\frac{1}{n}\sum_{j=1}^{n}\sum_{i=1}^{n}b_{ij}$ 为完全消耗系数矩阵的列和的平均值。当 $F_j>1$ 时,第 j 部门的生产对其他部门所产生的影响程度超过社会平均影响水平;当 $F_j=1$ 时,第 j 部门的生产对其他部门所产生的影响程度等于社会平均影响水平;当 $F_j<1$ 时,第 j 部门的生产对其他部门所产生的影响程度低于社会平均影响水平。影响力系数越大,表示第 j 部门对国民经济的拉动作用越大。

表 4-8 为依据 2012 年北京市 42 个行业的完全消耗系数表计算的影响力系数，可以看出，煤炭开采和洗选业的影响力系数最大，高达 2.82，而金融业和房地产业的影响力系数仅有 0.67 和 0.37，排名较低，第三产业中其他行业的影响力也普遍较低。尽管金融业和房地产业在近年来发展迅速，但对国民经济行业的拉动力仍然不高，属于对国民经济投资放大作用较弱的行业。第二产业中的部分重工业和高新技术行业则全面拉动着其他各个行业发展，对国民经济的拉动贡献较大。

表 4-8　2012 年北京市各行业影响力系数

行业	影响力系数	行业	影响力系数	行业	影响力系数
煤炭开采和洗选业	2.8181	电气机械及器材制造业	1.2010	居民服务和其他服务业	0.7787
金属冶炼及压延加工业	1.7811	非金属矿物制品业	1.1588	文化、体育和娱乐业	0.7749
水的生产和供应业	1.6129	造纸印刷及文教体育用品制造业	1.1480	公共管理和社会组织	0.7141
金属制品业	1.5529	纺织服装、鞋帽、皮革、羽绒及其制品业	1.0808	非金属矿及其他矿采选业	0.6873
仪器仪表及文化办公用机械制造业	1.4485	食品制造及烟草加工业	1.0493	金融业	0.6741
通信设备、计算机及其他电子设备制造业	1.3694	交通运输及仓储业	0.9489	建筑业	0.6491
金属矿采选业	1.3281	燃气生产和供应业	0.8961	石油加工、炼焦及核燃料加工业	0.6294
邮政业	1.3182	卫生、社会保障和社会福利业	0.8605	研究与试验发展业	0.5176
纺织业	1.3155	住宿和餐饮业	0.8543	教育	0.5049
通用、专用设备制造业	1.3079	综合技术服务业	0.8506	信息传输、计算机服务和软件业	0.4435
交通运输设备制造业	1.3006	批发和零售业	0.8460	租赁和商务服务业	0.4368
废品废料	1.2708	水利、环境和公共设施管理业	0.8437	房地产业	0.3707
木材加工及家具制造业	1.2183	化学工业	0.8295	电力、热力的生产和供应业	0.3529
工艺品及其他制造业	1.2035	农林牧渔业	0.7995	石油和天然气开采业	0.2534

（六）感应度系数

感应度系数表示某产业部门增加一单位初始投入时，通过直接或间接关联对国民经济各部门提供的分配总量，在投入产出表中是完全分配系数矩阵的行合计。感应度可以作为该产业对国民经济各部门推动作用水平的体现，因此也被称为推动力。感应度系数是该产业的感应度与国民经济各部门平均感应度之比，体现了该产业对国民经济各部门推动作用的相对水平，计算公式为：

$$E_i = \frac{\sum_{j=1}^{n} w_{ij}}{\frac{1}{n}\sum_{i=1}^{n}\sum_{j=1}^{n} w_{ij}}$$

其中，w_{ij} 是第 i 部门对第 j 部门的完全分配系数；$\sum_{j=1}^{n} w_{ij}$ 为完全分配系数矩阵的第 i 行之和，即第 i 部门对国民经济各部门的感应度；$\frac{1}{n}\sum_{i=1}^{n}\sum_{j=1}^{n} w_{ij}$ 为完全分配系数矩阵的行和的平均值。当 $E_i>1$ 时，第 i 部门的生产对其他部门所产生的影响程度超过社会平均影响水平；当 $E_i=1$ 时，第 i 部门的生产对其他部门所产生的影响程度等于社会平均影响水平；当 $E_i<1$ 时，第 i 部门的生产对其他部门所产生的影响程度低于社会平均影响水平。感应度系数越大，表示第 i 部门对国民经济的推动作用越大。

表 4-9 为依据 2012 年北京市 42 个行业的完全分配系数表计算的感应度系数，可以看出，感应度系数最高行业为燃气生产和供应业，而电力、热力的生产和供应业，水的生产和供应业等原材料行业的感应度系数也普遍较高。值得一提的是，由于近年来房地产业的快速发展，大有成为国民经济支柱行业的趋势，相应地建筑业和房地产业的感应度系数也较高，其中建筑业更是高达 2.74，位列所有行业第二。此外，其他第三产业的感应度系数也较 2010 年有显著提升，其中金融业达到 0.68，位列中等水平。感应度系数的结果表明，北京市的经济发展对重工业的依赖程度在逐渐降低，随着经济结构的转变和产业迁移政策的影响，重工业的推动作用逐步减小，而第三产业的推动作用则在增加，未来将成为北京市经济发展中的有力增长点。因此，北京市应继续改善经济结构，着力发展第三产业和技术密集型产业，逐步取代资源依赖型的重工业作为领导行业。

表 4-9　2012 年北京市各行业感应度系数

行业	感应度系数	行业	感应度系数	行业	感应度系数
燃气生产和供应业	2.9292	通信设备、计算机及其他电子设备制造业	1.0562	金属冶炼及压延加工业	0.5242
建筑业	2.7392	住宿和餐饮业	1.0377	食品制造及烟草加工业	0.5172
电力、热力的生产和供应业	2.2323	非金属矿及其他矿采选业	0.9292	石油加工、炼焦及核燃料加工业	0.4763
水的生产和供应业	2.1850	租赁和商务服务业	0.9242	综合技术服务业	0.4375
交通运输及仓储业	2.1012	通用、专用设备制造业	0.8963	电气机械及器材制造业	0.4070
研究与试验发展业	2.0507	造纸印刷及文教体育用品制造业	0.8914	教育	0.3474
居民服务和其他服务业	1.9827	农林牧渔业	0.8213	水利、环境和公共设施管理业	0.2917
非金属矿物制品业	1.7411	文化、体育和娱乐业	0.7692	纺织服装鞋帽皮革羽绒及其制品业	0.2873
工艺品及其他制造业	1.7010	信息传输、计算机服务和软件业	0.7559	废品废料	0.2648
金属制品业	1.6691	交通运输设备制造业	0.7392	邮政业	0.2194
房地产业	1.4576	化学工业	0.7102	石油和天然气开采业	0.1812
木材加工及家具制造业	1.2753	金融业	0.6806	金属矿采选业	0.1396
批发和零售业	1.1226	纺织业	0.6663	公共管理和社会组织	0.0955
仪器仪表及文化办公用机械制造业	1.1042	煤炭开采和洗选业	0.6067	卫生、社会保障和社会福利业	0.0356

第四节　京津冀城市群产业效率的 DEA 分析

投入产出分析作为一种被广泛使用的分析工具，对整体国民经济和各个产业部门之间的关联关系提供了一种定量的分析方法，这一点在上一节中已有所体现。目前，我国许多城市已经建立了定期编制投入产出表的制度，但对其功能的开发仅停留在已有的分析方法上。基于此，本节将使用数据包络分析方法(DEA),结合投入产出表,来对各个部门的产业效率进行研究。

国内研究中,将 DEA 与投入产出分析相结合的研究较少。彭煜(1998)最早证明了投入产出分析的 DEA 有效性,也即作为决策单元的各个产业都是 DEA 有效的。江兵等(2007)提出了基于投入产出表的 DEA 方法,认为两者相辅相成,可以通过 DEA 检验各产业部门的有效性。李亚明(2007)认为除了有效性之外,DEA 还有助于定量计算各个产业部门的相对效率,从而分析经济系统各产业部门之间的相对依赖程度。赵艳轲等(2011)基于 DEA 和投入产出分析方法,构建了重庆市的主导产业选择理论模型,对重庆市的主导产业选择进行了实证研究。

一、DEA 分析概述

数据包络分析(Data Envelopment Analysis),简称 DEA 分析,最先是由 Charnes、Cooper 和 Rhodes(1978)提出的一种非参数方法。该方法基于 Farrell(1957)提出的前沿函数思想,其原理是假定规模报酬不变,利用对偶原理和线性规划法,构建一个非参数前沿,从而可以对相对于前沿面的效率进行计算测度。通过对决策单元(DMU)的投入产出指标进行组合分析,以达到效率水平评价的目的。

以 DEA 为代表的非参数方法,其关注点并非经济最优,而是技术最优,从而克服了参数方法的局限性。DEA 方法具有以下优点:一是不需要预先确定生产函数形式,因而测算偏差较小;二是对样本量的要求不高,同时可以评价不同量纲的指标,实证结果具有较强的客观性;三是被评价的各 DMU 的技术效率可以直接与处于生产前沿的最优企业进行比较,容易找出差距所在,并分析得出提高效率的最佳途径;四是允许效率在一定时期内发生变动。缺点主要有:一是忽略运气、数据或其他计量问题等随机误差对 DMU 效率的影响,导致测度的效率中包含了随机误差;二是通常忽略价格因素,因此只能解释技术上的无效率;三是效率值可能估计偏低,且离散程度较大;四是无法精确检验实证结果的显著性,无法保证实证结果显著有效。

在 DEA 分析模型中,最常用的两种模型为 CCR 模型和 BCC 模型。

(一) 规模报酬不变的 CCR 模型

CCR 模型也称为 CRS 模型,是最基本的 DEA 模型,由 Chames、

Cooper 和 Rhodes 在 1978 年提出。该模型是投入主导型，并假设规模报酬不变(Constant Returns to Scale，CRS)。假设 N 个决策单元(DMU)用 K 种投入生产 M 种产出，分别用向量 x_i 和 y_i 表示第 i 个 DMU：

$$x_i = (x_{1i}, x_{2i}, \cdots, x_{Ki}), \quad y_i = (y_{1i}, y_{2i}, \cdots, y_{Mi}), \quad i = 1,2,\cdots,N$$

X 为 $K \times N$ 的投入矩阵，Y 为 $M \times N$ 的产出矩阵，代表了所有 N 个 DMU 的所有数据。要测度每一个 DMU 的所有产出与所有投入的比率，即 $u'y_i/v'x_i$，其中 u 是 $M \times 1$ 的产出权重矩阵，v 是 $K \times 1$ 的投入权重矩阵。假设规模报酬不变，对下列数学规划问题求解以得到最优的权重：

$$\begin{aligned} & \max_{u,v}(u'y_i/v'x_i) \\ \text{s. t.} \quad & u'y_i/v'x_i \leqslant 1 \\ & u,v \geqslant 0, \quad j = 1,2,\cdots,N \end{aligned}$$

上式就是第 i 个 DMU 产出与投入的加权比率。为了避免目标函数出现无穷解，可以加入假设 $v'x_i = 1$，因此上述问题转化为：

$$\begin{aligned} & \max_{u,v} u'y_i \\ \text{s. t.} \quad & v'x_i = 1 \\ & u'y_j - v'x_j \leqslant 0 \\ & u,v \geqslant 0, \quad j = 1,2,\cdots,N \end{aligned}$$

其中，u 仍然表示 $M \times 1$ 的产出权重矩阵。利用线性规划的二元形式可以得到上式的等价包络形式：

$$\begin{aligned} & \min_{\theta,\lambda} \theta \\ \text{s. t.} \quad & -y_i + Y\lambda \geqslant 0 \\ & \theta x_i - X\lambda \geqslant 0 \\ & \lambda \geqslant 0, \quad i = 1,2,\cdots,N \end{aligned}$$

其中，λ 是 $N \times 1$ 维常数向量，θ 是一个标量，是第 i 个 DMU 的效率值(Farrell，1957)，且满足 $0 \leqslant \theta \leqslant 1$，1 是效率前沿面上的点，$\theta = 1$ 说明该 DMU 是技术有效的。每个 DMU 的效率值由求解 N 遍上述线性规划求得。分别将各投入和产出变量进行线性组合，被评价的 DMU 效率由两线性组合的比值表示，其效率值介于 0 和 1 之间，越接近 1 效率越高。

(二) 规模报酬可变的 BCC 模型

BCC 模型是由 Banker、Charnes 和 Cooper 于 1984 年提出的，弥补了 CCR 模型的缺陷。CCR 模型认为 DMU 都是固定规模效率，不存在规模无效率，即规模大小对效率没有影响，该模型会导致样本 DMU 不是全部处于最优规模时，无法区分其技术效率与规模效率。CCR 模型的假设过于严格，与现实差距较大，现实经营中的不完全竞争、经济环境、经济政策等都可能导致 DMU 处于规模报酬递增（Increasing Returns to Scale, IRS）或规模报酬递减（Decreasing Returns to Scale, DRS）的情况，即规模无效率有可能影响其整体的效率水平。

BCC 模型对 CCR 模型的观念和使用范围进行了修正，考虑规模报酬可变（Variable Returns to Scale, VRS），从而在技术效率的计算中剔除规模效率的影响。BCC 模型将技术效率分解为纯技术效率（Pure Technical Efficiency, PTE）和规模效率（Scale Efficiency, SE）。

在求解过程中，通过增加一个凸性假设 $N\boldsymbol{\lambda}=1$，将 CCR 模型修正为 BCC 模型，即：

$$
\begin{aligned}
& \min_{\theta,\lambda}\theta \\
\text{s. t.}\quad & -y_i+Y\boldsymbol{\lambda}\geqslant 0 \\
& \theta x_i - X\boldsymbol{\lambda}\geqslant 0 \\
& N\boldsymbol{\lambda}=1 \\
& \lambda\geqslant 0,\quad i=1,2,\cdots,N
\end{aligned}
$$

上式中的 N 是 $N\times 1$ 维的 1 向量，即 $N=(1,1,\cdots,1)_{1\times N}$，约束条件 $N\boldsymbol{\lambda}=1$ 假设规模报酬可变。

利用 CCR 模型和 BCC 模型分别计算出某 DMU 点的技术效率和纯技术效率，从而可以得到它的规模效率，即规模效率＝技术效率/纯技术效率。BCC 模型计算的效率值会大于 CCR 模型计算的效率值，更接近于效率边界。

二、资料来源及处理

在应用 DEA 方法时，Cooper、Serford 和 Tone 提出需要各个决策单元集合类型相同的要求，而国民经济结构中三大产业的划分正好符合这一要求，因此投入产出表三大产业内的各个部门也就可以作为 DEA 分析的研究对象。本书选取近年编制的 2012 年北京市投入产出表，利用 DEA 方法对各产业效率进行分析。

由前文可知，在投入产出表中，每一行的数字表示这一行最左边部门的产品对各部门的产出，而每一列的数字则表示这一列最上方的部门从各部门取得的投入。本书选取投入产出表每一行的部门作为投入指标，而选取总投入作为输出指标，以期全面反映国民经济的发展状况。

在具体操作中，由于投入产出表中有一些数据为 0，根据 DEA 输入输出项目数据的选取原则，需要先对数据样本进行一些处理，将其归一到某一无量纲区间。假设 z_{ij} 表示第 i 行第 j 列的原始数据，令

$$\max_{1\leqslant i\leqslant n} z_{ij} = a_j$$

$$\min_{1\leqslant i\leqslant n} z_{ij} = b_j$$

则 a_j、b_j 分别为第 j 列数据的最大值和最小值，进而对原始数据作如下变换：

$$z_{ij}' = 0.1 + 0.9 \times \frac{z_{ij} - b_j}{a_j - b_j}$$

变换后的数据 $z_{ij}' \in [0.1, 1]$，满足 DEA 的数据选取原则。

三、实证分析及结论

将经过处理后的数据用 DEA 分析软件 DEAP 2.1 进行分析，得到的结果如表 4-10 所示。

表 4-10　2012 年北京市第二产业中各行业 DEA 分析结果

部门	综合技术效率 crste	纯技术效率 vrste	规模效率 scale	规模收益
煤炭开采和洗选业	1.000	1.000	1.000	—
石油和天然气开采业	0.473	1.000	0.473	irs
金属矿采选业	0.843	1.000	0.843	irs
非金属矿及其他矿采选业	0.371	1.000	0.371	irs
食品制造及烟草加工业	1.000	1.000	1.000	—
纺织业	0.462	1.000	0.462	irs
纺织服装、鞋帽、皮革、羽绒及其制品业	0.624	1.000	0.624	irs
木材加工及家具制造业	0.401	1.000	0.401	irs
造纸印刷及文教体育用品制造业	0.503	1.000	0.503	irs
石油加工、炼焦及核燃料加工业	1.000	1.000	1.000	—
化学工业	1.000	1.000	1.000	—
非金属矿物制品业	0.682	1.000	0.682	irs
金属冶炼及压延加工业	1.000	1.000	1.000	—
金属制品业	0.811	1.000	0.811	irs
通用、专用设备制造业	0.857	1.000	0.857	irs
交通运输设备制造业	1.000	1.000	1.000	—
电气机械及器材制造业	0.797	1.000	0.797	irs
通信设备、计算机及其他电子设备制造业	1.000	1.000	1.000	—

（续表）

部门	综合技术效率 crste	纯技术效率 vrste	规模效率 scale	规模收益
仪器仪表及文化办公用机械制造业	0.288	1.000	0.288	irs
工艺品及其他制造业	0.507	1.000	0.507	irs
平均值	0.731	1.000	0.731	

可以看出，第二产业中各行业的纯技术效率均为1，但这并不能作为认定北京市第二产业均为技术有效的依据，关于此结果，笔者认为投入产出表中总投入和总产出之间的对应相等关系是其原因所在。从规模效率来看，煤炭开采和洗选业，食品制造及烟草加工业，石油加工、炼焦及核燃料加工业，化学工业，金属冶炼及压延加工业，交通运输设备制造业，通信设备、计算机及其他电子设备制造业这七个行业的规模效率为1，达到了规模有效，其中大部分为重化工业，以及烟草加工业等国家垄断行业，这些行业在北京起步较早，经过多年发展已达到规模收益不变，因而出于对其他方面的综合考虑，比如产业结构升级和环境污染等原因，北京市已逐渐将一些重化工业外迁。除这七个行业外，其他行业均为规模收益递增，其中石油和天然气开采业，非金属矿及其他矿采选业两个行业的规模效率低于平均值，原因在于这两个行业本身受制于当地的资源状况，提升的空间比较小；纺织业，纺织服装、鞋帽、皮革、羽绒及其制品业，木材加工及家具制造业，造纸印刷及文教体育用品制造业，非金属矿物制品业的规模效率低于平均值，原因在于这些行业属于劳动密集型行业，在北京市产业结构升级的过程中，或逐步外迁，或为技术密集型行业所取代；仪器仪表及文化办公用机械制造业，工艺品及其他制造业的规模效率低于平均值，原因在于这两个行业属于高新技术行业，但发展速度和规模又低于通信设备、计算机及其他电子设备制造业，因而需要进一步提升规模，加大投入力度，从而提高规模效率。

表4-11为2012年北京市第三产业的DEA分析结果，从中可看出，第三产业中各行业的纯技术效率也同样均为1，原因与第二产业相同。从规模效率来看，电力、热力的生产和供应业，建筑业，交通运输及仓储业，信息传输、计算机服务和软件业，批发和零售业，金融业，租赁和商务服务业，综合技术服务业，卫生、社会保障和社会福利业这九个行业的规模效率为1，达到规模有效，其中既有基础服务业，也有金融业，信息传输、计算机服务和软件业等新兴服务业。在规模效率低于平均值的行业

中,废品废料,燃气生产和供应业,水的生产和供应业,邮政业属于基础服务业,刚性需求有限,并没有扩张的驱动力,因而规模效率较低,住宿和餐饮业的原因相似,但规模效率要高于上述行业,接近于平均水平;水利、环境和公共设施管理业,居民服务和其他服务业属于基础设施和公共管理服务业,对于提升居民生活水平有较大影响,应进一步调整规模;研究与试验发展业与高新技术行业配套,处于高速发展期,且与教育,文化、体育和娱乐业一同归属于科教文卫服务业,在未来仍有较大发展空间,因此在规模收益递增阶段需要继续加大投入,提升规模。

表 4-11　2012 年北京市第三产业中各行业 DEA 分析结果

部门	综合技术效率 crste	纯技术效率 vrste	规模效率 scale	规模收益
废品废料	0.240	1.000	0.240	irs
电力、热力的生产和供应业	1.000	1.000	1.000	—
燃气生产和供应业	0.220	1.000	0.220	irs
水的生产和供应业	0.227	1.000	0.227	irs
建筑业	1.000	1.000	1.000	—
交通运输及仓储业	1.000	1.000	1.000	—
邮政业	0.255	1.000	0.255	irs
信息传输、计算机服务和软件业	1.000	1.000	1.000	—
批发和零售业	1.000	1.000	1.000	—
住宿和餐饮业	0.644	1.000	0.644	irs
金融业	1.000	1.000	1.000	—
房地产业	0.798	1.000	0.798	irs
租赁和商务服务业	1.000	1.000	1.000	—
研究与试验发展业	0.471	1.000	0.471	irs
综合技术服务业	1.000	1.000	1.000	—
水利、环境和公共设施管理业	0.394	1.000	0.394	irs
居民服务和其他服务业	0.242	1.000	0.242	irs
教育	0.522	1.000	0.522	irs
卫生、社会保障和社会福利业	1.000	1.000	1.000	—
文化、体育和娱乐业	0.433	1.000	0.433	irs
公共管理和社会组织	0.840	1.000	0.840	irs
平均值	0.680	1.000	0.680	

第五节　京津冀城市群产业协作机制分析

作者认为京津冀城市群产业协作是实现一体化的关键,重点在于如何打破历史产业布局，并利用各自的比较优势打造区域特色产业，形成产业聚集效应，进而带动整个京津冀产业结构的协同发展。总的来说，北京已进入后工业化时代，即将结束其经济资源聚集阶段，开始向外转移辐射；天津还处于经济资源聚集阶段，整体经济结构位于工业化后期；而河北还处于工业化中期，传统产业依然是其主要发展动力。由于三个区域的产业发展分属不同阶段，因此实现产业协调发展需要统一发展规划纲要，打破各地的行政区划障碍，进而根据各个省份的资源禀赋打造分梯队的协同产业层级，在产业空间布局和产业链衔接方面加强协作，在跨区域维度上形成分工明确、合作紧密的产业集群。

一、比较优势分析

（一）北京市

首都北京作为我国的政治、文化和国际交流中心，在人才、科技、金融、信息等方面的集聚具有明显优势。除国务院各部委机关外，央行、三大政策性银行、四大国有银行、证券、保险公司等金融机构的总部以及国有大中型企业的总部大多设立在北京，此外还有众多中外咨询机构、投资机构、跨国公司的地区总部和国际组织办事处等，可以说北京市集中了全国最多的管理部门和国际知名企业的中国办事处。

除此之外，北京的产业发展具有起步早、增速快等特点，在全国也是率先进入后工业化阶段的城市之一。近年来，北京市辖区内的重工业企业被逐步“关停并转”，产业结构不断进行发展调整和结构升级，目前已形成了以电子信息、汽车制造、光机电一体化、生物工程与医药、都市工业、石化新材料等为重点的六大支柱产业。与此同时，北京市的第三产业增加值占 GDP 的比重呈现稳步增长，高新技术产业的竞争优势也越发明显，计算机服务、软件业、金融业、房地产业、租赁和商业服务业、餐饮业等领域发展较快，也较为成熟。

（二）天津市

天津作为我国的大型工商业城市之一，拥有雄厚的工业基础，一批企业和产品在国内外享有盛誉。天津目前已形成了以电子信息、汽车、化工、冶金、医药、新能源及环保六大支柱产业为代表的优势产业，并配套建设了光通信、移动通信、白色家电、绿色电池等十二大产品的制造基地。近年来随着滨海新区被开发并快速壮大，对提升天津的整体经济实力和竞争优势有显著的影响力，滨海新区也成为目前国内外资投资的热点地区。滨海新区具有国内一流的工业加工能力和发展现代服务业的条件，其加工业和服务业的优势又可以辐射到北京及河北。但同时其经济的进一步发展却也依赖于北京和河北的资源支持。

（三）河北省

作为京津冀地区重要的资源基础基地，河北有着发达的农业，是全国农副产品主产区。发达的农、林、牧业不仅能够提供丰富的农产品供给，还有着重要的生态保护功能。从地理上看，河北包围了北京和天津两地，是其天然的生态屏障，也为京津两地的经济发展提供了极为重要的资源支持，起着重要的基础性作用。

河北是京津冀区域乃至全国的重要原材料生产基地，主要产品涉及钢铁、水泥、建材等，目前已基本形成以煤炭、纺织、冶金、建材、化工、机械、电子、石油、轻工、医药等产业为主体的资源加工结合型经济结构。

二、聚类分析

下面将对区域城市进行聚类分析，以确定城市间经济社会的相似相关程度，进而对城市进行分类，以预期城市群内各城市的经济发展路径。研究所选取的指标如表 4-12 所示。其中 A—S 分别代表的行业如表 4-12 所示。

表 4-12　行业代号表

代码	部门	代码	部门
A	农、林、牧、渔业	K	房地产业
B	采矿业	L	租赁和商业服务业
C	制造业	M	科学研究、技术服务和地质勘查业
D	电力、燃气及水的生产和供应业	N	水利、环境和公共设施管理业
E	建筑业	O	居民服务和其他服务业
F	交通运输、仓储及邮政业	P	教育
G	信息传输、计算机服务和软件业	Q	卫生、社会保障和社会福利业
H	批发和零售业	R	文化、体育和娱乐业
I	住宿、餐饮业	S	公共管理和社会组织
J	金融业		

由于所选指标相同，因此无须再进行量纲化，直接使用 SPSS 中的聚类分析，得到树状图如图 4-7 所示。

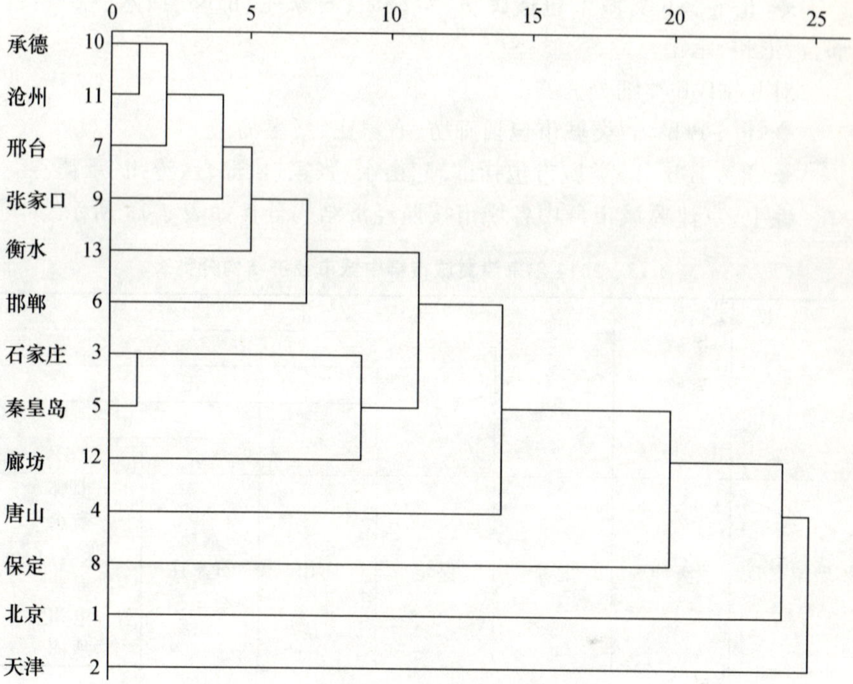

图 4-7 使用平均连接(组间)的树状图

京津冀城市群可以分为两大类：

第Ⅰ类城市仅包含天津(主要原因为天津制造业占比高达 40.45%，远高于京津冀地区其他城市)。

第Ⅱ类城市仅包含北京及河北省的其他城市。

对Ⅱ类城市细分：

◆ 第Ⅱ-i 类城市包括北京。

◆ 第Ⅱ-ii 类城市包括保定、唐山、廊坊、秦皇岛、石家庄、邯郸、衡水、张家口、邢台、沧州、承德。

对Ⅱ-ii 类城市继续细分为：

◆ Ⅱ-ii-A 类城市仅包括保定。

◆ Ⅱ-ii-B 类城市包括唐山、廊坊、秦皇岛、石家庄、邯郸、衡水、张家口、邢台、沧州、承德。

对Ⅱ-ii-B 类城市继续细分为：

◆ Ⅱ-ii-B-a 类城市仅包括唐山。

◆ Ⅱ-ii-B-b 类城市包括廊坊、秦皇岛、石家庄、邯郸、衡水、张家口、邢台、沧州、承德。

对Ⅱ-i-B-b 类细分为：

◆ Ⅱ-i-B-b-(a)类城市包括廊坊、石家庄、秦皇岛。

◆ Ⅱ-i-B-b-(b)类城市包括邯郸、衡水、张家口、邢台、沧州、承德。

综上，京津冀城市群中各城市按照经济结构分类如表 4-13 所示。

表 4-13　2014 年京津冀城市群中城市经济结构分类表

<table>
<tr><td rowspan="5"></td><td rowspan="5">Ⅰ</td><td colspan="5">Ⅱ</td></tr>
<tr><td rowspan="4">i</td><td colspan="4">ii</td></tr>
<tr><td rowspan="3">A</td><td colspan="3">B</td></tr>
<tr><td rowspan="2">a</td><td colspan="2">b</td></tr>
<tr><td>(a)</td><td>(b)</td></tr>
<tr><td>城市名称</td><td>天津</td><td>北京</td><td>保定</td><td>唐山</td><td>廊坊
石家庄
秦皇岛</td><td>邯郸
衡水
张家口
邢台
沧州
承德</td></tr>
</table>

由图 4-8 可知，北京、天津、唐山、保定作为京津冀城市群相对发达的

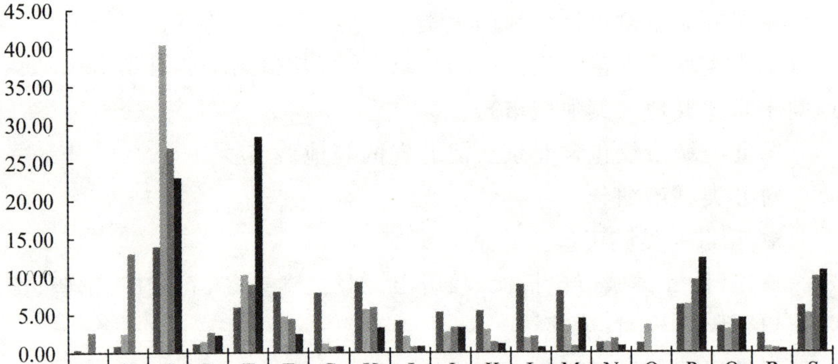

	A	B	C	D	E	F	G	H	I	J	K	L	M	N	O	P	Q	R	S
■ 北京	0.4	0.9	13.	1.1	5.9	7.9	7.8	9.2	4.1	5.2	5.4	8.9	8.0	1.3	1.2	6.2	3.3	2.4	6.1
■ 天津	0.1	2.5	40.	1.4	10.	4.7	1.1	5.6	2.1	2.6	3.0	1.9	3.5	1.3	3.5	6.2	3.0	0.7	5.1
■ 唐山	2.6	13.	26.	2.6	8.9	4.4	0.8	5.9	0.8	3.3	1.3	2.1	0.8	1.8	0.1	9.5	4.2	0.5	9.9
■ 保定	0.1	0.0	23.	2.3	28.	2.4	0.8	3.2	0.8	3.2	1.1	0.7	4.4	0.8	0.1	12.	4.4	0.4	10.

图 4-8　Ⅱ-ii-B 类城市从业人员结构图

城市,其从业人员结构与京津冀其他城市相比最为突出的区别在于上述城市均有自身的优势产业。其中,北京第三产业较为发达,各个行业从业人员分布相对均匀。而天津、唐山、保定在整体上则变为第二产业较为发达,第三产业已形成一定的发展基础。由图 4-8 可以发现,天津制造业上具有较强的比较优势。保定市建筑业从业人员占比远高于其他城市。同时,天津、唐山、保定在交通运输、仓储及邮政业、金融业、卫生社会保障和社会福利也已经有一定的从业人员占比,形成一定的第三产业基础。因此,除北京第三产业已较为发达之外,其余三个城市既有相对发达的第二产业,也有一定的第三产业基础,对于承接来自北京的产业转移将会如鱼得水。

石家庄、秦皇岛以及廊坊属于京津冀城市群发达程度处于中游的城市,三者的从业人口就业结构较为相似。除了较为明显的制造业从业人口占比之外,教育业、公共管理和社会组织的从业人口比例也较高。此外,此类城市从事电力、燃气及水的生产和供应业,建筑业,金融业也有一定的占比,上述几点特征表明此类城市人口大多从事收入相对稳定的职业。此类城市对于承接北京转移的工业、制造业等第二产业行业应该说是首选(见图 4-9)。

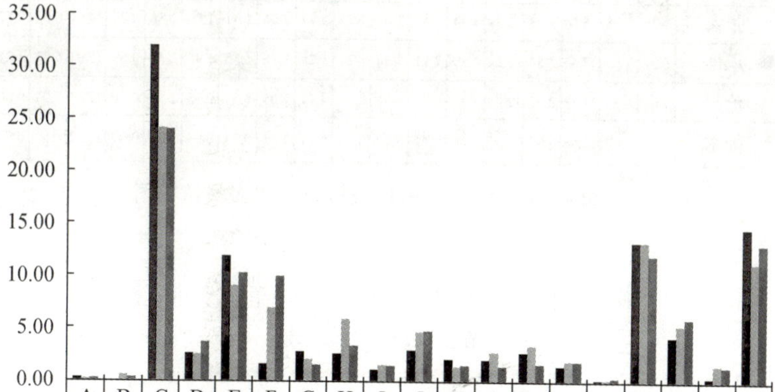

	A	B	C	D	E	F	G	H	I	J	K	L	M	N	O	P	Q	R	S
■ 廊坊	0.34	0.00	32.07	2.69	12.00	1.66	2.85	2.64	1.16	3.01	2.19	2.07	2.80	1.48	0.21	13.37	4.28	0.43	14.74
■ 石家庄	0.22	0.59	24.25	2.57	9.13	7.04	2.13	6.01	1.61	4.75	1.24	2.83	3.45	1.98	0.23	13.38	5.39	1.63	11.39
■ 秦皇岛	0.26	0.35	24.12	3.71	10.32	10.06	1.61	3.42	1.52	4.85	1.55	1.46	1.70	1.93	0.35	12.10	6.05	1.46	13.18

图 4-9　Ⅱ-ii-B-b-(a)类城市从业人员结构图

Ⅱ-ii-B-b-(b)类城市属于京津冀城市群中发展相对落后的城市,从其就业人口占比图容易发现这类城市制造业从业人口比例不够突出，表明此类城市制造业不够发达，并不能容纳较多的就业人口。相比于相对发达城市，此类城市就业人口更多地分布在采矿业、建筑业、教育业、公共管理和社会组织等行业。整体上表现为第二产业发达程度不够，第三产业发展趋势较弱。对于此类城市来说，基础设施等不完善的问题将导致产业转移不能得到有效的承接。因此，此类城市需加强与城市群中中游城市的分工合作，发挥自身比较优势，逐渐实现自身产业的发展和结构的调整。

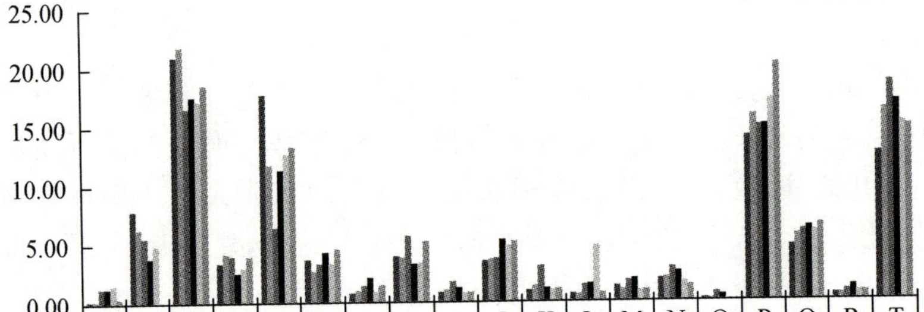

	A	B	C	D	E	F	G	H	I	J	K	L	M	N	O	P	Q	R	T
■ 邯郸	0.24	7.88	20.94	3.40	17.75	3.67	0.80	3.92	0.85	3.51	0.97	0.71	1.32	1.90	0.21	14.07	4.70	0.58	12.59
■ 邢台	0.22	6.29	21.77	4.16	11.72	2.67	0.96	3.83	1.03	3.64	1.36	0.64	1.05	2.04	0.20	15.88	5.65	0.57	16.32
■ 张家口	1.28	5.55	16.56	3.95	6.39	3.34	1.41	5.65	1.75	3.72	3.06	1.41	1.80	2.88	0.77	14.94	6.01	0.87	18.66
■ 承德	1.29	3.83	17.54	2.54	11.26	4.29	2.11	3.30	1.22	5.28	1.16	1.55	1.95	2.54	0.53	15.03	6.31	1.25	17.01
■ 沧州	1.58	4.85	17.18	2.98	12.64	3.32	0.92	3.34	0.78	4.77	1.05	4.77	0.95	1.66	0.10	17.18	5.94	0.80	15.19
■ 衡水	0.41	0.00	18.53	3.92	13.27	4.56	1.49	5.20	0.84	5.17	1.11	0.74	0.98	1.35	0.07	20.22	6.52	0.74	14.89

图 4-10 Ⅱ-ii-B-b-(b)类城市从业人员结构图

第六节 京津冀地区一省两市经济增长趋同研究

区域一体化对于区域内城市的影响有两种主流观点：古典经济学派认为区域一体化会促进贸易，加快要素流动，因而会促进区域内城市的趋同发展；支持内生经济增长理论的学派认为，区域一体化可能会加剧收入的极化现象。Barro 和 Sala-I-Martin（1991）将趋同现象分为人均产出上的趋同和经济增长率上的趋同，即 σ 趋同和 β 趋同。

一、σ 趋同

σ 趋同是指各地区之间人均收入水平差距随时间而呈现逐渐缩小的趋势，考虑到经济的规模效应，采用以人口规模为权数的加权变异系数来检验京津冀城市群各个城市的 σ 趋同现象，从而说明京津冀城市群各个城市之间经济差距的变化情况。变异系数为：

$$\mathrm{CV}_w = \frac{1}{\bar{y}} \sqrt{\sum_{i=1}^{n} (y_i - \bar{y})^2 / n}$$

其中，$\bar{y}$ 表示京津冀城市群人均 GDP 的对数值，n 为城市个数。若计算得出的 CV_w 的时间序列为递减的，则表明京津冀城市群发生了 σ 趋同；若计算出的 CV_w 的时间序列呈现递减趋势，则说明京津冀城市群正处于极化过程中。

由图 4-11 的北京、天津、河北国民生产总值可知，2001—2014 年，京津冀地区两市一省实现了较快的经济增长。其中天津和河北的增长速度较为接近，2010 年之后，北京市的 GDP 增速有所上升，一定程度上拉大了与天津和河北之间的距离。

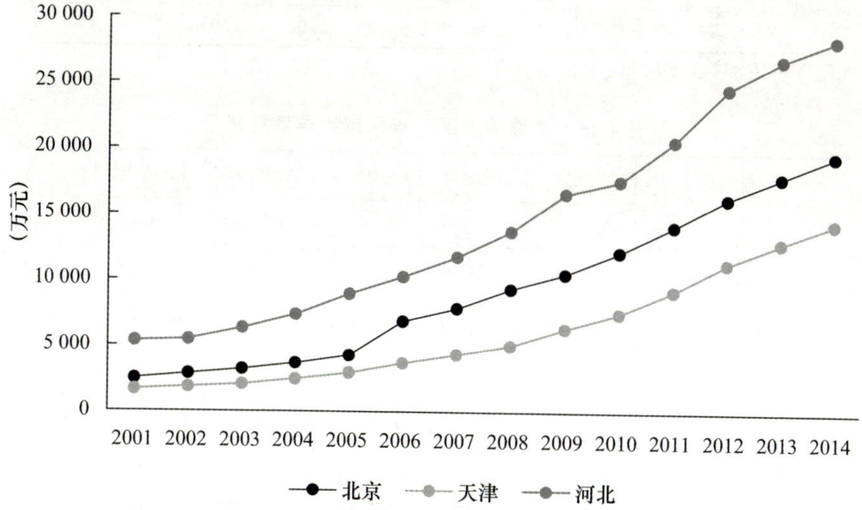

图 4-11　北京、天津、河北 GDP 变化情况

资料来源：《中国城市统计年鉴(2001—2014)》。

将表 4-14 中 $\mathrm{LN}(Y_0)$、$\mathrm{LN}(Y_1)$、$\mathrm{LN}(Y_2)$ 和 $\mathrm{LN}(Y_3)$ 数据代入上文中加权变异系数公式可得 2001—2014 年京津冀地区一省两市加权变异系

数如表 4-15 所示。

表 4-14　2001—2014 年京津冀人均产值情况

年份	地区人均产值 Y_0	北京市人均产值 Y_1	天津市人均产值 Y_2	河北省人均产值 Y_3	LN(Y_0)	LN(Y_1)	LN(Y_2)	LN(Y_3)
2001	10 899.67	22 380.97	17 975.44	8 026.16	9.30	10.02	9.80	8.99
2002	12 213.10	25 355.52	20 132.83	8 718.44	9.41	10.14	9.91	9.07
2003	13 212.66	28 273.43	22 318.26	9 432.90	9.49	10.25	10.01	9.15
2004	15 222.60	31 885.76	26 432.61	10 869.28	9.63	10.37	10.18	9.29
2005	18 128.97	36 833.32	31 439.39	13 120.45	9.81	10.51	10.36	9.48
2006	23 203.39	58 323.96	39 365.28	14 951.28	10.05	10.97	10.58	9.61
2007	26 405.81	65 717.13	45 939.47	16 950.07	10.18	11.09	10.74	9.74
2008	30 564.56	77 092.46	52 657.70	19 521.73	10.33	11.25	10.87	9.88
2009	35 558.11	80 686.62	65 585.48	23 264.08	10.48	11.30	11.09	10.05
2010	39 457.07	97 549.42	76 766.10	24 362.59	10.58	11.49	11.25	10.10
2011	46 070.13	112 208.46	93 663.60	28 248.74	10.74	11.63	11.45	10.25
2012	54 236.65	127 176.85	113 481.33	33 508.84	10.90	11.75	11.64	10.42
2013	59 321.33	137 798.84	129 821.59	36 150.95	10.99	11.83	11.77	10.50
2014	63 838.71	148 146.78	143 129.08	38 169.68	11.06	11.91	11.87	10.55

资料来源：数据根据《中国统计年鉴(2001—2014)》整理而得。

表 4-15　京津冀地区一省两市变异系数表

	2001 年	2002 年	2003 年	2004 年	2005 年	2006 年	2007 年
变异系数	0.0576	0.0581	0.0598	0.0589	0.0562	0.0660	0.0655
	2008 年	2009 年	2010 年	2011 年	2012 年	2013 年	2014 年
变异系数	0.0650	0.0610	0.0667	0.0666	0.0649	0.0658	0.0665

从图 4-12 的 CV 变异系数的变化中容易发现：北京、天津、河北的 CV 变异系数 2001—2014 年展现出较为明显的震荡上行的走势。因此，依据 CV 变异指数，可以概括为 2000 年以后，以 CV 变异系数刻画的京津冀地区一省两市之间的整体经济逐步拉大。该结论与内生经济增长理论的学派观点相符，即京津冀地区的区域一体化加剧了收入的极化现象。

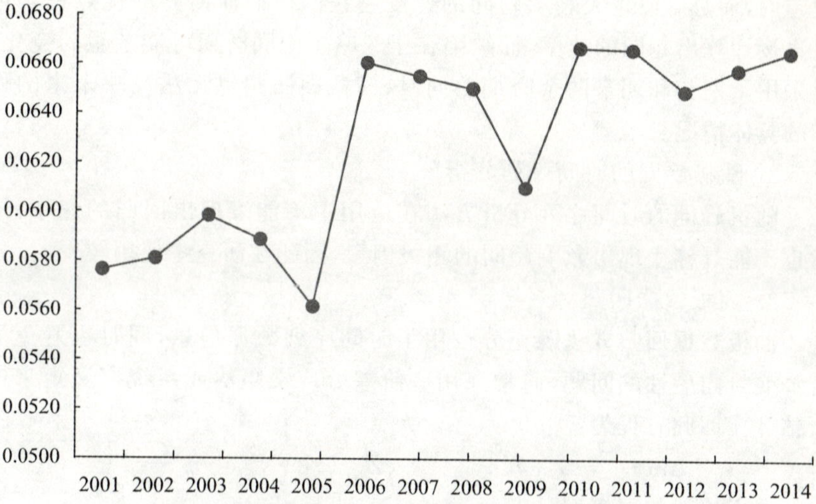

图 4-12　京津冀地区一省两市 CV 变异系数变化图

二、β 趋同

β 趋同是指所研究经济体的经济增长率趋近于一个固定的水平，β 趋同分为绝对 β 趋同和条件 β 趋同。绝对 β 趋同意思是所有经济体都会逐渐趋近于相同的稳态水平，而条件 β 趋同是指各个经济体趋向于各自不同的稳态水平。因此，绝对 β 趋同表示各个经济体最终会有相同的人均产出水平，而条件 β 趋同表示经济体之间的人均产出水平差距会持续存在。

主流的研究 β 趋同的方法主要有三种：

1. 横截面回归检验

若为条件 β 趋同，则检验各城市初始人均收入和 GDP 增长率之间的负相关关系；若为绝对 β 趋同，则按照 Solow-Swan 模型将人均产出在其稳态附近线性展开得到回归方程。加入结构性影响因素 $X_{i,t}$，该回归模型可以表示为：

$$\frac{1}{T}\ln\frac{y_{i,t}}{y_{i,t-T}} = a + b\ln y_{i,t-T} + \phi X_{i,t} + \varepsilon_{i,t}$$

其中，$y_{i,t}$ 为 i 城市在 t 年时的相对人均产出，T 为研究的时间范围。a 为截距项，$b=-\frac{1-e^{-\beta T}}{T}$，$\beta$ 为趋同系数。若回归结果出现 $b<0$，则存在绝

对趋同，而且β值越大表示趋同的速度越快。横截面回归的优点在于可以直接计算出趋同的速率，而缺陷在于忽略了中间时期可能产生的变化，只采用了期初和期末两个时期。同时，横截面回归也无法反映未来的稳态的具体情况。

2. 随机趋同的时间序列分析

随机趋同的时间序列分析方法在应用中不能表现出回归的速率，同时也不能具体表现出影响趋同的相关因素，因此在研究中使用较少。

3. 面板数据回归

面板数据回归方法既充分运用了时间序列数据信息，同时也避免了解释变量内生性的问题，通常采用一阶差分广义矩法或系统广义矩来进行估计。回归方程为：

$$\Delta \ln y_{i,t} = a + b\ln y_{i,t-1} + \varphi Z_{i,t-1} + \phi X_{i,t} + \eta_t + \varepsilon_i$$

考虑绝对趋同模型：

$$g_{i,t} = c + \beta \ln y_{i,t} + \varepsilon_{i,t}$$

采用1978—2014年北京、天津、河北人均GDP以及相应的增长率数据，通过EViews对上式进行回归，由于各个时间段变量之间关系可能存在较大差异，将上述时间段分为1979—1985年、1986—1995年、1996—2004年和2005—2014年四个阶段分别进行回归，回归结果如下。

(1) 1979—1985年回归方程为：

$$g_{i,t} = -0.061754 + 0.022852\ln y_{i,t}$$

由表4-16可知1979—1985年阶段$\beta>0$，t统计量在10%显著性水平下不显著。从$\beta>0$，可知1979—1985年京津冀城市群之间经济增长存在着趋异效应，但是趋异的现象并不明显。

表4-16 1979—1985年回归结果表

Variable	Coefficient	Std. Error	t-Statistic	Prob.
C	−0.061754	0.138222	−0.446772	0.6601
X	0.022852	0.019610	1.165361	0.2583
R-squared	0.066709	Mean dependent var		0.098728
Adjusted R-squared	0.017588	S.D. dependent var		0.054961
S.E. of regression	0.054476	Akaike info criterion		−2.891735
Sum squared resid	0.056384	Schwarz criterion		−2.792256
Log likelihood	32.36322	F-statistic		1.358066
Durbin-Watson stat	1.344258	Prob(F-statistic)		0.258295

(2) 1986—1995 年回归方程为:

$$g_{i,t}=-0.166609+0.040527\ln y_{i,t}$$

由表 4-17 可知,1986—1995 年阶段 $\beta>0$,且回归系数的 t 统计量在 5%显著性水平下显著,说明在此时间段京津冀区域一省两市经济增长存在着明显的趋异趋势。

表 4-17　1986—1995 年回归结果表

Variable	Coefficient	Std. Error	*t*-Statistic	Prob.
C	−0.166609	0.155143	−1.073905	0.2920
X	0.040527	0.018998	2.133249	0.0418
R-squared	0.139805	Mean dependent var		0.163177
Adjusted *R*-squared	0.109084	S. D. dependent var		0.075749
S. E. of regression	0.071499	Akaike info criterion		−2.373939
Sum squared resid	0.143137	Schwarz criterion		−2.280526
Log likelihood	37.60909	*F*-statistic		4.550752
Durbin-Watson stat	0.986262	Prob(*F*-statistic)		0.041807

(3) 1996—2004 年回归方程为:

$$g_{i,t}=-0.057690+0.018887\ln y_{i,t}$$

在此阶段,仍有 $\beta>0$,一省两市的经济增长存在着趋异趋势,但是 t 统计量结果显示,其在 10%的显著性水平下不显著,说明 1996—2004 年一省两市之间经济增长仍然有趋异趋势,但是趋异趋势相比于上一阶段已经有所减弱(见表 4-18)。

表 4-18　1996—2004 年回归结果表

Variable	Coefficient	Std. Error	*t*-Statistic	Prob.
C	−0.057690	0.124838	−0.462118	0.6480
X	0.018887	0.012963	1.456942	0.1576
R-squared	0.078262	Mean dependent var		0.123882
Adjusted *R*-squared	0.041393	S. D. dependent var		0.038680
S. E. of regression	0.037871	Akaike info criterion		−3.638054
Sum squared resid	0.035856	Schwarz criterion		−3.542066
Log likelihood	51.11373	*F*-statistic		2.122680
Durbin-Watson stat	1.014649	Prob(F-statistic)		0.157579

(4) 2005—2014 年回归方程为：

$$g_{i,t} = 0.198324 - 0.003189 \ln y_{i,t}$$

由 2005—2014 年阶段的 $\beta<0$，可知京津冀一省两市在此阶段经济增长出现了趋同效应，但是该结果并不显著(见表 4-19)。

表 4-19　2005—2014 年回归结果表

Variable	Coefficient	Std. Error	t-Statistic	Prob.
C	0.198324	0.234468	0.845849	0.4041
X	−0.003189	0.021697	−0.147002	0.8841
R-squared	0.000697	Mean dependent var		0.163939
Adjusted R-squared	−0.031539	S. D. dependent var		0.091581
S. E. of regression	0.093014	Akaike info criterion		−1.853437
Sum squared resid	0.268201	Schwarz criterion		−1.762740
Log likelihood	32.58171	F-statistic		−1.822920
Durbin-Watson stat	0.021610	Prob(F-statistic)		1.981423

综合以上的研究及分析，京津冀一省两市在 1979—2014 年这一时间段中，发生了经济增长的趋异效应，且趋异效应经历了逐渐增强随后逐渐减弱，虽然在 2005—2014 年这一时间段出现了趋同趋势，但趋同趋势并不显著。通过 β 趋同分析，所得出的结论与前文 CV 变异系数所得结论较为类似，京津冀地区在区域一体化进程中未呈现出显著地趋同趋势，而是在一定程度上展现出了收入极化现象。

第七节　基于自有资本多区域 FC 模型的京津冀一体化研究

本节将从多区域(Footloose Capital Model，FC)模型(Martin P. and C. A. Rogers，1995)入手进行研究，结合所研究的模型对京津冀城市群一体化的进程中随着贸易自由度的提高、可能出现的问题进行理论分析，并对京津冀城市群一体化进程中知识溢出与区域经济增长的相关决策问题给出宏观层面政策上的建议。

FC 模型基本假设：

• 由工业、农业两个部门，其中农业部门是在瓦尔拉斯一般均衡条件下生产同质产品，且生产函数呈现规模报酬不变，农产品市场处于完全竞争状态;工业产品生产函数则呈现规模报酬递增,市场处于垄断竞争状态。

• 制造业产品在本地消费无成本,且区域交易遵循冰山规则(若想保证单位产品运送到其他区域,需要运送 τ 单位产品,其中 $\tau-1$ 单位产品在途中损耗)。

• 资本和劳动力两种要素,其中资本可流动,劳动力不可流动,且各区域劳动资本比相同。资本收益用于所有者在当地的消费,这里的资本仅作为工业企业的固定成本来使用,区域内劳动力和资本禀赋总量记为 L^w 和 K^w。

• 农业产品需要投入劳动力,单位农产品所需劳动力为 a_A,在工业产品的生产中,将资本定义为固定成本,劳动力成本定义为可变成本。假设一个企业使用单位资本量作为固定资本,单位产出需要 a_m 单位的劳动成本,则企业成本函数为 $r+a_m w_L x$。

一、消费者行为

消费者效用函数为:

$$U = C_M^{\mu} C^{1-\mu} A, \quad C_M = \left(\int_{i=0}^{n^W} c_i^{1-\frac{1}{\sigma}} \mathrm{d}i \right)^{1 \Big/ \left(1-\frac{1}{\sigma}\right)}, \quad 0 < \mu < 1 < \sigma$$

其中,C_M 表示消费者对各种工业品组合的消费,C_A 表示消费者对农产品的消费;c_i 为消费者对第 i 种工业品的消费量,μ 为消费者总支出中对工业品的支出所占的份额;σ 是任意两种工业品之间的替代弹性,可表示为:

$$\sigma = \frac{1}{1-\rho}, \quad \sigma > 1$$

即

$$0 < \rho < 1$$

ρ 表示消费者的多样性偏好程度,越接近消费者的多样性偏好程度越弱,工业品之间的替代弹性越大,反之亦然。

消费者面临的预算约束为:

$$p_A C_A + \int_0^{n^W} p_i c_i \mathrm{d}i = Y$$

消费者最优工业品消费量可以表示为:

$$\min_{c_i} \int_0^{n^W} p_i c_i \mathrm{d}i$$

s. t. $$C_M=\left(\int_0^{n^W} c_i^{\rho}\mathrm{d}i\right)^{1/\rho}$$

通过拉格朗日方程求解上面最小化问题为：

$$L=\int_0^{n^W} p_i c_i \mathrm{d}i-\lambda\left[\int_0^{n^W}\left(c_i^{\rho}\mathrm{d}i\right)^{\frac{1}{\rho}}-C_M\right]$$

最优解满足一阶条件(F. O. C.)为：

$$p_i=\lambda C_M^{1-\rho}c_i^{\rho-1}$$

$$p_j=\lambda C_M^{1-\rho}c_j^{\rho-1}$$

因此，有下面的关系式：

$$\frac{p_i}{p_j}=\frac{c_i^{\rho-1}}{c_j^{\rho-1}}$$

将此关系式代入上面的约束条件，即可得到最优工业品消费量表达式为：

$$c_j=\frac{p_i^{1/(\rho-1)}}{\left[\int_0^{n^W} p_i^{\rho/(\rho-1)}\mathrm{d}i\right]}C_M$$

得出消费者对工业品的总支出为：

$$\int_0^{n^W} p_i c_i \mathrm{d}i=\left[\int_0^{n^W} p_i^{\rho/(\rho-1)}\mathrm{d}i\right]^{\rho/(\rho-1)}C_M$$

将工业品组合整体视为工业品商品，那么由上式可知，C_M 前的系数可以理解为工业品价格指数，即：

$$P_M=\left[\int_0^{n^W} p_i^{\rho/(\rho-1)}\mathrm{d}i\right]^{\rho/(\rho-1)}=\left[\int_0^{n^W} p_i^{\rho/(\rho-1)}\mathrm{d}i\right]^{1/(1-\sigma)}$$

工业品的平均价格为：

$$\Delta=\left(\int_0^{n^W} p_i c_i \mathrm{d}i\right)\Big/n^w$$

则有：

$$P_M=(\Delta n^w)^{1/(1-\sigma)}$$

将上式代入消费者最优工业品消费量表达式为：

$$c_i=\left(\frac{p_i}{p_M}\right)^{1/(\rho-1)}C_M=\left(\frac{p_i}{p_M}\right)^{-\sigma}C_M$$

对于消费者消费工业品和农业品的总效用函数可以由科布—道格拉斯函数表达为：

$$\max U = \max_{C_M, C_A} C_M^{\mu} C_A^{1-\mu}$$

s. t.

$$P_M C_M + P_A C_A = Y$$

根据科布—道格拉斯效用函数特点,最优化方程的解为:

$$C_M = \mu Y / P_M$$

$$C_A = (1-\mu) Y / P_A$$

消费者最优效用函数为:

$$U_{\max} = C_M^{\mu} C_A^{1-\mu} = (\mu Y / P_M)^{\mu} [(1-\mu) Y / P_A]^{\mu}$$
$$= (1-\mu)^{1-\mu} P_M^{-\mu} P_A^{-(1-\mu)} Y$$

二、生产者行为

根据假设,不存在储蓄,因此总支出 E 等于总收入 Y。通过上面得到讨论,可知第 i 中工业产品的总需求量为:

$$x_i = \mu E \frac{p_i^{-\sigma}}{p_M^{1-\sigma}} = \mu E \frac{p_i^{-\sigma}}{\Delta n^w}$$

设 $\mu E / \Delta n^w$ 为常数 k,则:

$$x_i = k p_i^{-\sigma}$$

工业品的垄断生产者面对不变弹性的需求曲线,最大化利润定价策略为边际成本定价原则。对于第 i 种工业品的生产企业,利润函数为:

$$\pi_i = p_i x_i - (r + w_L a_m x_i)$$

s. t.

$$x_i = k p_i^{-\sigma}$$

建立拉格朗日方程求解上面的最大化问题有:

$$\pi_i = p_i x_i - (r + w_L a_m x_i) + \lambda (x_i - k p_i^{-\sigma})$$

F. O. C. :

$$p_i - w_L a_m + \lambda = 0$$

$$x_i + k \lambda \sigma p_i^{-\sigma-1} = 0$$

将上面两式代入条件方程即可解出第 i 种工业品价格有:

$$p = p_i = w_L a_m \Big/ \left(1 - \frac{1}{\sigma}\right) \quad \text{(所有工业品价格相同)}$$

三、自有资本模型均衡分析

(一) 农业部门

农产品市场为完全竞争,规模报酬不变,采用边际成本定价原则。用

L^i 表示各个区域的农业劳动力禀赋总量，由于各地农产品价格相等，因而可以得知各区域农产品劳动力工资相同。

$$p_A = p_A^i = w_L a_A$$

各区域的农产品需求可以表示为：

$$C_A^i = (1-\mu)E^i / p_A$$

农产品市场出清条件为：

$$(1-\mu)\sum_i E^i / p_A = L^w / p_A$$

（二）工业部门

根据消费者最优工业品需求函数，i 区域消费者对工业品 j 的需求函数为：

$$c_j^i = \mu E^i \frac{p_j^{-\sigma}}{p_M^{1-\sigma}} = \mu E^i \frac{p_j^{-\sigma}}{\Delta n^w},$$

$$\Delta n^w = \int_0^{n^W} c_j^\rho \mathrm{d}j, \quad E^i = \pi K^i + w_L L^i$$

企业利润最大化定价方式为边际成本定价：

$$P = \frac{\sigma}{\sigma-1} w_L a_m, \quad p' = \frac{\sigma}{\sigma-1} \tau w_L a_m$$

即工业企业在所在区域价格为 $P=\frac{\sigma}{\sigma-1}w_L a_m$，在其他区域由于存在冰山成本，定价为 $p'=\frac{\sigma}{\sigma-1}\tau w_L a_m$。

由于劳动力在不同的区域不可流动，而农产品市场的完全竞争性决定了各地劳动力工资相等，进而得出工业品价格在各地理应相等，但由于交易成本的存在而导致各地实际价格的不同。

设区域 j 企业产量为 x，平均价为 p，总收入为 px。同时，j 区域企业需满足的市场出清条件为：

$$px = pc^j + \sum_{i \neq j} p^i c^i$$

其中，c^j 为 j 区域企业在 j 区域销售量，c^i 为 j 区域企业在 i 区域销售量，而 p^i 则为 j 区域企业在 i 区域销售价格，j 区域企业在其他区域销售 c^i 的产品时，由于存在冰山成本，实际销售量为 τc^i。因此，企业产出总量为 $x = c^j + \sum_{i \neq j} \tau c^i$。

由于假定工业品市场为垄断竞争，企业通过竞争获取利润，且最终利

润为零,因此有:

$$Px = \pi + \tau w_L a_m x$$

由 $p = w_L a_m \Big/ \left(1 - \frac{1}{\sigma}\right)$,可以进一步推出 $\pi = Px/\sigma$;

由前面的推导有:

$$c^j = \mu E^j (p^j)^{-\sigma} (P_M^j)^{-(1-\sigma)}$$

$$c^i = \mu E^i (p^i)^{-\sigma} (P_M^i)^{-(1-\sigma)} = \mu E^i (\tau p^j)^{-\sigma} (P_M^i)^{-(1-\sigma)}$$

因此有:

$$px = p\left(c^j + \sum_{i \neq j} \tau c^i\right) = \mu p^{1-\sigma}\left[E^j (P_M^j)^{-(1-\sigma)} + \sum_{i \neq j} E^i \tau^{1-\sigma} (P_M^i)^{-(1-\sigma)}\right]$$

其中(下式中 s_j 表示 j 区域工业品占工业品总量的份额):

$$(P_M^j)^{1-\sigma} = \int_0^{n^W} p^{1-\sigma} \mathrm{d}j = n^j p^{1-\sigma} + \sum_{i \neq j} n^i (\tau p)^{1-\sigma} = n^w p^{1-\sigma}\left(s_j + \sum_{i \neq j} s_i \tau^{1-\sigma}\right)$$

$$(P_M^i)^{1-\sigma} = \int_0^{n^W} p^{1-\sigma} \mathrm{d}i = n^i p^{1-\sigma} + \sum_{k \neq i} n^k (\tau p)^{1-\sigma} = n^W p^{1-\sigma}\left(s_i + \sum_{k \neq i} s_k \tau^{1-\sigma}\right)$$

将以上两式代入利润函数中可得:

$$\pi = px/\sigma = \frac{\mu}{\sigma} \frac{E^w}{n^w}\left[\frac{s_E^j}{s_j + \sum_{i \neq j} s_i \tau^{1-\sigma}} + \sum_{i \neq j} \tau^{1-\sigma} \frac{s_E^j}{s_i + \sum_{k \neq i} s_k \tau^{1-\sigma}}\right]$$

更进一步,由于每个企业投入固定资本为1,将本地出售工业品价格标准化为1,可以得出 j 区域厂商利润表达式为:

$$\pi_j = \frac{\mu}{\sigma} \frac{E^W}{K^W}\left(\frac{s_E^j}{\Delta^j} + \tau^{1-\sigma} \sum_{i \neq j} s_E^i / \Delta^i\right), \quad \Delta^j = s_j + \tau^{1-\sigma}(1 - s_j)$$

根据前面的资本流动性假设,各地资本的回报率将实现平均化为 $\mu E^W/\sigma K^W$,对于标准化模型 $K^W = E^W = 1$,若地域内有 N 个区域,则有:

$$s_j - \frac{1}{N} = \left(1 + \frac{\tau^{1-\sigma}}{1 - \tau^{1-\sigma}} N\right)\left(s_E^j - \frac{1}{N}\right)$$

根据上式可知,若 $s_E^j - \frac{1}{N} > 0$,即 j 区域市场规模大于地区平均市场规模,则有 $s_j - \frac{1}{N} > 0$,即 j 区域产业份额也高于地区平均产业份额,反之亦然。同时,注意到 $\tau^{1-\sigma}/(1-\tau^{1-\sigma}) > 0$,市场规模的扩大将会带来产业占比更大的变化。具体来说,随着地区之间的贸易自由度加大,市场规模较大的地区产业占比份额将会有更大比例的增加,但对市场规模本身较小的区域的作用则相反。

四、知识溢出与区域经济增长

如 Martin 和 Ottaviano(2001)中所述,经济增长是由知识存量的持续扩张驱动的,每种产品需要以单位知识资本作为固定成本。因而随着知识资本的积累产品种类也将不断增加。在 D-S 垄断竞争模型中,随着产品种类增加,产品利润逐步下降,降低至不能弥补资本的单位成本时,经济停止增长。溢出效应的引入合理地解决了这个问题,随着知识资本的积累,学习成本将逐渐降低,进而知识资本单位成本也随之降低。

知识溢出与区域经济增长模型建立在 FC 模型的基本假设之上,与自有资本模型的不同之处在于,模型中的资本是由资本创造部门通过投入劳动力创造而来。同时,资本每期以不变的折旧率 δ 进行折旧。资本不可以自由流动,溢出效应表现为随着资本的积累,新资本的边际成本随资本总量的增加而下降。为简化模型,假设只有两个区域为南部与北部。

首先考虑资本创造部门,假设没生产单位资本需要投入 a_I 单位劳动力,因此资本的边际成本为 $F=a_I w_L$,溢出效应表现在 a_I 随着资本产量的增加逐渐降低。

两个区域的资本成本表达如下:

◆ 北部为:

$$F = a_I w_L, \quad a_I = 1/AK^w, \quad A = S_K + \lambda(1 - S_K)$$

◆ 南部为:

$$F' = a_I' w_L', \quad a_I' = 1/A'K^W, \quad A' = \lambda S_K + (1 - S_K), \quad K^W = K + K', \quad (0 < \lambda < 1)$$

其中,λ 表示知识传播的通畅程度,λ 越大表示知识在空间的传播越容易,即外来的知识传入更容易,相应地表现为式中 A 值较大。同时,可以注意到当 $\lambda=1$ 时,区位不再影响知识的传播,即为自有资本模型;当 $\lambda=0$ 时,表示知识不可传播。此外,市值创造部门创造的知识分为私人知识和公共知识,其中私人知识为企业独有专利,因此基于企业投入固定资本量为单位一假设,私人知识资本量等于企业个数即 $S_n=S_K$,$S_n'=S_K'$;而公共知识是可以广泛传播,被所有企业利用。

(一) 模型短期均衡

由于模型假设资本具有可创造性,因此模型中存在两个长期变量 S_n

和 K^w 的增长率，其中 K^w 的增长率以 g 的速率增长。而 S_n 作为资本存量的空间分布则随着资本总量的变化而变化。模型短期假设两个长期变量为固定值，即两区域的资本存量占比保持不变，两地的资本增长率也相同。

与自由资本模型相同：

◆ 单位化工业品价格为：$p=1$，$p'=\tau$；

◆ 农业品价格为：$P_A=P_A'=w_L=w_L'=1$，$S_n=S_K$，$S_n'=S_K'$。

由于工业品市场为 D-S 垄断竞争，企业投入单位资本作为固定成本，因此企业的利润率即为企业经营利润。由公式表达为：

$$\pi=\frac{\mu}{\sigma}\frac{E^w}{K^w}B,\quad \pi'=\frac{\mu}{\sigma}\frac{E^w}{K^w}B',\quad B=\frac{S_E}{\Delta}+\tau^{1-\sigma}\frac{1-S_E}{\Delta'},$$

$$B'=\tau^{1-\sigma}\frac{S_E}{\Delta}+\frac{1-S_E}{\Delta'}$$

模型短期均衡可由公式决定：

◆ 北部总支出为：

$$E=S_LL^w+\frac{\mu}{\sigma}S_KBE^w-(g+\sigma)Ka_I$$

◆ 南部总支出为：

$$E'=(1-S_L)L^w+\frac{\mu}{\sigma}S_KB'E^w-(g+\sigma)K'a_I'$$

◆ 地区总支出为：

$$E^w=E+E'=L^w+\frac{\mu}{\sigma}E^w-(g+\sigma)(Ka_I+K'a_I')$$

简化上述表达式可得：

$$E^w=\frac{L^w-(g+\sigma)\left[\frac{S_K}{A}+\frac{1-S_K}{A'}\right]}{1-\frac{\mu}{\sigma}}$$

$\lambda=1$，即知识自由流动时，有：

$$E^w=\frac{L^w-(g+\sigma)}{1-\frac{\mu}{\sigma}}$$

而知识不可流动时，有：

$$E^w=\frac{L^w-2(g+\sigma)}{1-\frac{\mu}{\sigma}}$$

对比两种情况可以发现，知识自由流动时，资本成本较低导致产品价格也较低，而实际收入水平高；与之相对的是当知识不可流动时，资本成本较高造成产品价格较高，而实际收入水平低。

（二）模型长期均衡

模型达到长期均衡时，资本价值将会与资本成本大小相同，地区总支出、资本存量份额都将实现稳定。由于资本存量增长率为 g，由于企业投入固定资本量为 1，意味着产品的数量也以增长率 g 增长。因此，长期均衡时，地区总支出保持不变且表示单位资本利润以 g 的速度下降，即：

$$\pi(t)=\pi e^{-gt},\quad \pi'(t)=\pi' e^{-gt}$$

考虑到资本折旧，此时资本所有者的资本收益折现率为 ρ，则单位资本当期折现值应为：

$$V=\int_0^{\infty} e^{-\rho t} e^{-\delta t}$$

同理，

$$V'=\int_0^{\infty} e^{-\rho t} e^{-\delta t}(\pi e^{-gt})\mathrm{d}t=\frac{\pi'}{\delta+\rho+g}$$

长期均衡时，单位资本收益等于区域总支出与资本存量之比（$\pi=\pi'=\mu E^w/\sigma K^w$），且均衡时资本价值与资本成本相等条件可得：

$$\frac{\pi}{\delta+\rho+g}=\frac{\mu E^w/\sigma K^w}{\delta+\rho+g}=1/AK^w$$

解之可得：

$$g'=g=(1-\lambda)\frac{\mu}{\sigma}L^W S_n+\lambda\frac{\mu}{\sigma}L^W-\left(1-\frac{\mu}{\sigma}\right)\rho-\delta$$

当 $\lambda=1$，知识完全溢出时，资本增长率 $g=\frac{\mu}{\sigma}L^W-\left(1-\frac{\mu}{\sigma}\right)\rho-\delta$，即资本的增长率只取决劳动力总量、资本贴现率、折旧率，与资本分布情况无关。

当 $\lambda=0$，知识不能溢出时，资本增长率 $g=\frac{\mu}{\sigma}L^W S_n-\left(1-\frac{\mu}{\sigma}\right)\rho-\delta$，即产业份额 S_n 越大，则资本增长率也会越高。

五、模型结论与京津冀城市群一体化建议

根据上一章节对资本增长率模型的建立，并进行比较静态分析，从而得出资本增长率与知识溢出效应强弱之间的关系，这一节将对模型进行

动态分析，并针对模型的研究结果再结合京津冀城市群一体化存在的问题提出相应的政策性建议。

由均衡状态资本增长率表达式为：

$$g' = g = (1-\lambda)\frac{\mu}{\sigma}L^{W}S_{n} + \lambda\frac{\mu}{\sigma}L^{W} - \left(1-\frac{\mu}{\sigma}\right)\rho - \delta$$

知识溢出效应对资本增长率的边际影响可以表示为：

$$\frac{\partial g}{\partial \lambda} = \frac{\mu}{\sigma}L^{W}(1-S_{n}) > 0$$

由此可知，知识溢出将会对地区内各个区域的资本增长率带来正向的促进作用，而且资本的增长率将会随着知识溢出效应强度的增大而增加。同时，容易发现资本增长率的边际影响对于产业占比越低的地区作用会越明显。

由多区域自由流动资本模型可知，自地区中若几个区域之间形成一体化，贸易自由度的提高将造成产业逐渐向市场占有份额最大的区域集中，在这一过程中，产业集聚的增长率也会高于地区平均增长率。这意味着随着贸易自由度的增大，地区内各个区域之间的经济差距将会逐渐拉开，极化现象会加剧。

不仅如此，由于知识溢出效应随着距离增大逐渐减小的特点，溢出效应本身也会在一定程度上加剧极化效应。但根据模型的动态分析可知，即知识溢出与区域经济增长长期均衡，当知识完全溢出时，资本的增长率与产业的空间分布无关，这也就给我国提供了一个解决地区经济极化现象问题的有效途径——如果能够合理地提高区域间贸易自由度的同时加强区域间知识、技术的传播，就可以在促进区域经济共同增长的同时避免突出的极化问题。

具体到京津冀城市群一体化来说，目前北京的极化问题严重，北京与天津、河北省各个城市之间的经济差距依然非常明显。若在一体化进程中不做好合理的产业转移规划，结果就将是极化问题越来越突出，不能有效地整合区域资源，从而无法实现整个京津冀城市群的协调发展。

同时，京津冀城市群一体化进程中不仅要合理地对产业进行规划整合，地方政府也应出台相关政策，鼓励不同地区产业技术的引进与交流，从而实现区域间经济的共同增长，缓解京津冀城市群目前突出的极化问题。

第八节 小　　结

通过本章研究发现，北京已进入后工业化时代，即将结束经济资源聚集阶段，开始向外呈现扩散辐射的发展趋势；天津还处于经济资源聚集阶段，工业化后期；河北还处于工业化中期，主要发展传统产业。由于京津冀三地的产业发展处于不同阶段，因此要实现产业协调发展，首先需要统一发展规划纲要，打破各地的行政区障碍，根据各省份的资源禀赋打造协同的、可以分梯队的产业层级，在产业空间进行布局、产业链衔接方面加强协作，形成产业合作紧密、分工明确、跨区域的产业集群。本章从产业聚集情况、产业趋同情况、产业协作情况等方面，用实证的方法论述京津冀城市群产业一体化的近况。

第五章　京津冀城市群交通一体化研究

发展区域一体化,交通先行。交通是区域一体化非常重要的基础和纽带。本章将从交通运输的角度对京津冀地区进行分析和研究。本章第一节分别介绍了京津冀都市群公路、铁路、海运、空运交通的现状和发展历程;第二节介绍了交通基础设施与区域经济发展的理论综述,梳理了20世纪40年代以来中外经济学家对地区交通与经济发展的相关理论及一些研究成果;第三节运用实证分析研究了京津冀地区各城市间的经济联系;第四节使用面板数据模型,研究了京津冀"一轴两翼"五个省份交通基础设施投资对经济增长的影响,并基于区域交通一体化的立场对京津冀地区交通基础设施投资提出了建议。

第一节　京津冀都市群的交通概况

京津冀地区位于华北平原北部,濒临渤海,背靠燕山,秦汉以来,该地区一直是中国北方的交通要道。北京是中国古代连接南北的动脉——京杭大运河的终点,同时也是中国人自行完成、投入营运的第一条铁路——京张铁路的起点。新中国成立后,北京作为首都同时也是北方地区最大的交通枢纽,是京广、京九线等多条贯穿南北的铁路干线的起点;2008年8月1日,随着京津城际铁路正式运营,京津冀地区正式跨入了"高铁时代"。

交通是指从事旅客和货物运输及语言和图文传递的行业,也是商品交换的先决条件。交通的发展有利于地区间商品和生产要素的流通,对区域一体化有重要的促进作用,也是城市群形成的必要条件。

法国地理学家戈特曼在《大城市连绵区:美国东北海岸的城市化》中

曾经描述了他在美国所见到的华盛顿—波士顿一线的临海城市密集坐落的现象，他将这种令人震撼的现象称为大城市连绵区（Megalopolis）。美国东海岸都市群的形成与美国东部交通干线的分布紧密相关。在城市群形成早期，从纽约到华盛顿之间，途径费城和东海岸五个州的铁路沿线城市向外扩展，逐渐形成了东海岸的主廊干道；美国 1 号公路也对该地区的城市发展与扩张起着重要作用。现代交通在空间上将不同城市连接在一起，各个城市沿交通线向外扩张，最终形成一个密不可分的整体，即城市群。

交通包括运输和邮电两个方面，在产业经济中属于第三产业范畴。本章将主要针对运输方面进行讨论，运输包括铁路、公路、水路、航空和管道五种方式，本节将分别从铁路、公路、水路、航空四个方面对京津冀地区交通状况进行介绍。

一、京津冀都市圈的公路交通现状

与其他的运输方式相比，公路运输具有更加灵活和快捷的特点，主要体现运输时间灵活、空间条件宽松、运输服务能够得到保障等方面。近些年，随着全国交通运输业的快速发展，公路运输业也得到了极速的发展，尤其是各高速公路逐渐由较少的分散体向较多的网状体聚结。

根据《中国城市统计年鉴》，京津冀地区 2014 年公路里程数、公路客运、货运情况如表 5-1 所示。

表 5-1　京津冀地区各城市公路运输基本情况

	公路里程（公里）	公路货运量（万吨）	公路客运量（万人）
北京	21 849.0	25 416	52 354
天津	16 110.0	31 130	14 530
秦皇岛	8 774.5	5 225	2 051
廊坊	9 492.9	12 067	3 127
保定	19 007.8	26 069	13 996
沧州	14 303.5	33 672	9 890
张家口	19 606.2	6 602	4 794
承德	19 369.2	8 367	5 567
石家庄	16 281.7	34 490	12 206
唐山	14 532.9	43 043	13 194

资料来源：《北京统计年鉴 2015》《天津统计年鉴 2015》《河北统计年鉴 2015》《中国城市统计年鉴 2014》《中国区域经济统计年鉴 2013》。

2014 年,京津冀地区公路里程数合计 217 159 公里、公路货运总量为 241 832 万吨、客运总量为 118 035 万人。这些数字与 2005 年相比,分别增长 114%、107%和−9%,京津冀地区公路的交通设施和货运量都有很大提升,如图 5-1 所示。

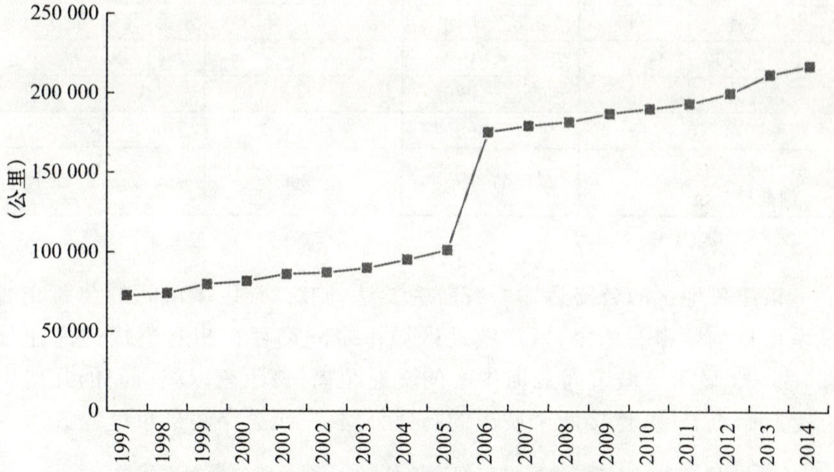

图 5-1　1997—2014 年京津冀地区公路里程数

资料来源:《中国城市统计年鉴(1997—2015)》《北京统计年鉴》《天津统计年鉴》《河北统计年鉴(1997—2015)》。

高速公路是现代公路的重要组成部分,高速公路行车速度高、交通量大,有较高的运输经济效益及社会效益,高速公路的建设情况可以反映地区的交通发达程度乃至经济发展的整体水平。京津冀地区高速公路建设情况较好,其高速公路网络以北京为枢纽向外扩散。京津冀地区主要高速公路干线如表 5-2 所示。

表 5-2　京津冀地区主要高速公路干线

名称	字母标志	起点—终点	总里程数(公里)	京津冀地区通过城市
京哈高速	G1	北京—哈尔滨	1 280	北京、唐山、秦皇岛
京沪高速	G2	北京—上海	1 245	北京、天津、沧州
京台高速	G3	北京—台北	2 030	北京、天津、沧州
京港澳高速	G4	北京—港、澳	2 285	北京、保定、石家庄
京昆高速	G5	北京—昆明	2 865	北京、保定、石家庄
京藏高速	G6	北京—拉萨	3 710	北京、张家口

（续表）

名称	字母标志	起点—终点	总里程数（公里）	京津冀地区通过城市
京新高速	G7	北京—乌鲁木齐	2 540	北京、张家口
荣乌高速	G18	荣成—乌海	1 820	天津、沧州、石家庄
长深高速	G25	长春—深圳	3 580	承德、唐山、天津
大广高速	G45	大庆—广州	3 429	承德、北京、固安
天津绕城高速	G2501	天津	254	天津
青银高速	G20	青岛—银川	1 600	石家庄
唐港高速		唐山—京唐港	80.2	唐山
沿海高速（河北段）		秦皇岛—天津	200	秦皇岛、唐山、天津

资料来源：中国高速网。

京津冀地区的公路运输系统较为发达，同时，地区城市间的公路交通联系也日趋紧密。如今，京津冀地区城市之间都存在相互连接的高速公路，表 5-3 显示了城市间几何中心的交通距离，该距离以城市间的几何中心为起始点，计算连接两个城市的高速公路、一级公路的最短里程数。

表 5-3　京津冀地区城市间高速公路、一级公路的最短里程数

	石家庄	承德	张家口	秦皇岛	唐山	廊坊	保定	沧州	北京	天津
石家庄	—	554	505	597	452	309	173	231	292.7	316.9
承德		—	381	302	189	275	384	400	229.5	300.6
张家口			—	492	380	258	345	415	203.3	335.8
秦皇岛				—	155	308	434	373	291.4	268.0
唐山					—	177	289	228	179.7	128.3
廊坊						—	165	159	57.6	92.6
保定							—	159	156.8	181.1
沧州								—	215.1	113.3
北京									—	120.5
天津										—

资料来源：谷歌地图。

京津冀地区已经形成以北京为中心、以天津为副枢纽的公路交通网络。从空间上看，主要高速公路以北京为中心呈放射状向四周扩散；同时，京津冀地区一级、二级公路发达，城市间交通可达性较强，这为区域间城市更紧密的经济联系奠定了基础。

二、京津冀都市圈的铁路交通现状

铁路通道的建设和发展在我国交通运输事业中起着举足轻重的作用，随着高速铁路及城际铁路的陆续开通，铁路速度的提升大大降低了来往各城市间的时间成本，提高了人们出行的效率，成为人们出行的首选交通工具。京津冀地区的铁路交通发展较早，北京更是全国铁路网的中心。目前，京津冀地区铁路里程数有 8 000 多公里，客运专线 1 185 公里，铁路密度领先全国。

北京市主要的铁路干线包括京哈线、京沪线、京包线、京九线、京广线、京承线、京原线、丰沙线、京秦线、京通线和京津城际等 11 条铁路干线，经过京津冀地区不以该地区为起始的铁路干线还包括大秦线；支线包括周口店支线、坨里支线、大台线、南苑支线、101 支线、房山支线等 6 条，另外还有诸如西北环线、怀范线、京门支线等一些联络线铁路。

天津是近代中国铁路的发祥地，不仅处于京沪铁路、津山铁路两大传统铁路干线的交汇处，还是一系列高速铁路京沪高速铁路（2011 年 6 月通车）、京津城际铁路（2011 年 8 月通车）、津秦客运专线（2013 年 12 月通车）、津保客运专线（2015 年 12 月通车）等的交汇处，是北京通往东北和上海方向的重要铁路枢纽。天津境内有京津城际、津滨城际、京沪高铁、津保客运专线、津秦客运专线、天津地下直径线（连接天津西站至天津站）等高速铁路，以及京沪铁路、津山铁路、京哈铁路、津霸铁路、津蓟铁路、大秦铁路等普通铁路。

经过京津冀地区河北省的铁路包括京广铁路、京沪铁路、京九铁路、京哈铁路、京包铁路、中国神华的地方朔黄铁路等一般铁路，还有京沪高铁、京津城际、连接武广高铁的京石武客运专线，正在建设的京沈高铁等高速铁路。

从空间上看，铁路分布与高速公路类似，都以北京为中心向四周放射。北京枢纽既是全国铁路网中心，又是全国客运枢纽中心，与全国除台湾以外的各省省会、自治区首府及重要城市都有直通车，国际列车可达俄罗斯、蒙古、朝鲜和越南。近年来，通过技术改造，我国列车大幅提速，北京与许多大城市的列车可以做到朝发夕至。

图 5-2 为京津冀地区 2001 年以来京津冀地区铁路货运、客运总量变化情况，京津冀地区铁路货运、客运规模呈持续上涨趋势。

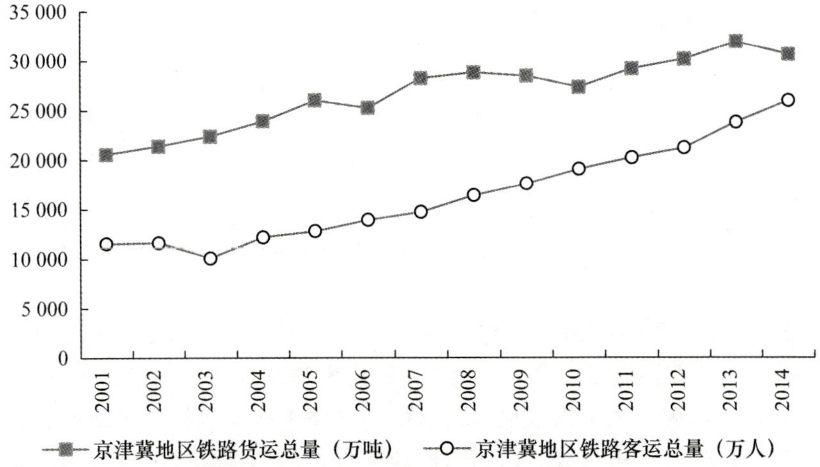

图 5-2　京津冀地区铁路货运、客运总量

资料来源：《中国城市统计年鉴（2002—2015）》。

表 5-4 为京津冀地区主要城市 2013 年铁路货运总量和铁路客运总量及与 2011 年的总量的比较情况。

表 5-4　京津冀地区各城市铁路货运、客运总量变化情况

地区	铁路客运量（万人）	与 2011 年相比增加（%）	铁路货运量（万吨）	与 2011 年相比增加（%）
北京	11 680	145.16	1 096	−57.86
天津	3 352	115.68	8 349	124.01
秦皇岛	816	78.95	1 361	−11.97
廊坊	206	22.62	754	493.70
保定	1 207	109.19	810	189.29
沧州	351	−5.39	471	20.77
张家口	439	−1.79	3 178	195.90
承德	368	−17.49	787	44.14
石家庄	1 100	0.18	1 400	−25.65
唐山	823	42.39	3 745	−12.09

资料来源：北京、天津、河北统计年鉴（2014、2012）。

可见，在城市铁路运输的结构上，这些城市发生了明显变化。在这些城市中，北京市、石家庄市和唐山市的铁路货运量有所减少，天津市、廊坊市和张家口市的铁路货运量有所上升，这三个城市在某些程度上承接了北京部分铁路货运枢纽功能。而大部分城市在铁路客运量上均有不同程度上的增加(沧州市除外),其中北京市的客运量增加幅度最大,潜在的原因有二,一是北京市在2001—2013年流动人口有较大幅度的增长,二是和北京市旅游业的繁荣有关。同时,沧州市的铁路干线只有京沪线,究其原因是众多其他铁路干线的建成通车分流了沧州市一部分客运量。

京津城际铁路是中国第一条城际高铁。城际铁路是高速铁路的一种,是指在人口稠密的都市圈或者城市带规划和修建的高速铁路客运专线系统,特点是相对短距离、公交化。京津城际高速铁路于2005年6月开始建造,2008年8月1日开始运营,沿线车站包括北京南站、亦庄站、永乐站、武清站、天津站,全程120公里。城际铁路连接了北京和天津两座城市,列车最快时速350公里/小时,全程时间为29分钟,最小间隔时间为3分钟。

京津城际铁路加速了京津一体化的进程,两地交通更加便捷,大大促进了京津的优势互补及生产要素的流通。正是京津城际铁路这种公交化特征,导致京津两地的通勤模式、旅游业发展模式均发生了显著变化,也使北京、天津两大城市的"同城效应"更加明显。京津城际铁路的贯通,对实施区域协调发展战略,加快天津滨海新区的开发、开放,提升京津冀及环渤海地区的国际竞争力起着基础性的作用并发挥显著性的影响。

三、京津冀都市圈的海港

上海运输业作为资本密集型的基础性运输行业,具有不占用土地资源、没有污染、高效节能等独特优势。相比路上运输方式,海上的运输成本则便宜很多,一般路上运输成本是海上的十倍以上,海上运输量通常也很大,海上运输目前是国际贸易中最主要的运输方式,至少占据国际贸易总量的三分之二及以上,而且我国大部分的进出口货物,都是通过海上运输的方式进行的。由此可见,海上运输业在商业贸易中占有举足轻重的作用。

目前,京津冀地区的海港有天津港、唐山港、黄骅港、秦皇岛港大大小小四个港口,这些港口均分布在渤海西部海岸线上,其中最主要的是天津港和唐山港,两个港口共同构成了京津冀地区分工合作、协调发展的港口体系。

(一)天津港

天津港是中国北方最大的综合性港口,是世界等级最高的人工深水港。现有水陆域面积为 336 平方公里,陆域面积为 131 平方公里。目前主航道水深已达 21.0 米,岸线总长 3.27 万米,拥有各类泊位总数 159 个,其中万吨级以上泊位 102 个,公共泊位岸线总长 21.5 公里,25 万吨级船舶可自由进出港,30 万吨级船舶可乘潮进出港(见图 5-3)。

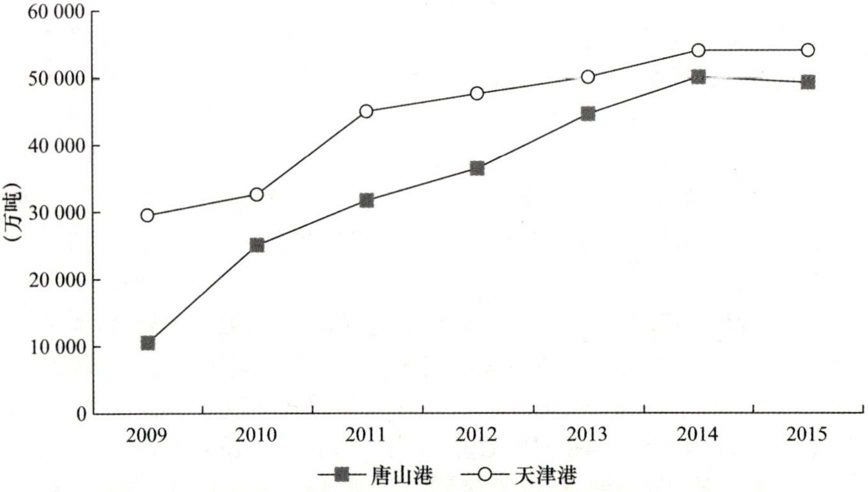

图 5-3 天津港与唐山港货物吞吐总量对比

资料来源:上海证券交易所、中港网。

天津港由天津北港和天津南港构成。“双城双港”战略中的“双港”即指天津南港与天津北港。

天津北港是目前起着主要运作任务的港口区域。港口内北疆港区负责集装箱和件杂货,包括散货和液体散货的装卸运输;东疆港区则是东疆保税港区的坐落地,是目前中国面积最大的保税港区,主要负责国际贸易物流。目前,天津港北港配套设施相对完善,为天津自由贸易区和京津冀地区的发展提供着源源不断的助力。

天津南港是指独流减河以南规划建设的新港区,位于北港区以南 50 公里处,暂时以煤炭、矿石等大宗散货为主。天津南港区在 2009 年正式启动并进行建设,于 2013 年年底建成了 5 万吨级航道,到了 2015 年,10 万吨级航道也基本完工并且具备了通航条件。随着南港工业区口岸的开放,港口配套铁路、公路网也将不断建设,最终将形成完善的南港物流体系。

2001 年天津港货物吞吐量突破 1 亿吨,2004 年突破 2 亿吨,2007 年突破3亿吨，2010年突破4亿吨，集装箱吞吐量突破1 000万标箱，跻身世界一流大港行列中。2011年，天津港完成货物吞吐量4.53亿吨，完成集装箱吞吐量1 159万标箱，分别排名世界第四位和第十一位。

（二）唐山港

唐山港是京津冀港口群中距渤海湾出海口最近的港口，自然地理禀赋出众，是世界级的自然深水港，同时拥有漫长的可建港海岸线和广阔的经济腹地。唐山港有曹妃甸港区、京唐港区和丰南港区三个港区。其中曹妃甸和京唐港区是现在主要运营的码头，曹妃甸港作为三个港口中最大的综合性港区，是"北煤南运"的重要中转站，拥有专业的煤炭码头。截至2015年10月，曹妃甸码头的货物吞吐量已突破2亿吨，主要货物包括矿石（10 855.5万吨）、煤炭（4 201.1万吨）和钢材、原油、集装箱等（见图5-4）。

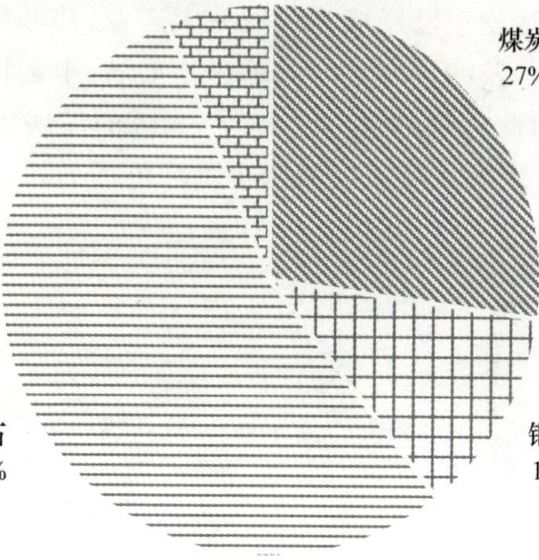

图 5-4　2015年京唐港货物吞吐量构成（万吨）

资料来源：上海证券交易所。

京唐港区2014年吞吐量达2.15亿吨，同比增长7%，再创历史新高。京唐港区在2009年吞吐量已突破亿吨；2010年完成吞吐量1.2亿吨；2011年完成货物吞吐量1.37亿吨，同比增长14.16%，2012年1.72亿吨，2013年2.01亿吨，货物吞吐量保持长期较快增长。京唐港区是目前国内从建港开始到达到亿吨目标用时最短的港区，也是成长性最高的港口。京唐港区规划，到 2020 年，货物吞吐量达到 2 亿吨，集装箱 200 万标箱，成为综合型国际化大港。

丰南港是目前正在开发建设的港口，规划建设 2 万—10 万吨级的泊位 70 余个，3 000 吨级散杂货及工作船的泊位 25—30 个，港区全面建成后的吞吐量预计达到 1.3 亿吨。

四、京津冀都市圈的空港

与其他运输方式相比，航空运输业以运输速度快著称，当今世界市场竞争十分激烈的情况下，市场行情可以说是瞬息万变，时间对于随市场变化非常敏感的企业来说就是生死存亡的关键点，因此，时间成本也是目前很多公司及个人首要考虑的因素。以网购为例，随着互联网的普及，电子支付等的迅猛发展，带动了网购市场的繁荣，据 2015 年《中国自营式企业网购分析报告》显示，2014 年我国电子商务整体市场规模已达 12.8 万亿元，我国已经成为世界上最大的网购市场，网购市场的繁荣也带动了物流业的发展，目前货运物流已经成为我国一大产业，并形成了一个庞大的产业链，随着产业竞争及购买者对时间的严格要求，很多物流企业纷纷盯上航空运输方式。由此可见，航空业对一个地区的发展也起到了非常重要的作用。图 5-5 显示了京津冀区域四大国际机场的吞吐量情况。

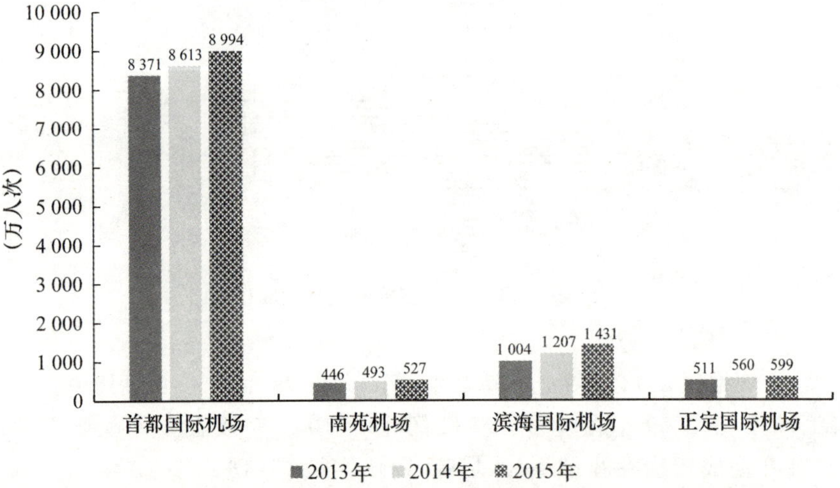

图 5-5　各机场客运吞吐量情况

资料来源：中国民用航空局网站。

(一) 北京首都国际机场

北京首都国际机场,简称首都机场或北京机场,是国内最大的民用机场,是国内联外的最重要的国际机场,每天有92家航空公司的近1700个航班将北京与世界236个机场紧密连接。2014年,首都国际机场的年客运量为8612万人次,仅次于美国亚特兰大国际机场(9500万人次),位居世界第二。北京首都国际机场建成于1958年,经过历次改建和拓建,目前拥有三座航站楼、两条4E级跑道和1条4F级跑道,机场设施先进,交通便利,是北京和中国联通世界的重要门户。

(二) 北京南苑机场

北京南苑机场位于北京市丰台区,是中国历史上第一座机场。该机场原来是军用机场,现在已经对民航开放。一直以来,由于国内经济发展迅速,二、三线城市开通北京航线的需求特别迫切,但首都机场已经趋于饱和,南苑机场就承担起"分流"首都国际机场客流量的作用。2011年,南苑机场完成扩建,可以更好地帮助分流首都机场客源。北京南苑机场目前开通了连接国内二、三线城市的40余条航线。

(三) 天津滨海国际机场

天津滨海国际机场位于天津东丽区,是中国主要的航空枢纽之一。天津滨海国际机场目前开通了连接国内44个大中城市的航线和连接十余个国外城市的航线。近年来,随着滨海新区和天津自贸区纳入国家发展战略,滨海机场的客运量有了大幅增长。2014年,滨海机场的年客运量达到1207万人次,货物吞吐量达到23万吨。滨海机场已经成为京津冀地区重要的区域性枢纽机场。

(四) 石家庄正定国际机场

石家庄正定国际机场位于河北省省会石家庄市,距石家庄市区32公里,为冀中南城市圈的中心和首都经济圈最重要的一环,是北京首都机场的主要分流和备降机场。机场有航班将石家庄与北京、郑州、长沙、广州、南京、上海等地区连接起来,现已开通21条航线,通达包括香港在内的中国24个大中城市,并开通了石家庄至俄罗斯的国际航线。

除去上述主要机场外,京津冀地区还拥有包括天津塘沽机场、唐山三女河机场在内的很多中小型机场,这些机场共同构成了京津冀地区多层次、全方位的空港体系。

五、京津冀都市圈交通发展阶段

（一）铁路时代(1990 年以前)

改革开放初期，公路交通是全国经济发展中突出的薄弱环节，“要发展先修路”成为社会的普遍共识。然而，由于经济发展水平等多种因素的制约，且在国家层面上的交通规划主要集中在铁路上，京津冀地区的公路建设，特别是高等级公路建设进展缓慢。这一时期京津冀地区的公路建设集中在国道、省道、乡镇道路等较低级别道路上直至 1990 年京沪高速北京—天津杨村段建成通车，北京市高速公路里程数达到 35 公里。

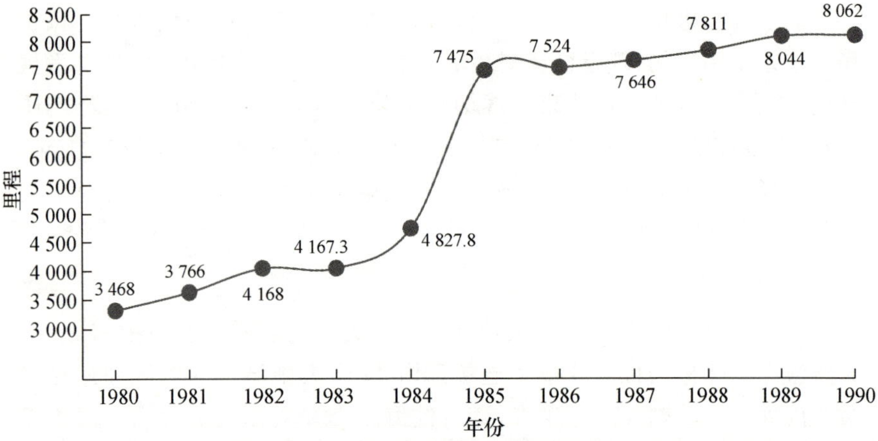

图 5-6　1980—1990 年京津冀地区总铁路里程数变化情况

资料来源：北京、天津、河北省统计年鉴(1980—1990)。

总体而言，20 世纪 80 年代京津冀地区的公路建设取得了一定的成效，但这一时期主要的交通运输方式仍是依托京广线这条铁路交通运输动脉辐射京津冀地区各地。

（二）公路时代(1991—2008 年)

“八五”期间，国家提出了“五纵七横”的高等级公路建设规划，“九五”期间，国家提出了“两纵两横”的高等级公路建设规划。两次规划推动了全国范围内建设高等级公路的热潮，也是京津冀地区跨入“高速公路时代”的标志。按照规划，将有两条“纵线”贯通京津冀地区，分别为北京—福州(京福高速)、北京—珠海(京港澳)的高速公路。

这一阶段，高速公路的路线集中在北京、天津、石家庄等大城市之间，还未形成覆盖整个京津冀地区的网络化格局。随着京津冀一体化战略的实施，北京地区的高速公路建设得到统筹规划，京津冀地区的高速公路建设逐渐将首都地区的高速网络联通化，例如全长940公里的首都地区环线高速公路连接了张涿高速、张承高速、承平高速、密涿高速、廊涿高速等北京周边高速公路，于2016年全线通车，成为京津冀地区的“北京大外环”（见图5-7）。

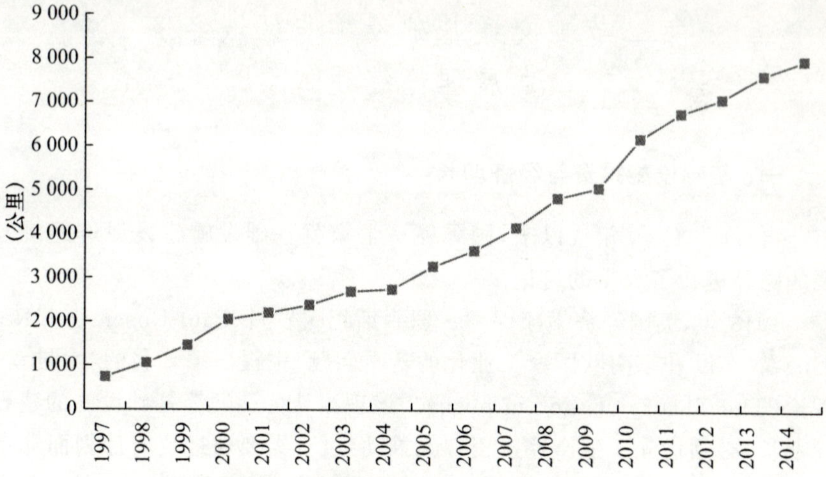

图5-7　京津冀三省高速公路里程数

资料来源：中国高速网。

（三）高铁时代（2008年以后）

2008年京津城际高速铁路的建成通车标志着京津冀地区步入“高铁时代”。随着2011年6月京沪高铁建成通车、2012年12月京石客运专线建成通车，北京市客运能力达到新的水平。在2011年的《北京市“十二五”时期重大基础设施发展规划》中提出，5年打造以北京为中心的城际铁路网和高速公路网，完善与周边省区的交通联络联系，将建设京唐城际在内的多条高速铁路客运专线，主要包括京广客专、京沈客专、京张城际，推进京唐城际、京九客专至北京新机场的高铁建设。2015年，北京在全国率先全面迈入高速铁路时代（见表5-5）。

表 5-5 北京到天津通勤时间

	一级公路	高速公路	普通列车	动车	城际高铁
时速(km/h)	＜＝80	60—120	90—120	120—160	350
北京—天津时间	＞1 h30 min	1 h20 min	1 h45 min	56 min	39 min

资料来源:谷歌地图。

第二节 交通基础设施与区域经济发展理论综述

一、基础设施投资与经济增长

自 20 世纪 40 年代以来,国际经济学家就基础设施建设促进经济发展的路径进行了大量的讨论。

1943 年,英国经济学家保罗·罗森斯坦·罗丹(Paul Rosenstein Rodan)在《东欧和东南欧国家工业化的若干问题》中提出了著名的"大推动"理论(The Theory of the Big-push)。该理论认为交通等基础设施的建设周期长,必须优先于生产性投资;"大推动"过程需要通过政府计划而非市场调节进行;同时,需要对互补的多个部门进行投资,相互创造市场以产生"外部经济效果"。"大推动"理论得到了当时大多数发展经济学家的认可,并在指导亚洲、拉丁美洲国家的区域经济建设实践中得到了印证。虽然该理论的立论基础生产函数、需求、储蓄供给的"三个不可分性"在实践中受到质疑,但是"大推动"理论指出的基础设施投资的先行资本作用以及政府在推动经济发展中所扮演的重要角色得到了广泛认可。

美国著名经济史学家和发展经济学家沃尔特·罗斯托(Walt Whitman Rostow)在其提出的"经济增长阶段论"中强调了经济欠发达的国家和地区进行基础设施投资的重要性,虽然经济增长阶段论旨在建立美国对外开发援助的理论基础,有较强的政治目的,但是该理论坚持的发展中国家优先发展基础设施、基础设施是经济起飞的条件等思想深刻影响了 20 世纪五六十年代发展中国家的经济建设。

经济学家罗格纳·纳克斯(Ragnar Nurkse)也强调了外部经济的重要性,即投资越多每项投资的收益也会越多,但是与"大推动"理论不同的是,纳克斯选择了相反的视角阐述自己的观点,即"贫困恶性循环论":发展中国家的低收入导致储蓄不足，资本形成能力弱，生产力难有提高，这反过来又导致了低收入；低收入同时意味着低购买力，低购买力引起投资不足，生产力因此难以提高，反过来导致低收入。因此，要打破此类恶性循环，就要发挥政府投资，其中基础设施投资是很重要的一方面，基础设施投资的外部性也会促进其他领域投资的收益率的提高。

以上讨论是当时发展经济学中较为主流的观点，但这一阶段的经济学家大多从微观角度出发阐述基础设施建设的重要性以及投资的外部性发挥的作用，有其局限性。20 世纪 60 年代至 80 年代初期，随着计量经济学的快速发展以及计量经济学在宏观方面的应用逐渐增多，基础设施建设与经济发展的联系受到许多计量经济学家的关注。首先，阿罗(Kenneth Joseph Arrow)和罗默(Paul M. Romer)等经济学家在研究最优政府财政支出时将基础设施引入宏观生产函数，为之后的计量工作建立了理论基础。Arrow 和 Kurz(1970)改进了之前的生产函数，他们认为公共资本和私人资本存量在对产出拥有不同的边际，即有：

$$Y(t) = F(K_p, K_g, e^{\tau t}L)$$

其中，K_p 和 K_g 为私人和政府的资本存量，L 为劳动力，τ 为技术进步。

此后，很多经济学家使用科布—道格拉斯形式(部分使用超越对数函数形式)的生产函数建立计量模型，考察基础设施建设对总产出的影响。罗默(Romer，1986)使用了不同的函数形式解释基础设施建设与总产出的联系，他假设全要素生产率是基础设施的函数，即基础设施建设和技术与知识的积累一样，会影响全要素生产率，即：

$$Y = A(K_g, t)F(K_g, K_p, L)$$

基础设施投资 K_g 从两方面促进总产出的增长：通过作为直接的投入要素和通过影响产出效率来影响总产出。后来一部分计量经济学家以此模型为基础针对基础设施建设对全要素生产率的贡献进行了专门研究。

由于数据获取等原因，对基础设施建设与经济增长关系的计量研究大都集中在美国。Aschauer(1989)使用美国全国 1948—1987 年的时间序列数据测算政府支出(除去国防支出)对生产率提高的影响，其估计的产出弹性为 0.36—0.39。同时，他通过一系列计量研究分析证实了基础设施投资对经济增长有重要推动作用。

在此基础上，后来的大多数经济学家的实证研究均集中于测度基础设施投资的产出弹性，如 Munnell(1990)，使用美国 48 个州的截面数据，估计的产出弹性为 0.34，他同时指出 1969 年以后美国劳动生产率下降与公共资本/劳动比率下降的相关性；Hulten 和 Schwab(1991)对美国全国 1949—1985 年的时间序列进行一阶差分处理后估计的基础设施产出弹性为 0.42 等。

以上文献中对基础设施的产出弹性的估计值普遍较大，他们的研究认为美国存在着基础设施投入不足的现象。但也有经济学家认为以上研究只能证明基础设施建设与产出的相关关系而不能证明其因果关系。Tatom(1991,1993)指出 Aschauer(1989)的研究忽略了时间序列数据的自相关性，导致回归结果偏高，他在对原数据进行一阶差分后的估计结果仅为 0.14。从后续的经济学家使用面板数据的估计结果来看，基础设施的产出弹性普遍达不到仅使用时间序列数据所估计的结果值。如 Garcia-Mila 和 McGuire(1996)对美国 48 个州 1969—1983 年高速公路、教育支出的面板数据进行回归，去除时间序列效应后高速公路的产出弹性仅为 0.04。Munnell(1993)重新使用美国 48 个州 1970—1990 年工业部门的面板数据估计的基础设施产出弹性为 0.14。

除对美国的基础设施产出弹性进行研究外，经济学家们也对于其他国家的基础设施产出弹性进行了研究，如 Cazzavillan(1996)使用欧洲 12 个国家 1957—1987 年的面板数据，通过固定效应模型，估计得到基础设施投资的产出弹性为 0.25；Canning(1993)和 Canning(2000)对基础设施产出弹性进行更全面细致的研究，他们使用全球 57 个国家 1960—1990 年的面板数据，对不同类型的基础设施投资分别进行回归，发现电话和电力基础设施的产出弹性分别为 0.144 和 0.035，交通基础设施的产出弹性则更大，且同样的基础设施投入在发达国家和发展中国家对产出的贡献也不一样，如交通基础设施对发达国家的产出弹性为 0.174，对发展中国家的产出弹性仅为 0.050 等。

本书发现，对于基础设施产出弹性的估计，使用的研究方法不同，得到的结果可能会有较大差异：对于同样的数据，若进行差分处理或固定效应、随机效应分析与不进行，得到的结论可能会出现前后不一致的现象。但就总体来说研究普遍认为，基础设施的产出弹性显著为正。

对于我国的基础设施对经济增长的影响的研究也主要是使用 Arrow 和 Kurz(1970)的生产函数法进行的研究分析，范九利和白暴力(2004)使用 1996—2004 年全国 29 个省份的数据分别对全国范围和东部、中部、西部地区的基础设施产出弹性分别进行估计，发现全国数据的基础设施产出弹性为0.187,且就地域来看,西部地区的基础设施产出弹性最高,达到了0.432,东部、中部的基础设施产出弹性则低于全国平均水平;Fan和Zhang(2004)研究了中国农村地区的交通基础设施对经济增长的影响,其估计的农村地区交通基础设施的产出弹性为0.032。张学良(2004)使用1993—2009年的中国各省份面板数据,估算了中国交通基础设施对区域经济增长的产出弹性约为0.05—0.07,且中国交通基础设施对经济增长的空间溢出效应非常显著,他认为如果不使用空间计量经济学的方法,不考虑空间溢出效应,将会得到更高的产出弹性结果。

刘生龙和胡鞍钢(2010)则以Romer(1986)的函数形式为基础进行研究,通过将作为投入要素的基础设施投资对产出的影响和对产出效率的影响进行分离,用中国各省份1988—2007年的面板数据,估计基础设施的"溢出效应",得出交通基础设施对我国经济增长具有显著溢出效应的结论。

国内外对交通基础设施的研究大多集中于基础设施对区域经济增长的贡献上,对于交通基础设施在多大程度上影响区域经济的联动行为的研究则较少。经济学家普遍认为基础设施特别是交通基础设施对于区域经济一体化的影响路径为:区域交通基础设施的建设可以提高区域间的贸易效率、降低区域间的贸易成本从而直接影响到区域间的贸易往来;区域间贸易的活跃扩大了各区域的市场规模,产生规模效应,生产领域则促进了区域间专业的分工。由此我们得出,交通基础设施建设是区域经济一体化的先决条件。

二、我国地方政府基础设施建设的激励机制及地方保护的成因

推进区域经济一体化的战略有助于于打破区域间的市场分割,激发市场的规模效应,促进更大区域内的专业分工,达到提高经济运行效率的目的。对于国内的市场分割,包括基础设施建设领域的区域间不平衡和不匹配,国内的经济学家通常从财政分权导致的地方保护主义的角度进行解释。实际上,要了解基础设施建设对中国各地区区域经济,特别是京津冀一体化的影响,就需要先了解中国地方政府在过去的几十年里进行基础设施建设的动机、目标和效果。从国内外经济学家的分析来看,中国之所以在改革开放后能成功地进行大规模的基础设施建设工作,和中国的分权财政与向上负责的政治体制有关,而也正是这些体制内在的本质造成基础设施建设领域的不匹配。接下来我们将首先对中国地方政府积

极进行基础设施投资的原因进行分析，最后将用一个简单的博弈模型说明区域间基础设施建设不匹配是如何形成的。

改革开放以来，特别是20世纪90年代中期以后，全国各地的基础设施投资有了非常显著的增长，人们普遍认为很大程度上得益于财政领域中央向地方的分权和向上负责的政治体制：分权使地方政府拥有足够的资金和权限对本地进行投资，向上负责制则调动了当地官员进行基础设施建设的积极性。

首先，针对财政分权的作用，Tiebout（1956）的“公共支出理论”和Oates（1972）的“财政联邦主义理论”对其进行了经济学基础性研究。Tiebout（1956）在萨缪尔森（1954）的基础上构建了“双重身份”居民的模型，居民可以通过用脚投票的方式解决公共品配置的难题，同时地方政府不同于中央政府，可以自由选择、差异化竞争，所以地方政府之间才有在提供公共品上竞争的可能性和动力；Oates进一步发展了Tiebout模型，他先是在1969年的文章中对Tiebout模型进行了实证检验，验证了居民用脚投票假说的正确性，在1972年出版的著述中，他又详细论证了“财政联邦主义理论”，即地方政府的信息优势对改善公共品的供给面有积极的正面作用，因此，对于不同的公共品，不管是中央政府提供，还是地方政府提供均有各自的优势。至于我国的财税政策，直到90年代初财税体制稳定后，财政分权后的地方政府才在基础设施建设上发挥重要作用。

通过对国内外经济学家的研究梳理发现，仅仅依靠财政分权的方式并不足以产生中国目前这样的经济绩效。事实上，像俄罗斯、印度等国均存在着一定程度上的分权，但并没有发展出政府上下级之间的激励机制促使地方政府更多地投入地方的公共品供给中，故财政分权最终会演化成为阻碍市场的联邦主义（Market-hampering Federalism）。在过去的二十多年里，中国各地方政府基本都以“发展型政府”自居。发展型政府是指发展中国家进行现代化建设过程中，政府长期作为投资主体，充当经济发展的主要力量的政府模式，在第二次世界大战后，韩国、中国台湾等发展中国家和地区一度被誉为发展型政府的代表。在对政府进行基础设施投资的行为研究中，Evans（1992）通过考察公务员考试的比重、报名者的通过率以及官员的平均任期等指标，指出国家官僚的职业化是政府成为“发展型政府”的必要条件，其中官员职业化一个重要影响是政府任期的延长，使投资周期较长的基础设施建设可作为对官员的激励指标，中国向上负责的职业官员体制与之相符。

在对中国地方政府进行基础设施建设投资高积极性的影响因素的实证考察中，张军等(2007)使用中国29个省份1988—2001年的面板数据，并运用GMM方法对可解释基础设施投资支出变动模式的重要变量进行检验，得出除了经济发展水平、金融发展水平等普遍因素外，地方政府在“招商引资”上的竞争以及政府治理也是国内基础设施投资的重要解释变量。王世磊(2008)在新古典增长模型中引入了政府官员的绩效考核，得出官员在一定激励条件下会有进行基础设施投资偏好的结论，模型论证了政治激励与地方政府进行基础设施建设之间存在正相关关系。周黎安(2004)则建立了一个关于地方官员政治晋升的博弈模型，解释了我国长期存在的地方保护主义和产业同质化恶性竞争的缘由。

综上所述，地方政府在基础设施建设方面的行为与政治激励有着明确的关系，由此不难推论出各地方政府的投资行为造成市场分割或基础设施不匹配的动因。这里我们使用周黎安(2004)中的地方官员政治晋升博弈模型为例对结论进行说明：

本模型是对 Lazear 和 Rosen(1979)的一个拓展，构造一个具有锦标赛性质的政治晋升博弈模型：

上一级政府对两个同质地区的地方官员 A、B 进行绩效考核，绩效 y_i 高者将会获得提拔，其中：

$$y_i = a_i + r \cdot a_j + e_i \quad (i = A, B, i \neq j)$$

a 表示地方官员的努力程度，或者，具体到本文环境下，可认为 a 为交通基础设施建设成果，相应的 y 可认为是已验证的和交通基础设施投资有明显正相关关系的指标如FDI或GDP，这和直观上的认识一致，因为交通基础设施有显著的空间溢出的效果(张学良，2004)。上一级政府只能观测到 y 而无法观测到 a，他们通过对 y 的考核决定提拔绩效高者。y_i 由两部分构成，即自身的努力程度 a_i 和对方的努力程度 a_j。r 为空间溢出效应的系数，假设 $|r|<1$，即无论溢出效应大小如何，官员自身对绩效结果的影响要大于另外一个官员。e 为相互独立的随机扰动项，假定 $e_i - e_j$ 服从期望为0的对称分布 F。

晋升规则为：

y 更大的地方官员将得到晋升并获得效用 V，否则获得 v，$v<V$。

则官员 i 获得提拔的概率为：

$$\begin{aligned}\Pr(y_i > y_j) &= \Pr[a_i + r \cdot a_j + e_i - (a_j + r \cdot a_i + e_i) > 0] \\ &= \Pr[(1-r)(a_i - a_j) > e_j - e_i] = F[(1-r)(a_i - a_j)]\end{aligned}$$

官员 i 的效用函数为：

$$U_i(a_i,a_j)=F[(1-r)(a_i-a_j)]V+\{1-F[(1-r)(a_i-a_j)]\}v-C(a_i)$$

令 $f(\cdot)$ 为 F 的概率密度函数有：

F. O. C. $$(1-r)f[(1-r)(a_i-a_j)](V-v)=C'(a_i)$$

则在对称性纳什均衡条件下，上式可变为：

$$(1-r)f(0)(V-v)=C'(a_i)$$

以上为官员在博弈中的效用最大化一阶条件，同时，社会剩余的期望值最大化问题为：

$$\max_{a_i,a_j}(1+r)(a_i+a_j)-C(a_i)-C(a_j)$$

F. O. C. $$(1+r)=C'(a_i)$$

比较社会福利最大化和官员效用最大化的一阶条件，不难发现，由于$(V-v)>0$，官员追求的努力程度或者说对地方基础设施的投入力度相对于溢出系数有不同的反应：在社会最优的条件下，r 越大，意味着两位官员应该加大投入力度，而在政治博弈中，r 越大意味着官员的投入力度应该越小。该博弈模型的结论说明，如果地区基础设施的投入对相邻地区经济发展的溢出效应越明显，那么这种效应会削弱该地区官员进行投入的积极性。

在一个不那么“完美”的条件下，假设一地区官员有能力尽量去削弱这种“溢出”效应，那么他一定会这样去做，因为努力提升自己地区的绩效的同时削弱竞争对手的绩效，符合经济学中博弈双方理性人的假定。在现实生活中我们也看到了，在中国各级政府的行政边界上出现的或多或少的“断头路”现象，这便是地方官员在政治博弈中努力削弱这种“溢出效应”的结果。在这一思路的构架下，必然会出现地方保护主义盛行，产业发展同质化，基础设施建设难以形成网络化，提高整体质量，区域间不愿意进行合作分工等现象。

为避免上述现象对区域一体化发展带来的不利影响，笔者认为应该在源头上解决造成地区间政治博弈的制度体系，将官员的效用最大化条件与社会最优化条件统一起来，方可消除不同地区政治博弈造成的“外部性”，例如在京津冀一体化规划中由国家政府直接对整个区域交通基础设施进行规划，进行“交通先行”的策略，同时努力削减行政壁垒造成的障碍。

第三节　京津冀地区空间联系分析

一定区域内，交通基础设施建设的积极作用体现在交通流量的增加、到达时间的减短、运输成本的降低等方面。我们研究交通设施对经济发展的影响时，最重要的是研究城市之间经济联系的变化，这种变化很大程度上依赖于城市间的可达性。本节将使用经济联系量和经济联系比重对京津冀地区交通运输联系所形成的等级体系进行研究，展现近20年来该地区各城市经济活动联系和流向的变化情况，总结此时段经济联系的演化特征。

一、经济联系量与经济联系比重

经济联系量是衡量两个城市间潜在经济联系强度的指标，本节将使用“重力模型”形式的城市中心性指数来度量经济活动总量大小，并由此计算地区间的经济联系量。假定经济联系量与城市的人口和产出有关，用两个变量的几何平均作为重力模型的分子 M_i^t，实际上 M_i^t 衡量了一个城市基本的规模情况和中心性，可以看作该城市简化的中心性指数，同时经济联系量是与城市间距离成反比关系。使用1994—2003年共20年的数据进行计算，经济数据来自《中国城市年鉴》《河北统计年鉴》等，对于城市间直线距离我们使用的是谷歌地图中的数据。

计算公式为：

$$M_i^t = \sqrt{Y_i^t \times P_i^t} \tag{7-1}$$

在式(7-1)中，M_i^t、Y_i^t、P^t 分别表示 i 地区在第 t 年的简化的中心性指数、地区生产总值和总人口。

则经济联系量计算公式为：

$$G_{ij}^t = \frac{M_i^t \times M_j^t}{D_{ij}^2} \tag{7-2}$$

其中，G_{ij}^t 和 D_{ij} 分别表示第 t 年地区 i 和地区 j 之间的经济联系量和距离，M_i^t 和 M_j^t 是由式(7-1)计算出的 i 和 j 两个地区的中心性指数，D_{ij} 以基于公路网络的最短可达时间数据为度量。

则经济联系比重计算公式为：

$$R_{ij}^{t}=\frac{G_{ij}^{t}}{\sum_{J=1}^{n}G_{ij}^{t}} \qquad (7\text{-}3)$$

其中，R_{ij}^{t} 表示城镇 i 对城镇 j 在第 t 年的经济联系比重在与地区 i 有经济联系的 $n-1$ 个地区中，如果某地区 j 的经济联系量比重 R_{ij}^{t} 最大并远大于其他城市，则地区 j 为地区 i 最主要的经济联系方向。

经济联系量和经济联系比重，在空间维度上的计算，使用的是京津冀都市圈 2 个直辖市及 11 个地级市的数据，在时间维度上的计算，用了 20 年的跟踪数据，通过两个维度的计算及对比我们将看出京津冀地区经济联系的演化过程。

二、经济联系流分析

对各年数据使用公式(7-1)、(7-2)和(7-3)进行计算，得到 20 年共 20 个 11×11 的经济联系量矩阵，对每年数据求和可得当年地区内经济联系总量，进而计算出各城市对外经济联系量在当年地区内经济联系总量中占的比重。得出的比重数值越大表明城市在地区内经济地位越重要，将发挥越大的经济功能，扮演区域内的中心地的可能性也就越大。对 20 年数据的计算得到每年各城市经济联系量比重如表 5-6 所示。

表 5-6　2005—2014 年各城市经济联系量比重变化情况　　单位：%

地区	2005	2006	2007	2008	2009	2010	2011	2012	2013	2014
北京	23.10	23.23	23.59	23.64	25.44	25.9	25.76	25.88	26.02	26.05
天津	18.38	18.67	18.67	19.17	20.56	20.94	21.35	21.78	21.86	21.87
石家庄	5.88	5.75	5.65	5.54	5.03	4.81	4.79	4.73	4.62	4.59
唐山	7.60	7.64	7.63	7.91	7.76	7.64	7.73	7.64	7.59	7.42
秦皇岛	1.06	1.04	1.07	1.07	0.98	0.94	0.92	0.89	0.86	0.91
邯郸	5.67	5.68	5.59	5.45	4.68	4.49	4.41	4.27	4.23	4.10
邢台	5.89	5.89	5.74	5.51	4.76	4.53	4.45	4.30	4.22	4.19
保定	7.30	7.09	7.03	6.76	6.45	6.33	6.29	6.27	6.06	6.04
张家口	1.35	1.34	1.34	1.37	1.29	1.29	1.26	1.25	1.22	1.06
承德	1.31	1.32	1.38	1.44	1.32	1.28	1.30	1.27	1.26	1.26
沧州	6.27	6.20	6.07	6.02	5.68	5.68	5.66	5.62	5.60	5.49
廊坊	13.28	13.41	13.68	13.73	13.89	14.07	14.00	14.06	14.13	14.09
衡水	1.06	3.36	3.33	3.31	3.24	3.14	3.04	3.01	2.99	2.70

首先对北京和天津两个经济联系量占比最大的中心城市进行研究，两座城市 20 年来经济联系量占比的变化情况如图 5-8 所示。

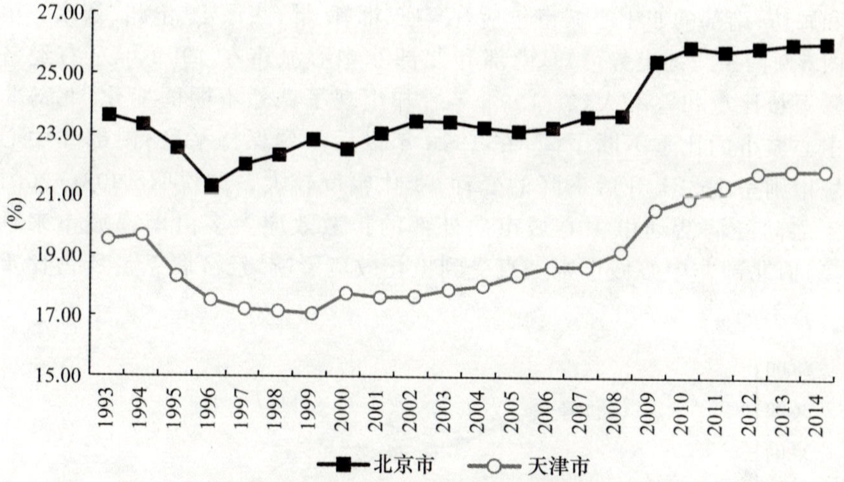

图 5-8　北京与天津 20 年经济联系量占比

(一) 区域经济空间联系呈现稳定的中心—副中心形式

由上述研究可知，京津冀地区内经济联系的中心地一直稳定在北京和天津两座城市，其中北京占比一直在 20%以上，在整个京津冀地区占主中心的地位；天津占比一直处于 15%以上，占副中心的地位，区域的中心与副中心合计占比在 40%以上，在 2012 年，这个数字已接近 50%。除去北京与天津两个中心城市之外，中心地附近的唐山和廊坊两市的经济联系量也一直稳居前列，两座城市经济联系比重之和一直保持在 20%以上。整个区域内极化效应比较明显，经济活动活跃程度呈现出以北京、天津为中心阶梯状向外扩散。

(二) 区域经济联系呈现先扩散再集聚的模式

从各城市 20 年比重变化情况来看，北京、天津的比重呈现出先微弱下降后上升的模式。而 1993—2000 年，保定、衡水、石家庄和沧州等地的比重均有较大的上升，经济开始活跃起来，这表明在该时间段中，区域经济联系从中心城市向外围这些城市有明显的扩散，而其余非中心城市保持稳定或略有下降。2001—2012 年，大部分非中心城市比重都或保持不变或略有下降，表明在该时间段内，外围城市的经济联系情况较为稳定，经济活动又向中心地北京和天津集聚。

（三）非中心城市经济活动的变化情况南北不均衡

其中选取城市群北部的非中心城市包括唐山、秦皇岛、张家口、承德和廊坊；南部的非中心城市包括石家庄、邯郸、邢台、保定、沧州、衡水。由图 5-9 两条线的走势可知，南部和北部非中心城市在 1993 年左右经济联系量比重相差不大，在 1994 年后却出现了截然不同的变化：北部非中心城市的比重不断下降，在 1996 年以后基本保持平稳；南部非中心城市则呈现先上升后下降的变动，变化幅度较大。这说明 1993—2001 年之间经济活动由中心城市向外部的扩散效应大多由南部城市来承接，而北部非中心城市则一直受到极化效应影响，经济联系量所占比重一直不高。

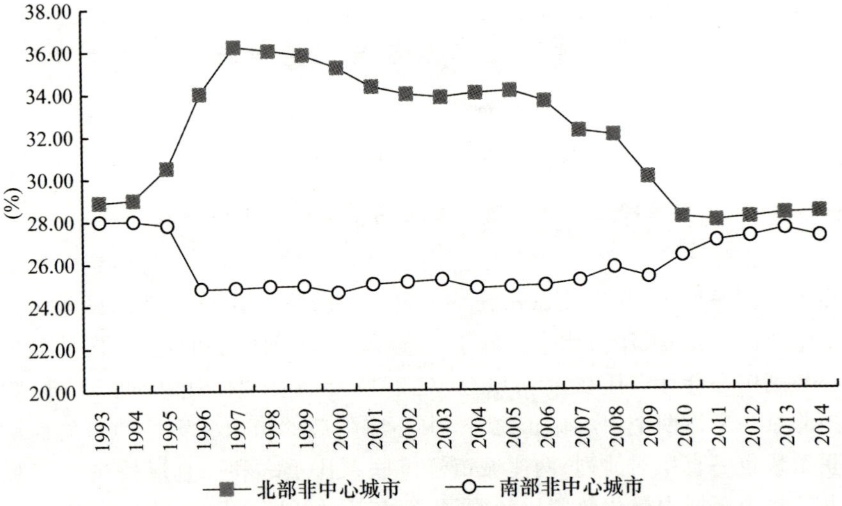

图 5-9　京津冀地区南部与北部城市经济联系量比重的变化情况

三、城镇间经济联系流向分析

根据公式(7-3)，对各城市每年的经济联系比重进行计算，并选出该城市可能的最大经济隶属度的归属地作为其经济联系的流向地。对 20 年 13 个城市作为其他城市最大经济联系归属地的统计，统计结果中 8 个显著性城市如表 5-7 所示。

表 5-7　经济联系归属地的分布　　单位:次

	北京	天津	石家庄	邢台	唐山	邯郸	廊坊	保定
经济联系归属地次数	100	442	23	20	20	19	19	17

从表 5-7 中可以看出北京和天津的经济联系归属地次数最多,并远超其他城市,再次说明了中心城市在都市圈中的经济地位。

(一) 京津冀地区经济联系比重的分布比较稳定

从对每个城市的经济隶属度排名来看,各城市的联系比较稳定,20 年来变化不大。北京的经济隶属度归属地排名前 5 的城市一直是天津、廊坊、唐山、保定和沧州;同时,天津市的经济隶属度归属地排名前 4 的城市一直是北京、廊坊、唐山、保定和沧州。上述城市中廊坊和保定最大经济隶属度归属地一直为北京,唐山和沧州最大经济隶属度归属地一直为天津,说明城市群北部已经形成了非常稳定的经济隶属和经济流向关系。

其余城市中,城市群南部的石家庄、邢台、衡水在相互的经济隶属度归属地排名中都比较靠前,它们对北京的经济隶属度反而较低,说明这几个城市的经济活动相对北京和天津两个中心城市来说较为独立。

(二) 经济联系量占比高的城市是京津冀经济联系的主要汇集地

通过上述分析,表明北京、天津、石家庄三个经济联系量占比最高的城市是京津冀地区经济联系的主要汇集地。同时结合城市经济联系量比重变化的研究,可以发现,京津冀地区可以分为在经济流向和相互影响程度上差别显著的南、北两区域。城市群北部城市以北京和天津为中心的稳定的经济关系群落,经济活动不断向中心城市集聚,经济联系量较低的城市受到极化效应明显大于扩散效应,表现为非中心城市的经济联系总量比重不断降低。城市群南部则存在另一个以石家庄为中心的稳定的经济关系群落,在 1993—2001 年所占的经济联系量比重曾不断扩大,这些城市受北京、天津经济活动影响相对较小,也不存在以石家庄为中心的极化效应。

总之,从对近年来京津冀地区各城市的经济流量分析来看,京津冀地区一直分为经济联系比较稳定的南北两个整体,京津冀一体化的重要目标就是打破目前河北的大部分地区的经济活动游离于整个京津冀地区之外的现状。具体来看,京津冀地区北部的几个城市对中心地北京和天津的经济隶属度较大且不断提高，这些城市在区域内经济联系量所占比重不断减小，说明受到北京和天津的“虹吸”效应比较明显；南部的石家庄、邯郸、邢台、保定、沧州、衡水等地在经济联系量占比中先下降然后逐渐稳定，与北部非中心城市相比有明显不同。从这些城市的经济联系指标可以看出：一是京津冀地区各城市的经济联系总的来说被“割裂”为两部分，北部城市的经济联系以北京、天津为中心，南部城市则各自的相互联系比较紧密；二是北部非中心城市受到极化效应的影响较大，主要表现为经济联系量占总量的比重持续减小。

第四节　基于面板模型的京津冀交通运输业投资与经济增长关系研究

关于交通运输业投资与经济增长或交通运输基础设施投资与经济增长拉动作用的研究方法主要有三个，即生产函数法、CES 生产函数法和向量自回归法。本章将选择使用生产函数法，对京津冀都市圈的“一轴两翼”五个省份的交通运输业投资与经济增长进行研究。

一、理论模型

生产函数是描述生产过程中投入的生产要素的某种组合与它可能产生最大产量之间的依存关系，其数学表达式的一般形式为 $Y=f(A,K,L,\cdots)$，其中 Y 表示产出，A、K、L 分别表示技术、资本、劳动等生产要素投入。

本节基于科布—道格拉斯生产函数建立模型 $Y=AK^{\alpha}L^{\beta}$，其中，A 表示技术进步，K 表示资本存量，L 表示劳动投入。在应用生产函数法估计基础设施的产出弹性时，一般将资本投入 K 划分为交通运输基础设施资本与其他资本，具体函数形式为：

$$Y_{i,t} = A_i \cdot K_{i,t}^{\alpha} \cdot T_{ij}^{\beta} \cdot L_{i,t}^{\gamma} \tag{1}$$

其中，i 表示地区；t 表示时间；原函数中的资本投入 K 被分为交通基础设施资本量 T_{it} 和其他资本存量 K_{it}。

将上式两边取对数可得：

$$\ln Y_{i,t} = \ln A_i + \alpha \ln K_{i,t} + \beta \ln T_{i,t} + \gamma \ln L_{i,t} \tag{2}$$

在规模报酬不变的情况下有：

$$\gamma = 1 - (\alpha + \beta)$$

代入上式，得到描述人均产出量与人均投入要素组合技术关系的模型有：

$$\ln(Y_{i,t}/L_{i,t}) = \ln A_i + \alpha\ln(K_{i,t}/L_{i,t}) + \beta\ln(T_{i,t}/L_{i,t}) \tag{3}$$

由于使用了人均的产出和资本投入，此处的 α 与 β 并不代表基础设施资本与非基础设施资本的要素产出弹性。根据范九力等(2004)的研究，可以进一步假设非交通基础设施投入要素规模报酬不变，其他所有要素具有规模报酬递增特性，此时有：

$$\ln(Y_{i,t}/L_{i,t}) = \ln A_i + \alpha\ln(K_{i,t}/L_{i,t}) + \beta\ln T_{i,t}. \tag{4}$$

二、数据选择与处理

选用 2004—2012 年北京、天津、河北、辽宁、山东 5 个省份的面板数据，数据取自 2004—2012 年上述各省份统计年鉴以及《中国固定资产投资统计年鉴》的相关数据。产出量衡量指标按各省份通货膨胀水平进行调整的国内生产总值来表示，本节选取的数据均按照各省份 CPI 换算，以 2004 年为起始年，来计算生产总值；劳动投入量就以各省份就业人数来度量，具体的做法是取年初与年末就业人数的均值；资本存量则需要使用“永续盘存法”，通过各年度资本投入量等数据推算得出。

永续盘存法首先设定某一基期，估算出基期资本存量，然后使用各年度流量数据，根据资本投入缩减指数换算为可比价格。该方法还需要专门调查测算各类资产的平均使用年限，测算出每年资产报废的价值，从各年度资本投入量中扣除报废总值，得出各年度资本的实际增量。最后根据上年资本存量加本年资本增量等于本年资本存量的原理，推算出各年度资本存量。计算公式为：

$$K_t = (1-\delta)K_{t-1} + I_t$$
$$K_0 = I_0/(g+\delta)$$

其中，t 表示年份，K_t 表示年资本存量，I_t 表示年资本投入量(流量)，δ 表示折旧率，g 表示计算期内资本投入量(流量)的年平均增长率。本节使用谢群等(2011)中的方法，在一定假设条件下，增长率 g 近似等于初始年附近平均 GDP 增长率。关于交通基础设施和其他资本折旧本章参考张军(2004)中的方法，具体数据如表 5-8 所示。

表 5-8　张军(2004)中资本折旧率计算结果

设备工具类			
寿命(年)	残值率(%)	折旧率(%)	权重(%)
20	4	14.9	29
其他投资类			
寿命(年)	残值率(%)	折旧率(%)	权重(%)
25	4	12.1	8
建筑安装工程类			
寿命(年)	残值率(%)	折旧率(%)	权重(%)
45	4	6.9	63
资本存量折旧率(%)			
9.6			

三、参数估计

得到模型所需的数据后借助差分后的模型(3)和(4),分析在规模报酬不变和规模报酬递增两种情况下,京津冀地区五个省份交通基础设施投资对地区经济增长的影响。

首先对模型的设定形式进行检验,这里使用的是李子奈(2012)中的方法,构造统计量 F_1、F_2 有:

$$F_1 = \frac{(S_2 - S_1)/[(n-1)K]}{S_1/[nT - n(K+1)]} \sim F[(n-1)K, n(T-K-1)]$$

检验 H_0^1:斜率在不同的横截面样本点上和时间上都相同,但截距不相同。

$$F_2 = \frac{(S_3 - S_1)/[(n-1)K]}{S_1/[nT - n(K+1)]} \sim F[(n-1)K, n(T-K-1)]$$

检验 H_0^2:截距和斜率在不同的横截面样本点和时间上都相同。

使用 OLS 对(3)、(4)的变系数形式模型进行估计,令 S_1 为变截距且变系数模型的残差平方和,S_2 为变截距、不变系数模型的残差平方和,S_3 为不变截距、不变系数模型的残差平方和。

检验结果(见表 5-9)分别显著拒绝了原假设,则在截面方向上,模型(3)、(4)均是变系数模型;在时间方向上,模型(3)、(4)均是变截距模型。因此,本处应当使用截面方向上的变系数模型。

表 5-9 检验结果

检验	分子自由度	分母自由度	F 值	$\Pr>F$
模型(3)对 H_0^1 检验	12	30	24.99	<0.001
模型(3)对 H_0^2 检验	12	30	56.39	<0.001
模型(4)对 H_0^1 检验	12	30	10.31	<0.001
模型(4)对 H_0^2 检验	12	30	11.52	<0.001

对两个模型的 Hausman 检验结果(见表 5-10)均为正,都在 1%显著性水平下拒绝原假设,故选择固定效应模型。为消除异方差性和自相关性,采用 SUR 加权最小二乘法进行估计,得到不同省份交通基础设施投资对地区经济增长的影响的模型(4)的估计结果如表 5-11 和表 5-12 所示。

表 5-10 对模型(3)、(4)的 Hausman 检验结果

模型	自由度	m 值	$\Pr>m$
模型(3)	1	10.30	0.0013
模型(4)	1	29.04	<0.0001

表 5-11 规模报酬不变的模型的检验结果

地区	α 值估计	t 值	p 值	β 值估计	t 值	p 值
北京	1.370057	5.347732	<0.0010	−0.196980	−1.443410	0.1593
天津	0.288920	1.813579	0.0798	0.424764	2.888080	0.0071
河北	0.145410	0.418545	0.6785	0.468680	1.336108	0.1916
辽宁	0.715024	4.071605	0.0003	−0.055940	−0.277870	0.7830
山东	2.307577	5.093469	<0.0010	−1.449940	−3.279750	0.0026
Adjusted R-squared			0.996669			
F-statistic			0.996669	Prob(F-statistic)		<0.001
Durbin-Watson stat			2.583439			

表 5-12 规模报酬递增的模型的检验结果

地区	α 值估计	t 值	p 值	β 值估计	t 值	p 值
北京	1.297924	4.231343	0.0002	−0.125740	−0.963810	0.3428
天津	0.176874	0.860093	0.3966	0.433517	2.777833	0.0093
河北	0.184560	0.521439	0.6059	0.411877	1.200738	0.2392
辽宁	0.712135	4.207905	0.0002	−0.050390	−0.271350	0.7880
山东	2.341626	4.960787	<0.0010	−1.428790	−3.219960	0.0031

（续表）

地区	α值估计	t值	p值	β值估计	t值	p值
Adjusted R-squared			0.996503			
F-statistic			896.6824	Prob(F-statistic)		<0.001
Durbin-Watson stat			2.472006			

从拟合优度角度来看，两个模型的拟合度都较好，且DW统计量均大于1.5，不存在自相关问题。两个模型估计结果基本一致，交通基础设施投资产出系数相差不大，均在1%显著性水平下通过了F检验。在交通基础设施投资产出系数的t统计量来看，假定规模报酬不变模型中的t值相对高于假定规模报酬递增模型中的t值，从这一角度看，规模报酬不变假设的模型略优于规模报酬递增假设的模型。

四、结论及建议

从估计的各省份交通基础设施投资人均产出系数来看，天津和河北在交通基础设施投资产出系数较大，达到0.4以上，且天津和河北在交通基础设施投资产出系数分别在1%和20%显著性水平下均拒绝系数等于0的假设；辽宁和北京在交通基础设施投资产出系数相对并不显著；山东交通基础设施投资产出系数显著为负。两个模型的估计结果均显示北京的基础设施投资产出系数不显著并远低于天津、河北两地，说明京津冀区域基础设施建设的当务之急是在天津、河北建立与北京相匹配的基础设施。估计的结果也说明，天津和河北相对于北京更需要交通基础设施建设投入，这与前面讨论过的北京基础设施建设在相当长的一段时间里远远高于天津、河北有关，并且由于交通基础设施特有的网络属性，应努力缩小天津、河北的基础设施建设质量与北京间的差距。

从与其他投资产出系数和交通基础设施投资产出系数相结合来看，北京、辽宁和山东的其他投资产出系数分别为1.37、0.72和2.31，在1%显著性水平下均显著，说明这三个地区在除交通基础设施投资以外的其他投资上都有较高的贡献，而交通基础设施投资对经济增长的贡献不明显。天津和河北交通基础设施投资系数则高于其他投资系数，说明相对于其他方面投资，交通基础设施投资更能拉动经济增长。特别值得注意的是，北京非基础设施投资对经济增长的作用明显高于河北、天津两地，说明北京对资本要素的“虹吸”作用明显；北京非基础设施投资的产出系数也高于河北、天津两地的基础设施投资产出系数，说明对两地欠发达地区的基础设施投入可能更需要政府资金的引导。

通过对五个省份的研究可以发现，各个省份的具体情况也不尽相同。北京和山东属于经济相对较发达地区，其交通基础设施相对比较完善。北京作为首都和全国交通枢纽，交通基础设施建设起步很早，公路、铁路交通十分发达；山东的公路通行能力和服务功能则领先全国，高等级公路覆盖率高，省会到各市之间，86%的县都通达高速公路。这些地区再进行交通基础设施投资对经济增长的贡献比较有限，在劳动力投入不变的情况下进行更多的交通基础设施投入已经不能带来更多的产出。辽宁的基础设施建设较为薄弱，但与其他方面的基础设施投资相比进行交通基础设施投资对经济产生的促进作用较弱。而天津和河北的交通基础设施建设还有待提高，并且进行交通基础设施投资将会对经济增长有明显拉动作用。

综上所述，在对京津冀地区“一轴两翼”五个省份进行交通基础设施规划和建设时，应当在统筹全局的基础上有所侧重。

首先，应当加快天津和河北交通设施的完善，减少由地区间的交通问题引发的生产要素流动成本的增加；对于经济较为落后的辽宁，应当同时加大各方面投资力度；北京和山东则应减少缺乏经济效益的投资。

其次，考虑到不同地区交通运输业的发展水平存在较大差异，在推进京津冀一体化的过程中应当更加重视区域间的交通基础设施不平衡问题，以降低整个区域内的要素流通成本为目标，在交通基础设施建设方面真正做到统筹全局。

最后，应当加快基础设施建设向民资开放的进程，尝试 PPP 等多种公共领域投资方式，加快交通基础设施投资的市场化，逐步缩减国家主导的投资行为，使市场在资源配置，包括资本生产要素配置中发挥主导作用。

第五节　小　　结

本章分别对京津冀地区的交通现状及新中国成立以来京津冀地区的交通发展进行介绍。

本章第一节介绍了京津冀都市群交通概况，第二节介绍了交通基础设施与区域经济发展的理论综述。自 20 世纪 40 年代以来，基础设施建设与经济增长的关系一直是发展经济学家热衷的话题，在第二节第一部分，本书首先按照时间顺序对发展经济学家们对基础设施投资促进经济增长的机制和多种路径进行了解释，然后对 90 年代以来计量经济学家对交通基础设施投资的产出弹性的不同估计进行了介绍。第二节第二部分则主要讨论了促进中国地方政府在近几十年大力推进基础设施建设的条件和动因，即财政分权制度和向上负责的政治体制，在第二节的末尾，使用一个简单的博弈论模型展现了在这种体制下，基础设施建设的地方保护和市场分割是如何形成的，这为如何打破京津冀地区的行政壁垒，进行系统性的交通基础设施建设提供了借鉴。

其次，第三节运用实证分析研究了京津冀地区各城市间的经济联系，包括城市中心性指数、城市经济联系强度、城市经济流向分析等。通过此节的实证分析，本章研究了京津冀各地市的交通发展状况与经济联系，从经济联系上看，京津冀地区的经济活动情况南北分布并不均衡，且河北多个地市的经济活动与北京—天津核心城市的联系并不大；因此，想要打造一个覆盖京津冀地区的专业分工明确、经济交流活跃的经济体任重而道远。

最后，本章的第四节使用面板数据模型，研究了京津冀"一轴两翼"五个省份交通基础设施投资对经济增长的影响，并基于区域交通一体化的立场对京津冀地区交通基础设施投资提出了建议，本章格外关注了北京和天津、河北在基础设施投资和非基础设施投资上的差别，在人均投资对经济增长的作用上，北京市的非基础设施投资的产出系数远高于周边两省份，而基础设施建设的作用则远低于周边两省份；这说明北京市对资本要素的"虹吸"效应明显，同时，天津、河北的当务之急是建设与北京配套的基础设施。

第六章 京津冀区域文化一体化发展研究

本章首先梳理了文化与经济发展关系的理论，得出文化对经济发展的重要影响，因此研究京津冀必须研究分析其文化，然后重点分析了北京、天津、河北的文化发展沿革及其特点。接下来分析了京津唐文化对区域经济的影响，主要有宏观影响和微观影响。其中宏观影响主要表现在文化需求、文化导向、文化行为和文化精神四个层面对文化产生的影响。文化需求主要推动物质生产，进而推动社会经济运行；文化导向则通过引导生产力主体——人的行为，推动经济的发展；文化行为则是反映人的文化修养、文化习惯及文化追求，作用于经济发展；文化精神则是通过其特有感召力推动事业发展和经济发展。而微观影响则体现在对经济意识、区域创新及劳动力供给方面，影响区域经济发展。最后，文章分析了长三角、珠三角城市群文化融合的历程，总结了一些可供京津唐文化融合借鉴的经验和教训。主要表现在文化认同、资源流动以及政府引导方面。文化认同可使文化求同存异，形成合力，使优良文化成为地区文化的主流；资源流动是文化认同的主要方式，有利于文化共同市场的建立；政府引导则是助推文化良性发展的有力保障。

第一节 文化与经济关系的理论基础

在历史发展的浪潮中，人类创造了文化，而随着社会文明的进步，文化与经济相互作用的关系日渐显现。人类在生产、生活的过程中，形成了各种各样的习惯，这种习惯不断积淀、传承，慢慢也就形成了人类的文明。而人们对这种文明不断开发和利用也就产生了不同的文化。这种文化是人类智慧的结晶，对当今的经济有不同程度上的作用。

迄今为止已有许多关于文化与经济关系方面的理论研究。早期马克思曾对文化与经济之间关系进行研究，他认为上层建筑的观念如政治、法律、哲学等均为文化的重要组成部分。这些观念又是人们在物质生产中产生的意识，是对社会实践、社会关系、经济生活的反映和总结。因此认为文化是特定经济环境、社会条件和一定的经济基础所孕育出的精神文明，是对现实生活的一种反映。马克思的唯物主义提出物质决定意识，意识反映物质，说明经济基础决定上层建筑。因为只有社会在进步、经济在发展，有了一定的物质文明基础，产生的文化才具有积极的推动力，进而产生精神文明，满足人们的精神需求。上层建筑反作用于经济基础，这就意味着恰当的文化会促进经济的发展，而不适应经济发展的文化会抑制经济的发展。这体现了文化对经济的能动作用。不仅如此，马克思还提出了“精神生产”理论。他提出“关于意识的生产”是一种“精神生产”。这种精神生产不同于物质生产，它有一定的产生发展规律，即人们根据自己的精神需求将一定时期的思想、观念、政治等当作精神生产的资料，进行独立生产，逐渐加工、再加工，则生产的最终产物便是文化。其中物质产品中被赋予的精神和意蕴越丰富，最终产生的文化也越有指导意义，能够成为经济发展的动力。

19 世纪末 20 世纪初，古典经济学家认为经济与文化是相互分离的，而新古典经济学家则认为文化作为一种外生力量促进了经济发展。首先，马歇尔作为新古典学派的核心人物在《经济学原理》中提出社会意识与经济发展有一定的关系，他认为发明创造成功的原因不仅仅是人们对财富的追求，更是因为人受到了好奇心、好胜心及道德觉悟的鼓舞，这种精神力量促使他们不断向上。这就说明精神文化可改变人的力量，也可推动物质财富的增长。他认为决定人行为发展的不仅仅是物质财富的驱动力，还有文化力量的推动。因此在研究经济发展时一定要注意将文化因素考虑在内。他还认为英国之所以能取得工业革命的巨大胜利，不仅仅是技术的进步、资产阶级革命精神的影响，英国人受宗教理论影响而产生的严于律己、勇敢无畏的精神也产生了重要的影响。因为当时欧洲很多国家深受资产阶级革命精神的影响，但最终工业革命并未发生在最先确立资本主义制度的荷兰而是在英国产生并席卷全球，正是文化在其中起着一定的作用。与马歇尔有相同观点的人是古典经济学的批判者李斯特，他认为古典经济学派的观点是太过固执的唯物主义，只关注到了物质价值而没有考虑精神价值，生产力有物质生产力和精神生产力之分，并且精神生产力与物质生产力对经济发展来说同样重要。

20 世纪 40 年代,发展经济学理论开始兴起,它也十分重视文化对经济发展的作用。发展经济学重要代表人物熊彼特提出文化对经济发展的推动作用主要体现在文化的创新能力方面。文化的创新可以实现技术的变革,使得生产技术或生产方法发生改变,从而促进生产效率的提升,以促进经济的发展。创新是打破旧的生产结构、创立新的生产结构的过程,而人们受传统文化的影响害怕创新,这就束缚了人们的思想,因此在技术创新的过程中文化要先于创新。另外一位发展经济学的代表人刘易斯则认为经济增长与“节约的意愿”“工作态度”“冒险精神”有很大关系。这些意识正是是文化的一部分。缪尔达尔认为价值观和系统环境是经济发展的重要因素,因为正确的价值观和规范的系统可以使得经济运行效率大幅提高。

20 世纪 60 年代,随着科斯定理的提出,新制度经济学开始发展并备受关注。新制度经济学主要包括交易费用理论、企业理论、产权理论以及制度变迁理论,其中制度变迁理论提出了文化中的制度的创新和变迁是经济增长的主要动力。代表人物有哈耶克和诺斯。哈耶克认为文化是由一些行为的规范所组成的传统,最开始是在较小的群体中产生,经过时间的长期考验,不断适应社会的需要而形成的。而制度则是这种文化的具体化,它对社会生产进行指导,因此现代经济增长是与文化变迁不可分割的。而诺斯提出制度实际上是规范人在经济活动中合作与竞争的行为,它认为文化可以影响制度的制定、实施,而制度会影响经济绩效,最终指导并影响经济发展。因此,一个好的经济制度在经济增长中起了决定性作用。

20 世纪 80 年代,新增长理论诞生。它提出与之前的理论完全不一样的想法,认为文化不是作为外部力量促进经济发展而是作为内在因素来促进经济发展。新增长理论提出经济增长与人均收入的增长有一定的差异,这种差异与知识外溢、劳动分工及研究开发能力都有很大关系。它将传统文化、人力资本等内在因素都考虑到影响经济发展的因素中,其中最具代表性的学者是罗默和卢卡斯。在阿罗“干中学”模型的基础上,保罗·罗默在《收益递增与长期增长》中提到“经济增长与资本、劳动、人力资本和技术水平四个因素有关”。其中人力资本是指劳动者在劳动过程中接受教育、培训等产生的一般知识积累,这种知识积累可以产生规模经济效应,促进经济增长。这就说明知识和教育水平是推动经济增长的重要因素。而技术水平又是通过知识积累创造的科技创新,即通过一般知识的积累,思考产生的发明创造,这种创新只为产生这种技术进步的企业服务,因此可以产生垄断性的经济效益。这种垄断性的经济效益既让社会看到了利润的诱惑,极力地推动未取得技术进步的企业为之不断努力,促使整个社会的发展进步,导致垄断性的经济效益只能维持一时,要持久地占据这种垄断利益,就需要不断发明、创造。而卢卡斯则在《论经济发展机制》一文中提出了两个经济增长模型,人力资本的增值极大地促进经济发展,尤其是地区经济的发展——人力资本溢出模型和"干中学"外部性模型。他认为人力资本有内在和外在效应。内在效应就是通过教育、培训可以增加人力资本;外在效应则是人力资本的"外溢性",即人力资本较高的人和组织会对周围的人及产出产生正面影响,带动整个地区的劳动生产率的提升,达到经济发展的目的。

1990 年,联合国研究机构提出了知识经济的概念,1996 年经济合作和发展组织明确了其定义,认为知识经济是通过对知识和信息的加工、使用、再分配的经济。即知识经济是以知识水平为基础,以人的素质能力为条件,以人对知识的处理为主要推动力,实现的社会化生产,并由此推动经济的发展。同时由此产生了著名的知识经济理论,认为知识经济是推动经济发展最关键的因素,而知识、技术又是文化的重要组成部分,因此其认为文化对经济发展有决定性作用。在该理论中,文化不是作为辅助因素,而是作为一种直接生产要素。知识相对其他物质投入来说,可以实现资本、资源的节约,节省物质投入,极大地提高劳动生产率,而且相对于物质投入来说创造能力更强,因此这种知识经济比一切其他要素经济增值能力都要高。同时传统经济理论假设中,要素的边际报酬率都是递减的,但在加入知识要素时,经济学家普遍认为实现边际报酬率递增是可能的。因此,在文化发展中应更加注重对知识方面的影响。

综合上述所述,文化与经济有密不可分的关系。首先,文化可以提高人的文化素质和文化技能。教育是文化传播的重要手段,直接将文化的内涵、精华通过一种教授的关系进行引进,可以提升人们对世界的认知,通过精神文明的建设加深人们对物质文明的理解,可以提高企业劳动者的劳动能力,进而促进经济的发展。其次,文化渗透经济活动的方方面面,如企业的文化氛围、不同的企业文化,对企业的生死存亡起到至关重要的作用。再次,文化直接影响到创新能力和社会进步,美国社会崇尚竞争、热情及个人英雄主义,德国社会崇尚严谨、严密、完美主义,日本社会崇尚勤奋、认真及服从等,从文化特点上可以看出一个社会创新能力的强弱,社会进步的快慢。最后,在现代经济发展过程中,文化与经济相互融合,由此产生的文化产业已经成为国家综合国力的标志。因此,要研究京津冀地区的经济发展,文化也是其中必不可少的一部分。

第二节　京津冀区域文化分析

一、北京的文化概述及其产生的背景

北京作为我国的首都,是政治、文化以及国际交流合作的中心,也是世界知名的历史古都。北京文化也在历史的发展进步中不断发展壮大,既有富有魅力的中国传统文化,又有丰富多彩的异国文化以及新时代的创意文化,并在文化交互、碰撞、积淀中形成自己鲜明的文化特征——兼容并包。

北京六七十万年前出现的"北京人"以及后来一系列人类活动遗址的发现说明北京早已出现了人类文明,而后出现了城市。北京作为城市也有两千多年的历史,起初只是偏远郊区的一个小城镇,随着历史的不断推进,逐渐成为中心城市、军事重镇、陪都,并最终成为首都。伴随着城市定位的变化,文化也逐渐升级,由开始的地域文化到都市文化再到后来的首都文化。北京是辽、金、元、明、清以及民国时期的都城,是一个六朝古都。在辽时期,北京作为陪都,也成为辽时期文化最发达的地区。到了金时期,北京作为金大都,成为北方地区的文化中心。这以前,北京的主要职能是政府设立的军事重镇,是一个多民族文化碰撞交流的地方,深受蒙古文化以及满族文化的影响。随着元朝的建立,东西南北的文化开始交汇,尤其是在1272年元世祖忽必烈打败南宋、西夏与金朝后,定都燕京即现在的北京,北京也逐渐成为东南西北各种文化的汇集枢纽。元朝开放并包的文化,使东西南北丰富多元的文化得以生存,北京迅速成为当时的政治、文化中心,也为后来北京文化的形成奠定了基础。此时,国内外文化的交流也开始出现。到了明朝1403年,立北平为京师,同时诏改北平为北京,这样北京再次被定为都城。为提升北京的地位,明成祖强令江南富户、山西的商人及各地的流民迁入北京。同时为修建都城,从各地调来几十万人的修建大军,此外还下令开会通河,打通南北的交通,这一系列的措施使各地不同等级、不同身份的人们开始聚集北京,带来了当地文化并

在北京汇集。清代，北京继续作为首都，文化中心地位继续保持。到了近代，北京是新文化运动的策源地，轰轰烈烈的"五四"运动在北京爆发，从中可看出北京在当时已是政治、文化中心。1949 年新中国成立，定都北京，北京成了全国人民向往的城市。这一朝又一代的首都定位北京，决定了多种文化汇聚于此，为文化碰撞、形成兼容并包的特质奠定了基础。

新中国成立六十多年以来，中国经济文化发展迅猛，北京起着模范带头作用。现在北京聚集着几十个民族不同宗教信仰的中国人，以及来自世界其他国家和地区怀有异国文化的外国人，文化多元化程度加深，丰富多彩的各类文化共生，这种兼容并包的北京文化逐渐形成。

这种兼容并包的文化还体现在教育文化上。自明清实行科举制度以来，北京就成为有识之士的向往之地，在很大程度上促进了北京儒雅文化的发展壮大，为其成为文化中心奠定了很好的基础。而新中国成立后，北京大力推进教育事业的发展，1977 年，在"文化大革命"刚结束，邓小平同志在工作座谈会上提出要从科学、教育入手实现赶上世界先进水平的目标；1985 年北京提出要将其建设成教育程度最高的城市；后来到 1996 年又提出科教兴国战略，并最终将其定为我国的基本国策；2006 年《北京市"十一五"时期教育发展规划》提出，到 2010 年要把北京建设成为世界上教育发达的城市。这一系列的方针措施极大地促进了北京教育事业的发展，教育又是文化传承发展的主要渠道，因此北京的校园文化迅猛发展，尤其是高校文化异军突起。截至目前北京地区有高校多达 150 所以上，其中重点名校有接近 30 所，成为高校最集中的地区。而各大校园文化又各具特色，如北大自由激进的文化、清华严谨保守的文化。北京兼容并包的文化特点给予各大高校最大的文化自由，让这些风格迥异的文化发展壮大，在理论与现实中碰撞出火花。这种自由的氛围也吸引、聚集了全国各类高级人才，在提升我国科技水平的同时，更是提升了创新能力，对北京的发展起到了最直接、快速的作用。

这种兼容并包的文化使北京文化"引进来"与"走出去"协调发展，文化交流更加多样化，文化事业、文化产业和文化创意产业均得到快速发展。

二、天津的文化概述及其产生的背景

天津是北京的近邻，但其发展历史较短，缺乏中国传统文化的积淀，同时它又深受西方文化的熏陶，因此形成了既开放又保守的双重文化特性。

天津是在明代时期诞生，建城只有600多年。在明代之前，并无天津一说，此地的文明也较为落后。直到北京都城的位置确定，因为其地理位置与北京毗邻，天然的地理优势带动了地区的发展，文化也开始起步。随着1399年燕王朱棣发兵南下进攻，到1402年明王朱棣即位，定都北京，为保卫首都的安全，利用此地区优越的地理位置，朱棣为其赐名“天津”，于1404年在天津设立天卫、左卫和中卫三卫，在1406年建城墙，将天津打造成天津城。因此这是一个为了军事防御而诞生的城市，也被称作“天津卫”，这也奠定了天津传统保守文化的基础。

天津自建立起，便蓬勃发展。除了毗邻北京外，它还东临渤海，拥有沟通南北交通的运河，此种地理优势使得海上运输业发展迅速，港口贸易繁荣，这也就保证了其城市的繁荣，为天津文化的发展奠定了坚实的经济基础，也为天津开放的文化特征提供了根基。但天津真正对外开放的时间是在1860年成为通商口岸后。外国文化开始向天津渗透，在“师夷长技以制夷”“洋务运动”等思想活动的引领下，学习先进技术的激情激发了城市发展活力，城市交通、教育事业、民族工业等得到迅速的发展。为了促使当时的人们想要学习更多先进的文化和技术，天津由此产生了开放性的思维和倾向。但这种开放是由于西方资本主义对中国的侵略，与中国签订了一系列的不平等条约，强制中国部分地区开放，并不是中国自然贸易逐步发展的结果。但也正是这种强迫开放使得天津文化中的另一极端与外界交流和沟通存在矛盾的抵触心理。

新中国成立以后，天津在开放与保守的文化中继续发展。天津保守文化主要体现在普遍的性格倾向上。首先，天津人主张说天津话，认为不说天津话就不是家乡人。作为我国较发达的直辖市，天津聚集了全国各地的人。其次，天津人存在过度恋乡情结，他们不喜欢离开家乡到别处发展，甚至连上大学都只偏好于天津的学校。再次，天津崇尚悠闲的生活，固守平淡的日子，与市场经济崇尚的竞争格格不入。最后，天津市井中“痞气”也是其保守文化的一种体现，他们表现出玩世不恭、消极反抗的态度。以上几点均与大都市的快速、紧张、包容的特征相违背。而天津的开放还是由于其优越的地理位置。其紧临首都北京，西靠华北平原，本身又是以前的工业基地，在新中国成立后尤其是改革开放以来，经济不断发展，文化的开放性也逐步体现。

三、河北的文化概述及其产生的背景

河北自春秋战国时期就已经存在,历史悠久,文化积淀深厚。河北北部是一个属于高原、平原、山地、丘陵、平原各种地形地貌相交融的复杂地区。这种多样化的地貌使得河北农耕、畜牧业等迅速发展。受地理因素影响,农耕文化的柔和与游牧文化的粗犷交织碰撞。河北南部则位于黄河中下游,是中华民族发祥地之一,古文明较为发达。而北京建都后,受到北京文化的熏陶和辐射,多文化的交流复合,因此河北并没有个性鲜明的文化特征,主要表现为燕赵文化的传承发展。

在春秋战国时期,河北南部是赵国,河北北部是燕国,因此在当时产生了对河北文化影响重大的燕赵文化。燕国和赵国本身因为地理位置相邻,生活方式和习俗文化就有相近之处,加之后来两国的政治联盟和沟通交流,其文化有很大的一致性。它的文化主要体现为勇敢。春秋战国是历史上有名的战乱时期,群雄割据,列国为了自身的利益不断攻城略地。而燕国当时内忧外患,燕昭王礼贤下士,发现并重用了一大批人才也是爱国之士,解除了国家的危难。而在抗战期间,这种燕赵文化发展为红色燕赵文化。这种文化是以西柏坡精神为核心的。西柏坡是抗战期间党的最后一个农村指挥基地,在这里民主革命进入高潮,党在确定了战略决战的主动权后,决定了坚决进行战略发展,体现了党的精神风貌,也体现了河北人民积极主动反战的心态,是河北文化的产物。而在新中国成立以后,1976 年唐山发生大地震,在地震中人们积极抗震救灾,灾后积极重建家园,敢于牺牲不怕奉献的燕赵文化也发挥了重要作用。

第三节　京津冀区域文化对区域经济的影响

一、京津冀区域文化对区域经济发展的宏观影响

文化就是对人的思想、态度、价值观等人类精神文明的提炼和升华,是人们千百年来的生活习惯在头脑中产生的印象,因此它对人的行为有潜移默化的指导作用。不同地区由于不同的文化背景和历史底蕴,又形成了不同的文化,同一地区文化又有一定的相似性。这种以地区为界限的相似的文化我们将其称为地区文化。本节主要分析京津冀地区文化对经济的影响。

(一) 京津冀区域文化对经济影响的机理

要研究京津冀地区文化对经济的影响,首先要分析其影响机理。文化的产生与人的行为有关,因此它产生之后必然也会对人有一定的影响。人是经济主体,是作为生产、生活的劳动力资源而存在的,扮演着经济生活的各种角色,是承载社会发展和变革的主要力量。人通过各种联系,组成了社会上对经济有重要影响的组织,如生产生活规则的制定者——政府,生产力的主要提供者——企业等。这种组织将人有机地结合起来,形成各种各样的部门,不同的部门有不同的分工,共同促进组织的发展。因此个人对组织产生影响,这种组织又构成了社会经济发展的各个环节,具有生产、销售、管理等多种功能,它将作为一种中介传导机制,不断地耦合、互动来影响经济的循环,进而影响经济的发展。总之,文化对人的影响正是通过组织来影响经济的发展。

(二) 京津冀区域文化对经济的具体影响

京津冀地区文化对经济产生的具体影响,本书将从文化需求、文化导向、文化行为和文化精神四个层面进行分析阐述。

1. 文化需求

需求是人们行为的根本动力,也是经济运行的出发点。随着经济的快速发展,人们的收入也有所提高,这使人们对业余时间有了越来越高的要求,在一定程度上提高了人们对精神生活的追求,推动了文化消费的诞生。这种文化消费由简单到复杂、由少量向大量、由低级向高级的需求不断演进,推动了物质生产力的发展,同时稳步推进社会经济运行的发展。北京作为全国的政治、文化、国际交往中心,汇聚多种文化,具有兼容并包性,它并不排斥文化的碰撞,因此北京的文化需求也就更为多样化和复杂化。北京作为中国的政治中心,拥有众多的管理部门,对资源有更多的调动能力,这能够促进经济更加快速地发展,进而满足人们的需求,人们的需求将更进一步地提升,以期获得更好的满足,形成良性循环。

这可以从首钢的迅速发展及其变迁中看出。早期人们认为北京没有赖以发展的工业,而首钢让其看到了发展的潜力。因此引进了最先进的技术,使其快速发展。不仅如此国家还对其实施一系列的放权让利的政策红利,如使其成为国家经济体制改革的试点,让其突破计划经济的束缚,产值大幅提升。最终首钢成为国家排名第一的钢铁生产企业。而北京 2008 年举办奥运会,对北京来说更多的需求是良好的环境,而且需求巨大，纵使首钢能够提供巨大的产值，尽管作为国家大型钢铁企业，首钢涉及诸多部门利益，员工众多，时间紧迫，它仍迅速地完成了钢厂主要部门的搬迁。这其中巨大的资金投入、人员调动都是无法想象的，但北京政治文化的影响以及人们强烈的环境需求，使一个个不可能完成的任务成为可能，首钢的企业管理制度实现了改革，企业人员得到了很好的安置。而北京的兼容并包的文化又不允许首钢成为北京精神需求的牺牲品，因此对其也是多加关注，使其在搬迁后，企业的发展不但没有落后，竞争能力反而更强，企业向国际大集团的目标迈进。而北京也更加专注地发展其他经济。

天津的保守文化导致其需求并不高。天津人有浓烈的乡土情结，很少有人愿意出外发展，他们安于现状，因循守旧，缺乏冒险精神，因而也失去了很多跟外界交流合作的机会，接触新技术、新理念的机会也较少，在某些方面也导致他们认识上的狭隘，目光不够长远。

但另一方面，天津的传统经济发展较为迅速。天津自古以来的定位就是工商业城市，拥有较为发达的工商科贸业，支撑着天津经济的发展。现在天津工业基础较为雄厚，已形成了 150 多个工业门类、六大支柱产业，总计 12 类产品的制造基地。

天津对外开放的文化需求始于天津滨海新区的开发。天津虽与北京毗邻，经过十多年的自主发展也有一定的成就，但与北京仍有较大的发展差距，国家将滨海新区纳入国家综合配套改革试验区和国家新区，并列为国家“十一五”规划的国家重点发展战略。随着滨海新区开发开放，经济快速发展，对外贸易突飞猛进，逐步形成出口贸易中心和离岸金融中心，这极大地刺激了天津对外开放文化发展的需求。

河北一直是一个农业大省，燕赵文化又是比较务实的，因此其需求也较为务实。这种务实的需求与其农业和工业发展密不可分。河北地势地貌多种多样，在平原种植粮食以及一些经济作物，这样既能满足对粮食的需求，又对其经济发展有一定的促进作用；在山区种植瓜果以及树木，使其农产品丰富多样，林业也发展迅速；在草原地区发展畜牧业，这一系列的举措不仅使得河北农林畜牧业全面发展，还提供了重要的生态保护作用，使河北成为京津冀地区天然的生态屏障。因此其文化需求主要来自于与大自然斗智斗勇，不断地改造地貌，改善生态环境。河北的工业也是较为传统的重工业。因为早期工业的发展都是以重工业为主，因此其工业基本形成了以煤炭、纺织、冶金、建材、化工、机械、电子、石油等产业为主体的资源型以及资源加工型的重工业的工业经济结构。因此其文化需要主要是不断发展早期的工业。总体来看,无论是农业还是工业,河北整体的文化需求较为务实,在各种资源并不非常充实的情况下,不断地改善生活和居住环境。

2. 文化导向

文化导向是指文化通过引导人的行为,改变其在生产经营活动中的行为,以影响经济活动。北京兼容并包的文化特质在其政治中心文化的主导下,使人的观念以及思想也深受政治影响。因此北京的经济发展也受政治这种外力推动。这种外力主要体现在政府通过决策导向,对企业全面介入等,如政府倾向或政策支持,可以节省生产经营过程中的各种成本,利润也就可以大幅提升,这样企业效率可以得到提高,工资水平也就可以得到一定的提升,因此企业家和企业员工愿意接受政府的决策导向,进而影响企业的整体发展。政府市场经济的文化导向也是推动市场经济发展的主要力量。在新中国成立之初,全国都实行计划经济模式,这种模式深深地影响了天津、河北这两个北京政策辐射地区的经济发展。当时政府给予天津、河北的地位都是工业生产城市,不允许其搞商业等市场型的经济,因此河北、天津都是工业为基本。而在推行市场经济之际,又是在唐山大地震之后天津、河北准备恢复重建的时候,因此其面临着重建和转变经济模式的双重压力。不过后期在政府政策导向下,都找到了适合自己发展的模式。天津因为临海的区位优势,提出工业东移,推动滨海新区的快速发展,以市场为导向的资源配置方式起了重要的作用。天津港的管理权下放,港口建设加速。它的发展前景受到了国内外的投资者的一致认可,国内外的大量资金涌向天津。除工业以外的经济也开始发展,逐渐成为一个较为开放的多功能区域。而河北则继续发展其务实的工业。不过市场化改革后市场分配资源较少,之前由于政府的政策倾向,计划方式分配的资源较多,因此在开始实行市场经济时河北并未享受到其优越性。但随着国有经济向市场化方向改革,经济成分开始多样化,不仅以国有企业为主,这增加了经济的活力,推动了经济的发展。

3. 文化行为

人们的文化追求和修养一般都会体现在人的行为上,这在一定程度上也是文化的反映,同时这种文化行为也会直接或间接地影响经济的发展。北京承载的功能过于繁重,因此北京最终决定主要发挥其首都政治中心、文化中心的功能,将经济中心舍弃。因此开始将工业尤其是污染严重的重工业向周边迁移，充分发挥其首都的功能。而天津作为离北京最近的城市，区位优势明显，交通便利，基础设施也较为完善，又是重要的港口，成为重要的承接对象。从 1993 年开始天津人沉下心来埋头苦干，用了 20 年的时间，实现了年均生产总值增长 10%以上，也将滨海新区逐渐打造成北方经济的重心，实现了经济的飞跃。

4. 文化精神

文化精神是指由一个地区的民族信仰、时代精神、社会风貌组成的精神信仰。这种文化精神以特有精神力量鼓舞、指引着人们，并以此推动着经济的发展和社会的繁荣。北京的教育文化较为发达，各种高校、科研实验室都在此云集，因此其研究和技术水平都走在世界前列，通过文化的碰撞交流、互补融合，不断地发展演进，创新能力也稳步提升。这种创新不仅促进了经济环境、企业制度的优化，还促进了经济活力，推动了经济发展。这主要体现在北京开始注重产业结构调整。第一产业主要是都市型现代农业，注重科技与农业的融合，开始发展高质高效的可持续发展的现代化农业。第二产业基本从资源型工业开始转变为以汽车、电子为主导的高薪技术产业和现代制造业。第三产业发展最为迅速，现代服务业开始迅猛发展，尤其是文化创意产业成为北京经济发展的新的增长点。天津的精神则是在保守与开放间不断探索。从最开始不愿意对外开放，到现在滨海新区大力引进各种投资，这是一种经济发展模式不断探索不断发展的过程。现在不仅工业发展迅速，服务业也发展起来，并且与京津冀地区连成一片，稳步发展。河北自古到现在都是务实，一步一个脚印地向未来迈进，不断去发展其实体经济。河北的钢铁产量都已经居全国前列，化学和医药工业也发展较为迅速，逐渐成为全国重要的原材料工业基地、二次能源基地、一次能源运输基地以及化学制药基地。

二、京津冀区域文化对区域经济发展的微观影响

根据文化与经济关系的理论以及文化的几个方面对经济的作用，本章接下来具体分析文化对区域经济发展模式的影响。文化对区域经济的影响，主要体现在对个体经济意识、区域创新以及劳动力供给的影响。

（一）文化对个体经济意识的影响

前文已经分析了文化会对人的理念和认识有潜移默化的影响，而个人的经济意识又会影响人们对新事情、新观念的态度，产生个体经济行

为。这使得生活在一定区域的个体由于文化的相似性,会显现出一定的模仿、示范、约束以及变更效应,个体的行为在这种文化的指导下也会有一定的相似性。这种个体经济行为在个体经济意识的指导下影响区域经济发展的能动性和活力,进而影响整个区域经济的发展。个体经济意识主要包括个体从商的意识、对待市场的态度、对机会的把握以及开放意识等。个体从商意识主要是指对待商业发展的意识,这种意识一般要具有一定的冒险精神。对待市场的态度主要是指面对不同的市场环境,对环境有一定的判断并做出一定的行动,这种意识一般要有一定的文化基础,否则所做的判断比较激进,是没有可信度的。而对机会的把握是一种机遇意识,在市场经济发展的过程中,会有许多的发展机会,但是机会都是稍纵即逝的,如果没有机遇意识,那就有可能错失发展的最好时机。开放意识是指本地文化对外来文化的接受程度,这是一种面对异域文化能否持有包容的态度,这种意识一般要具有兼容并包的心态。因此要分析京津冀地区的文化观念所塑造的个体经济意识,来分析文化对区域经济发展的影响。

北京自古以来就是政治中心,几朝古都,这使得北京地区人们政治意识比较浓重,工商意识比较淡薄。而经济的繁荣发展也主要是依靠政治中心的带动。政治中心吸引了各类资源的聚集,如人才的聚集。这种外力驱动的经济尤其在改革开放后北京的经济蓬勃发展体现得更加明显。因此北京政治意识强烈,但个体从商意识淡薄,体现出重政治不重经济的特点。而从对待市场的角度来看,北京是众多高校、科学研究院的聚集之地,文化水平较高,人们的文化素质也更高,这样就促使人们对市场变化的反应较为敏感。但同时这种对市场的敏感性也受到北京政治中心的影响,我国目前实行的是国家干预下的市场经济,各种宏观政策的制定又减弱了对市场的敏感度。北京地区的国有企业众多,在市场不断地变化中稳中求胜,国有经济发展得较为迅速。相比国家的干预,市场经济对企业的影响显得稍逊一筹。从机遇意识来看,政治中心的地位使其对突如其来的机会更能敏感地捕捉,加之人才众多,能把握住机遇的可能性更大,因此人们也就更具备机遇意识。从开放意识来说,北京是中国的首都,而中国作为世界经济的重要组成部分,很多国家和组织都非常注重其发展,而地理位置的优越性更便于获取各类信息,众多国家、组织将核心部门设在北京。北京兼容并包的文化对外来文化持有“开放”的态度，使北京文化更具有生命力。这也使得人们思想比较开放，能够快速地接受新知识、新观念、新思想，这就便于文化的融合和创新，有利于北京又快又好地适应国际环境的变化，并且能够在新思想中迸发更新的思想，促进了北京对外贸易的发展，也就促进北京经济的发展。

天津在历史的积淀下形成了开放又保守的文化。这种文化产生了不一样的个体意识。首先天津在洋务运动后开始发展工商业，有一定的经济基础，也使得天津人有了一定的工商意识。但其保守的文化风格使天津人不具有冒险精神，因此体现出较强的规避风险、保守发展趋向，使得其工商业缺乏灵活性，也就抑制了工商业的发展。就市场态度而言，天津人的保守使其无法敏锐地捕捉市场的变化，而且即使捕捉到市场的变化，若不变化依旧可以获利，也不愿因这种变化改变其发展策略。从机遇意识而言，天津相比北京，既没有政治中心地位助其发展机遇意识，也无丰富的人才支撑，因此对机遇的把握较差。但自从国家开始重视滨海新区的发展，天津很好地把握住了此次机遇，也开启了经济发展的新篇章。从开放意识的角度来看，天津既想开放又趋于保守的文化，使人们在想开放的基础上又受到各种思想文化的禁锢，导致其开放程度不够。天津临海的地理优势使其对外贸易得到发展，进一步推动其开放经济，使其经济在被动的开放中发展。

河北的燕赵文化使其有较为务实的态度。首先从个体从商意识来看，河北的农耕、畜牧等农业文化占据核心地位，导致其重农轻商，发展工商业的意识淡薄。而务实的态度也使其对经济持有在稳中求发展的态度，主要发展资源密集型的重工业，导致其冒险意识也不够，工商业的发展受到严重阻碍。从对待市场的态度而言，市场意识淡薄，无法敏锐地感知市场的变化。从机遇意识来看，相对天津而言还要逊色。因为其不仅没有人才聚集、政治敏感，其地理位置也没有为其带来机遇，因此河北的机遇意识更加淡薄。从开放意识来看，河北与外界的交流较少，开放意识较弱。这主要体现在河北吸引外资的能力较差。数据显示，北京在 2004 年吸引外资 51 亿美元，而河北的张家口仅为 0.62 亿美元，这说明河北经济开放性差。这也说明薄弱的开放意识使得经济发展受到了一定的抑制。

（二）文化对区域创新的影响

区域的创新能力是该地区生产效率的反映，在某种程度上也反映了该地区的技术能力水平，是经济增长的不竭动力。而区域的创新有两方面的动力，一方面是自主创新，另一方面是外来的创新。下面分别阐述文化对这两方面创新的影响。

先看自主创新。一个地区的自主创新能力一方面受着地区文化程度高低的影响，另一方面受着地区个体的自主创新意识的影响。文化程度的高低在上文已经分析过，这里主要分析自主创新意识的影响。自主创新受霍夫斯塔德的文化五维度（个人与集体主义、权力距离、不确定性规避、刚柔性以及长期和短期导向）的影响。

个人与集体主义是表示个人与集体之间的关联程度。一个地区个人与集体主义不同会导致自主创新的成长情况不同，进而导致区域的技术能力受限，影响区域的发展。如果地域文化倾向于个人主义，它就会强调个人的自由和独立，更多地关注个人的得失成败，会有更多不同的观点诞生，从而较大程度地开发个人自主创新的能力，使得这个地区比较富有创新精神。如果倾向于集体主义，它就会强调团队的和谐，注重人与人关系的建立，这就使得人与人之间联系紧密，观点想法比较一致，从而不利于个人创新思想火花的诞生，而且即使诞生也会被团队其他人一致的观点所否决，因此个人创新能力受到极大的抑制。京津冀地区均属于中国核心区域，深受中国传统文化影响，都较为倾向于集体主义，因此并不如美国这种富有个人主义精神的国度那样具有较强的创新能力。不仅如此，北京政治中心、天津保守以及河北的务实，也使得京津冀地区趋向集体主义发展。

文化维度中的权力距离是表示人们对地区权力分配不平等这一事实的接受程度。这种接受程度会产生集权或微权社会，它会影响自主创新的动力。如果是集权社会的话，它追求尊崇的地位，这就会产生对强权的依附，而仅仅通过自主创新很难改变其地位，这就使得人们并不想自主创新，极大地影响地区创新的水平。如果是微权社会的话，它推崇民主和公平，这样人们可以通过自主创新获得自己该获得的地位和荣誉，这就大大增加了自主创新的动力，使地区整体的创新能力获得提升。京津冀地区在中国这个崇尚人人平等的国家，个人自主创新能力相比独裁国家要好得多。但是北京是中国的首都,政治色彩浓重,虽然是公平的竞争,但在一定程度上也影响了北京的自主创新意识。

不确定性规避则表示人们在应对未来不确定时的态度,这也会影响自主创新的动力。当不确定性规避较高的时候,人们就比较推崇有明确结果的事情,对待新鲜事物就会产生焦虑等不稳定因素,因此人们会采取手段规避风险。这就会使得人们的创新动力大打折扣。当不确定性规避较低的时候,人们并不会因为新鲜事物而恐慌,因此富有冒险精神,使得人们愿意去尝试接触新事物,这就有利于区域的创新。北京兼容并包的文化使其不确定性规避较低,能得心应手地应对新事物,这就使得自主创新的动力较高。天津的开放、保守的矛盾文化使其不确定性规避较高,影响了其自主创新的动力。河北地区则由于燕赵文化中奉献精神、冒险精神较强,自主创新能力较强。

刚柔性表示人们对性别角色的认识。在刚性社会性别角色有较为明确的划分,认为获取物质财富的成功是其主导价值,这也就培育了其好胜心。这种好胜心能够促进自主创新的个体通过创新获取物质财富。在柔性社会,追求关爱与被关爱,因此关爱弱者是其主导价值,这就使其保守发展,自主创新的意识不够。北京兼容并包的文化使其区域内竞争较为激烈,因此建立了一个刚性社会,促进其通过自主创新取得竞争优势。天津的开放与保守的文化建立了柔性社会的意识,这就不利于其自主创新。河北也是一个柔性社会,不利于其自主创新。

长、短期导向表示人们对长期和短期规划的态度。长远规划使得人们追求长期的稳定,养成节俭和储蓄的良好价值观。这就使得人们对自主创新的投入不足,自主创新就不能得到较好的发展。短期规划使得人们追求面子,期待马上获得成效,这就促进人们进行自主创新。京津冀地区在中国传统文化的影响下都较为趋向长期导向。

再看外来文化的创新,这主要受地区开放意识和文化的影响。地区文化会影响人们对外来技术的接受和吸纳程度。当人们开放意识较强,就会接受外来文化对其的改变,而反之,人们就会对外来文化技术有一定的抵触心理,这样外来技术就不能很好地融合到地区发展中。北京的兼容并包使其多多引进外来技术,天津的开放与保守使其对待外来技术需要仔细的筛选,河北的燕赵文化则使其与外来技术和文化接触较少。

（三）文化对劳动力供给的影响

一切经济的主体都是劳动力，劳动力是经济发展中最活跃的因素，因此劳动力供给会对区域发展产生重大影响。而劳动力供给又受人口数量、人口结构和劳动效率的影响。人口数量与人口结构主要受地域文化观念中生育观念的影响。若地域文化中受传统“多子多福”“养儿防老”等传统观念影响较深，则这个地区人口数量将会较多，而且男女比例会有较大的差距。而劳动效率受工作态度的影响，积极的工作态度会使劳动效率较高，能够极大地促进经济的增长。京津相对于河北来说，受传统生育观念影响较浅，但是由于北京是首都，吸引了大批外来人口，这使得劳动力供给也较为充足。从工作态度来说，北京相对于河北和天津来说，竞争压力较大，工作态度就较为积极，因此劳动效率也就较高。

三、长三角、珠三角城市群区域文化融合的借鉴

文化对经济发展起指导作用，在区域协调发展的过程中，如果存在过多文化的冲突，就无法起到强有力的指导作用，因此，京津冀地区要协调发展，离不开文化的协调和融合。伴随着中国经济飞速发展，各地区由于资源、区位、政府的指导等因素的不同，发展情况也不尽相同，逐渐显现出以区域发展为核心的特点，尤其是长三角以及珠三角地区发展较为突出。因此，京津冀文化的融合可以借鉴其发展过程中文化融合的经验。

首先，要了解长三角和珠三角的文化。前人对其文化以及对区域经济的影响已经有较多的研究。本书采取的观点如表 6-1 所示。

表 6-1　区域文化模式与区域经济模式

区位		长江三角洲	珠江三角洲
位置条件		开放前沿，区位优越	毗邻港澳，区位优越
区域文化模式	文化背景	吴越文化	岭南文化
	文化内涵	开放性、实用性	强烈开放性、冒险进取心、传统保守性
	文化观念	实业强国、工商并重	崇尚商贸、农商并重、义利并重、和气生财

（续表）

<table>
<tr><th colspan="2">区位</th><th colspan="2">长江三角洲</th><th colspan="2">珠江三角洲</th></tr>
<tr><td rowspan="11">区域经济模式</td><td>典型模式</td><td>苏南模式</td><td>温州模式</td><td>东莞模式</td><td>南海模式</td></tr>
<tr><td>经济载体</td><td>乡镇企业</td><td>家庭工商业</td><td>合资企业</td><td>私营经济联合体</td></tr>
<tr><td>产业部门</td><td>机电、纺织、轻化、建材</td><td>小商品、大市场</td><td colspan="2">家电、食品、纺织、服装、药品、建材为主的轻型结构</td></tr>
<tr><td>政府作用</td><td colspan="2">对下放权，县市作用大，乡镇和企业是经济增长的两支点</td><td colspan="2">对下更加放权、县市和乡镇一级作用很大，经济增长在县市</td></tr>
<tr><td>投入机制</td><td colspan="2">国家资本、民间资本</td><td colspan="2">国家资本、港台资本和外国资本</td></tr>
<tr><td>动力机制</td><td colspan="2">内生力量推动为主，产品内销为主</td><td colspan="2">外力输入、产品输出、政策驱动</td></tr>
<tr><td>所有制</td><td colspan="2">集体所有制</td><td colspan="2">集体所有制为主</td></tr>
<tr><td>产权特征</td><td colspan="2">私有制为主所有权明确，约束强；两权合二为一</td><td colspan="2">所有权主体多元化，归属明确；两权分离，行政干预小</td></tr>
<tr><td>经济活性</td><td colspan="2">经济活性一直很强</td><td colspan="2">经济活性很强</td></tr>
<tr><td>发展主体</td><td colspan="2">小政府，大社会</td><td colspan="2">政府引导、调控，企业家主导，民众参与</td></tr>
<tr><td colspan="2">区域发展模式</td><td colspan="2">文化经济协调互动性较好</td><td colspan="2">文化经济协调互动性较好</td></tr>
</table>

资料来源：梁爱雪、孟召宜，《区域文化递进创新与区域经济持续发展》，《经济地理》，2004 年第 2 期。

可以看出我国长三角地区文化以吴越文化为主，拥有重商意识，注重功利，尤其是苏南和温州的发展模式成为各个地区学习的典型；而珠三角地区文化以岭南文化为主，它属于外向型文化，有助于民营经济的推动以及对创新能力的促进。从其文化的融合过程中可以总结出一些京津冀文化融合的经验和教训。

（一）文化认同

文化融合中起重要作用的就是文化认同。可以看到在长三角地区文化差异还是较大，像在长三角文化碰撞中生存下来的“吴文化”和“温州文化”。吴文化是一种比较务实、开放和进取的文化，而温州文化则是一种很具冒险和创新精神的文化。它们在长三角区域一体化的过程中，没有过度的排斥，而是彼此认同。吴文化促进了地区经济实力的增长，使得农、商、手工业、纺织业等工业发展兴旺，尤其是促进了吴文化中心——苏州经济的大幅增长。而温州文化使得温州这一原本传统的城市，在商业还鲜有问津时就开始发展，成为商业头脑发达的代表。这两种文化的融合，有利于区域发展中凝聚力的产生，使区域经济合作时更加便利，有利于区域经济的协调发展。京津冀地区文化的差异也较大，打破各地区的文化壁垒，让各地区能更好地进行交流协作，认同彼此的文化，可以为协调发展创造地区共赢的经济奠定良好的文化基础。认同文化并不代表最终要达到求同的状态，而是一种求同存异，既发扬自身的优良文化，也认同其他优良文化的发展。因此京津冀文化融合的第一步就是认同彼此的文化。这种认同要将优良文化作为文化主流，创造更好的文化认同，创造出最健康的文化。

（二）资源流动

文化融合的主要方式就是资源流动。长三角和珠三角文化融合的过程中都很好地进行了资源的流动共享，这有利于文化共同市场的建立，是文化融合的关键因素。这种资源流动主要包括人才和信息的流动。首先，京津冀地区由于其教育文化的不同，地区人才的种类和数量都很不一样。要进行区域协调发展，则必须保证人才的自由流动，创造一个公平竞争的环境，防止各地区为了自身的发展进行过度的无序竞争，造成人才的闲置和浪费。力争让北京大量的各类人才能够向天津、河北地区转移，让人尽其才，更好地发展地区经济，创造更多的经济效益。其次，信息流动主要是为了各地区文化更好地传播交流，更有利于文化资源的共享，有利于认同文化的产生。可以搭建信息交流平台，让信息快速地流动。因此，在京津冀地区文化融合的时候要采取一切措施让人才和信息能有效地流动。

（三）政府引导

从长三角和珠三角文化发展的历程中，可以看出政府的引导起了重要的作用。政府引导在一定程度上促进了长三角和珠三角的发展，但是政府干预的文化不是一种良性的区域文化，文化原本是在历史的进程中自发发展的，过多的政府干预则会使其缺乏主动性和能动性。京津冀地区作为政府重心，在其文化协调和融合的过程中肯定少不了政府的引导，但是这种引导不能变成主导，否则也会不利于文化的良性发展。因此京津冀地区可以以区域文化协调发展为核心，在政府的推动下建立文化交流合作的组织，而不直接干预其文化的生长。除此之外，政府还可以通过一些制度、法规的制定实施，对文化的融合给予一定的鼓励和保护。就像河北根据 2014 年李克强总理提出的京津冀一体化的规划，打响文化牌，推动其文化的保护和发展。总而言之，要让政府这只手推动其发展，而不要牵着其发展。

第四节 小 结

本章的研究首先分析了文化与经济关系的理论基础，紧接着围绕京津冀区域进行了文化分析，分别对北京、天津和河北的文化概述及其产生的背景进行梳理，然后从京津冀地区的文化需求、文化导向、文化行为和文化精神等方面从宏观上分析区域文化对区域经济的影响，同时也从文化对个体经济意识、区域创新和劳动力供给等方面进行了微观影响分析，最后从长三角和珠三角城市群区域文化融合中进行学习和借鉴经验，为京津冀区域文化的融合发展提供理论依据。

第七章　京津冀生态文明一体化发展研究

京津冀城市群中重工业比重相对较高，又地处相对缺水的北方地区，近年来污染问题（比如雾霾）的关注度也越来越高，严峻的生态环境会对城市群区域经济和社会发展都产生较大的制约作用。如今京津冀一体化发展已上升到国家战略层面，要实现优势互补、互利共赢，就要抓住重要突破口。想用可持续发展理念更好地指导现实环境治理工作，就要明确目前的生态形势和污染情况。因此，对京津冀城市群进行可持续发展评估对于扎实推进京津冀一体化具有重要的现实价值和长远的战略意义。

本章将采用生态足迹、水足迹、碳足迹三个度量指标从不同角度考察京津冀城市群的资源环境负荷现状和变化趋势。首先，通过采用生态足迹模型，对京津冀城市群的生态足迹和生态承载力进行估算，以考察京津冀城市群的生态评价情况，分析京津冀城市群的经济—生态的协调性。研究发现，虽然近年来有所改善，但该地区的发展总体上仍是通过过度消耗自然资本存量来弥补生态承载力方面的不足，竭泽而渔的发展方式导致生态足迹需求和供给之间的矛盾不断加剧，生态环境处于不安全状态，发展模式不具有可持续性，亟须调整和协作。其次，通过采用自上而下的投入产出分析方法，对京津冀城市群的水足迹和碳足迹进行估算，以考察京津冀城市群的用水及碳排放情况，分析评价京津冀城市群的水消费和碳排放特征。研究发现，京津冀城市群的水资源占有量要大于现有口径统计的水资源消耗量，解决水资源危机既需要内部调整消费结构，又需要外部协调区域间贸易结构；碳足迹在总量和人均水平上均较高，节能减排既要优化调整传统产业、引进低碳产业，又要加强地区节能规划和管理。最后，综合考虑城市群内生态环境协调发展现状，为推动京津冀协同发展提出若干对策建议：完善顶层制度设计，推进步调一致的政令与规划实施方案；创新绿色城镇化发展机制，走精明增长道路；分区引导开发与保护，制定差异化空间政策；强化中央政府管理事权，加强北京与周边相邻地区的跨界统一管控。

第一节　京津冀城市群的生态形势

一、京津冀城市群生态一体化

京津冀城市群的生态环境是一个整体，也是经济一体化的自然物质基础。

（一）自然环境一体化

京津冀三地，北起燕山山脉、南据华北平原、西至太行山区、东至渤海之滨，海河、滦河流域和冀中南流域连成一片，山水相连、空气相通，在地质、地貌、气候、土壤及生物群落等方面是一个完整的地域系统，生态环境一荣俱荣、一损俱损。这一系统造就了京津冀的文化和城市发展，影响了这一地区的交通和产业发展。

（二）社会经济发展一体化

根据城市发展理论，在中心城市早期扩展阶段会产生极化效应，集中周边地区的资源，但当中心城市发展到一定阶段，就会出现扩散效应，带动和促进周边地区的发展。京津两个直辖市和河北的社会经济发展就是中心和外围相互依存的关系，就像大树和土壤：京津作为大树，根系所达就是其影响范围，没有土壤大树就会枯萎，河北就是土壤，在京津根系所达范围之内，没有大树土壤就会荒芜，失去生命力。

京津冀的社会经济发展也是一个相互依存的整体。北京是我国的政治中心、文化中心、北方的经济中心；天津是环渤海地区经济中心、北方航运核心区、全国先进制造研发基地；河北为京津提供水资源、农副产品、劳动力及其他矿产、森林资源，同时接收京津两地的技术溢出和产业转移。京津冀三地的分工符合城市发展理论的必然规律，是城市群形成和发展的必然途径。

二、京津冀城市群生态形势严峻

近几年，京津冀地区积极实施可持续发展战略，认真贯彻落实污染防治与生态保护并重的方针，制定了一系列政策，建设了一系列环境治理和生态保护工程，加大了工业污染防治力度和流域水污染治理保护，在地区生态治理和环境保护方面取得了一定进展。但由于潜在的产业结构不合理及历史原因，从京津冀城市群生态全局看，形势依旧严峻，任重而道远。

（一）京津冀城市群资源约束明显[①]

京津冀地区水资源紧缺、土地资源后备不足等资源短缺问题明显约束了京津冀城市群的发展，以不到全国2.3%的国十面积和1%的水资源承载了全国8%的人口和11%的经济量。

京津冀属于资源型缺水地区，多年年均水资源量为258亿立方米，不及全国的1.2%。北京是资源型重度缺水特大城市，人均水资源量已下降到100立方米左右，不足全国的二十分之一。根据规划，2015年南水北调进京水量达10亿立方米，全年水资源供给量为36.8亿立方米，按照常住人口2018.6万人计算，北京人均水资源供给量为182.3立方米。天津人均占有量仅107立方米，目前农业和生态环境用水基本是靠天吃饭，仅中心城区景观河道由外调水补充。如果通过合理配置南水北调、引滦入津两大外调水源，增加供给量8亿立方米，全年供给总量增加31.1亿立方米，按2011年常住人口1 354.58万人计算，天津人均水资源供给量为229.59立方米。河北的人均水资源占有量为307立方米，据测算，河北目前一般年份总缺水量约为124亿立方米，超采地下水已经成为河北缓解水资源供需紧张局面的主要途径。京津冀三地的人均水资源量均远低于国际公认的人均1 000立方米的缺水警戒线。同时，该地区经济的快速发展又导致长期对水资源掠夺性开发，造成河道径流变化、河口生态恶化、入海水量锐减、地下水位下降、水土流失、湿地萎缩、水污染严重等一系列问题。

此外，京津两市人均耕地仅为0.17亩、0.83亩，均低于全国平均水平1.38亩；河北7个环京津城市的人均耕地为1.33亩，基本与全国平均水平持平。京津土地开发利用程度很高，未利用土地比例分别为12.63%、7.39%，大多属于难利用土地，可开发利用的后备土地资源不足。

---

① 彭文英：《构建京津冀生态环保一体化格局》，《中国环境报》，2014年第6期；京津冀水资源统筹发展空间广阔—中国金融信息网，http://news.xinhua08.com/a/20140917/1386771.shtml。

（二）京津冀城市群环境污染严重

京津冀地区环境污染问题以大气污染和水污染最为突出。

为治理大气污染，京津冀三地政府曾开展“三北”防护林建设、坝上生态农业建设、退耕还林、太行山绿化等一系列工程，并加大了工业污染防治力度，取缔、关停多家“十五小”企业等。但由于历史原因、产业和能源结构的制约，京津冀地区是目前我国空气污染最为严重的地区，根据环保部发布的 2014 年京津冀、长三角、珠三角区域和直辖市、省会城市及计划单列市共 74 个城市空气质量状况，全国空气质量最差的前 10 个城市中，京津冀地区就占了 7 个。虽然在 2008 年北京奥运会、2014 年 APEC 峰会、2015 年纪念中国人民抗日战争暨世界反法西斯战争胜利 70 周年大阅兵期间都通过启动京津冀区域联动应急预案，确保了良好的空气质量，出现了“奥运蓝”“APEC 蓝”和“阅兵蓝”，但尚未形成地区性环境共建共治的长效机制，无法根治地区大气污染问题。

此外，由于能源结构、产业结构和水资源过度开发，京津冀地区水污染问题十分严重。在最新环境状况公报中也提到“水资源短缺和城市下游河水污染严重的局面尚未根本改变”。供水水质恶化，降低了饮用水安全。城市地表水和地下水源都受到不同程度的污染，部分水库出现富营养化现象，并呈加剧趋势。

（三）京津冀城市群生态性贫困和贫困性生态问题交织

在京津冀地区，贫困区、生态脆弱区、水源保护区、生态敏感区四分布图重合，造成了生态性贫困和贫困性生态问题交织。

京津冀地区位于我国北方农牧交错带前缘，是典型的生态过渡区，生态环境脆弱，在环京津贫困带尤为显著。环京津贫困带自身生态环境脆弱，限制了最初农业经济发展，形成了贫困的基础。落后的生产方式和膨胀的人口又加剧了生态环境的恶化，作为京津冀的生态屏障、城市水源地和风沙源重点治理区，不断受到国家和地方政府对其资源开发和工农业生产的限制，却基本得不到有效补偿，从而加剧了贫困的深化，也削弱了环京津贫困带当地生态建设的积极性，反过来制约了京津冀的可持续发展，形成了恶性循环现状。由此产生的尖锐矛盾也增加了区域生态治理合作的困难。

此外，虽然京津冀城市群的自然环境和社会经济发展都体现出一体化趋势，但由于行政分割使京津冀内部在资源利用、产业配置、城镇规划、环境政策等方面没有形成良好的区域合作，行政协调难度较大。

第二节 京津冀城市群的生态足迹和生态承载力

本节主要考察京津冀城市群经济—生态的协调性，通过比较分析该地区生态足迹和生态承载力及其变动趋势，为合理利用资源、调整生态负荷提供依据。

一、理论与方法

（一）理论缘起和基本概念

国际上关于生态足迹的研究源于20世纪70年代诸多生态经济学背景的研究者们的研究成果。E. P. Odum(1957,1989)探讨了一个城市在能量意义上的额外的“影子面积”(Shadow Areas)；P. Vitousek(1986)测算了人类利用自然系统的净初级生产力(Net Primary Productivity)；A. M. Jason(1978)等分析了波罗的海哥特兰岛海岸渔业的海洋生态系统面积；J. M. Hartwick(1990)提出了绿色净国家产品(Green Net National Product)概念等。在前人研究的基础上，加拿大生态经济学家William Rees等于1992年提出生态足迹概念，然后Wackernagel等将其加以完善并发展为生态足迹模型。

生态足迹模型中有以下五个重要的基本概念：

1. 生态足迹

Wackernagel(1996)将生态足迹(Ecological Footprint)形容为“一只承载了人类与人类城市、工厂、生活等的巨大的脚踩在地球上留下的脚印”，如果这只巨大的脚再无立足之处，人类及其文明也将面临颠覆的危险。也就是说，生态足迹是指持续地生产一定人口所消费的所有资源并持续地消纳这些人口所产生的所有废弃物所需要的生物生产性土地面积，既反映了人类对地球生态环境的影响，又反映了可持续的机制，将不同种类资源和废弃物的消纳通过统一的土地面积来量化和度量人类活动对地球生态环境带来的影响和负荷。

2. 生物生产性土地面积

生物生产(Ecologically Production)也称生态生产，是指生态系统中的生物从外界环境中吸收生命过程所必需的物质和能量转化为新的物质,从而实现物质和能量的积累(章鸣,2004)。在生态足迹理论中,自然环境消纳排放物(如 CO_2)的能力也被视为生物生产力的一种,反映了自然资本的生命支持能力。

生物生产性土地面积(Ecologically Productive Area)是生态足迹理论为各类自然资本提供的统一度量基础。生物生产性土地指具有生物生产能力的土地和水域,具体分为六大类(Wackernagel,1996):(1) 耕地(Arable Land)是六类土地类型中生产力最高的土地类型,其生态生产力用单位面积产量表示;(2) 草地(Pasture)是适用于发展畜牧业的土地类型,其生态生产力用单位面积禽蛋、肉类、奶制品等产量表示;(3) 林地(Forest)包括人造林地和天然林地两种,主要用于生产木材、净化空气、涵养水源、保护物种多样性,其生态生产力用单位面积木材及相关林副产品产量表示;(4) 水域(Water Area)指能够提供水产品等产出的内陆水域和海洋水域,其生态生产力用单位面积水产品产量来表示;(5) 建设用地(Built-up Area)指人类住宅、商业、道路等建设活动所占用的土地,研究表明绝大部分建设用地都是占用可用于生产的耕地;(6) 化石能源用地(Fossil Energy Land)指用来吸纳化石燃料燃烧所产生的 CO_2(不包括化石燃料燃烧时所产生的有毒气体)所需的林地面积。生态足迹理论假设这六大类生物生产性土地在空间利用上是互斥的,但可以直接加总。

3. 生态承载力

生态承载力(Bio-Capacity)是与生态足迹相对应的概念,指一定人口所在地区所能提供的六类生物生产性土地面积之和,在全球尺度内以全球公顷(Global Hectare,gha)为计量单位,用来说明该地区的生态容量。

4. 生态盈余、生态赤字和生态耗竭

当一个地区的生态足迹小于其生态承载力,即称该地区生态盈余(Ecological Surplus),表明该地区的经济发展是可持续的。当一个地区的生态足迹超出了其生态承载力,即称该地区生态赤字(Ecological Deficit),表明该地区的经济发展是不可持续的,其自然资本不足以支持现有的人口消费和生产模式。

生态耗竭(Ecological Overshoot)指通过过度开发利用某种自然资源导致该资源的消耗速度超过了该资源再生补充的速度或超过了生态环境消纳废弃物的速度,从而造成该资源日渐枯竭或生态环境日益恶化的严重后果。生态耗竭和生态赤字的不同之处在于,生态耗竭衡量的是较长长时间尺度下的资源过度利用,而生态赤字衡量的是特定时间段生态足迹和生态承载力的差额。

5. 均衡因子和产量因子

在生态足迹指标计算时，由于六类生物生产性土地面积的生产能力差异较大，要通过均衡因子(Equivalence Factor)将六类生物生产性土地转化为生产能力较为一致的生物生产性土地，方便后续加总处理。因此，均衡因子反映了不同土地利用类型之间的生产力差异(见表 7-1)。

表 7-1　世界常用均衡因子汇总

年份	耕地	草地	林地	水域	建设用地	化石能源用地	资料来源
1993	2.82	0.54	1.14	0.22	2.82	1.14	Wackernagel,1997
1996	3.16	0.39	1.78	0.06	3.16	1.78	Living Planet Report 2000
1999	2.11	0.47	1.35	0.35	2.11	1.35	Living Planet Report 2002
2001	2.19	0.48	1.38	0.36	2.19	1.38	Living Planet Report 2004
2003	2.17	0.47	1.35	0.35	2.17	1.35	Wackernagel,2003

产量因子(Yield Factor)表示的是给定地区某一类型生物生产性土地单位面积生产力与基准水平(在全球尺度下即全球平均生产力)的差异，既反映一个国家或地区土地本身具有的可再生资源的生产力，也反映该国家或地区现有的耕作技术水平和土地管理水平(洪辉,2007)。

(二) 研究方法

生态足迹有两种计算方法：一种是自下而上法，即通过发放调查问卷等方式统计推断出计算地区人均的消费量；另一种是自上而下法，也称综合法，即先根据计算地区消费量的统计数据，再除以人口数得到人均的消费量。

本书采用的生态足迹的计算步骤和方法如下：

第一步，计算地区一定时间内人均年消费量。

(1) 划分消费项目。将六类生态生产性土地的消费分为生物资源消费和化石能源资源消费，其中生物资源消费账户包括农产品、林产品、畜产品、水产品的消费，化石能源资源消费账户包括能源的消费。

(2) 计算地区一定时间内 i 类项目的消费总量，计算公式为：

$$C_i = P_i + I_i - E_i$$

其中，C_i 为地区第 i 年总消费量，i 为消费项目的类型，P_i 为地区第 i 种消费项目的年生产量，I_i 为地区第 i 种消费项目年进口量，E_i 为地区第 i

种消费项目的年出口量。

(3) 计算地区一定时间内 i 类项目的人均年消费量(c_i,kg)为:

$$c_i = \frac{P_i + I_i - E_i}{N}$$

其中,N 为地区一定时间内人口数量。

第二步,计算地区一定时间内 i 类项目的人均生态足迹。

$$A_i = \frac{c_i}{Y_i} = \frac{P_i + I_i - E_i}{N \times Y_i}$$

其中,Y_i 为地区一定时间内生物生产性土地生产 i 类项目的年平均生产力。

在计算化石能源资源消费部分时,本书参考章鸣(2004)的方法,以世界化石能源用地单位面积平均发热量为标准,将地区一定时间内化石能源资源消费所消耗的热量折算成化石能源用地面积,从而计算出地区一定时间内化石能源资源消费的人均生态足迹。

第三步,计算地区一定时间内总生态足迹。

(1) 计算地区一定时间内所有消费项目人均生态足迹的总和为:

$$\mathrm{ef} = \sum \gamma_i \times A_i$$

其中,γ_i 为均衡因子,A_i 为地区一定时间内 i 类项目的人均生态足迹。

$$\gamma_i = \frac{P_j}{\sum P_j}$$

其中,P_j 为全球 j 类生物生产性土地的平均生产力,$\sum P_j$ 为全球所有生物生产性土地的平均生产力。

(3) 计算地区一定时间内总生态足迹,计算公式为:

$$\mathrm{EF} = \mathrm{ef} \times N$$

其中,EF 为地区一定时间内总生态足迹,ef 为地区一定时间内所有消费项目人均生态足迹总和,N 为地区一定时间内人口总数。

第四步,计算地区一定时间内生态承载力。

为了使生态承载力在不同地区间具有可比性,需要通过均衡因子和产量因子将各地区生物生产性土地面积转化为世界平均生物生产性土地面积。

$$\mathrm{EC} = N \times \mathrm{ec}$$

$$\mathrm{ec} = a_j \cdot \gamma_j \cdot y_j$$

$$y_j = \frac{p_j}{P_j}$$

其中,N 为地区一定时间内人口总数,ec 为地区一定时间内人均生态承载力,a_j 为地区一定时间内人均 j 类生物生产性土地面积,γ_j 为均衡因子,y_j 为产量因子,p_j 为地区 j 类生物生产性土地平均生产力,P_j 为全球 j 类生物生产性土地平均生产力。

第五步,计算地区一定时间内生态足迹和生态承载力的差额情况。

$$差额 = \mathrm{EC} - \mathrm{EF}$$

其中,EC 为地区一定时间内生态承载力,EF 为地区一定时间内生态足迹。若差额为正值,则表明该地区这段时间内出现生态盈余;若差额为负值,则表明该地区这段时间内出现生态赤字。

二、京津冀城市群的生态足迹计算与分析

(一) 均衡因子和产量因子的选取

现今国内外研究所引用的全球平均生产力数据大部分直接采用瓦克纳格尔(Wackernagel)的《生命行星报告》(*Living Planet Report*)和《国家自然资本核算与生态足迹的概念》(*National Natural Capital Accounting with the Ecological Footprint Concept*)中的数据。Wackernagel 的论文虽有权威性但其数据是根据 1993 年的数据计算得出,而本书根据联合国粮农组织(FAO)提供的 2010 年的数据进行处理后发现并不能得出合理的数据,然后通过对 1993 年数据的检验发现与 Wackernagel 论文中的均衡因子也不相符。通过进一步查阅文献知 Wackernagel 对均衡因子的计算并不是根据当年全球各类别产品的产量,而是根据联合国粮农组织的全球农业生态区划(GAEZ)和国际应用技术分析中心(IIASA)所估计的各类土地最大潜在作物产量来计算的(刘宇辉、彭希哲,2004)。另外,鉴于 Wackernagel 在 1999 年世界生态足迹报告中的研究范围是世界范围内的各国,而本章研究的范围具体到中国的各省份,全球视角下各国国内的区域差异都被忽略,因此不能直接采用 Wackernagel 的数据,需要根据我国实际情况计算中国视角下的均衡因子和产量因子,才能更真实地反映京津冀地区对自然资源的利用情况和可持续发展状态。因此,本书对经典生态模型的足迹进行一定的调整,在计算均衡因子和下文的产量因子时用全国的数据进行替代,并通过不同年份的计算结果确定均

衡因子和产量因子的选取，本书所研究的生态足迹和生态承载力的单位为国家公顷(National Hectare，nha)。

基于各省份数据的可获取性，本章采用了 1990—2014 年全国数据计算了这 25 年的均衡因子(见表 7-2)。按照惯例，建设用地的均衡因子等于同年份耕地的均衡因子。而化石能源用地的均衡因子为林地和草地生物产品热值之和除以林地和草地面积之和，其计算过程所需数据较多、较为复杂，本书直接引用张宇鹏(2010)中“我国化石能源用地均衡因子为 0.191”的计算结果，并默认没有太大变化。

表 7-2　1990—2014 年各年份均衡因子

年份	耕地	林地	草地	水域	建设用地	化石能源用地
1990	5.210199	0.123721	0.105046	0.600383	5.210199	0.191
1991	5.141382	0.126043	0.113972	0.639940	5.141382	0.191
1992	5.080123	0.136278	0.126257	0.749192	5.080123	0.191
1993	5.075772	0.133376	0.133125	0.831093	5.075772	0.191
1994	4.953494	0.135885	0.153969	0.958934	4.953494	0.191
1995	4.928788	0.126947	0.137435	1.029903	4.928788	0.191
1996	4.838056	0.114566	0.141382	1.221306	4.838056	0.191
1997	4.832834	0.104468	0.143903	1.095481	4.832834	0.191
1998	4.806478	0.092815	0.148757	1.135443	4.806478	0.191
1999	4.793196	0.081608	0.154185	1.186115	4.793196	0.191
2000	4.793359	0.075906	0.161786	1.260044	4.793359	0.191
2001	4.842414	0.069309	0.158480	1.220902	4.842414	0.191
2002	4.895557	0.064015	0.156877	1.200527	4.895557	0.191
2003	4.958963	0.064629	0.159278	1.170706	4.958963	0.191
2004	4.887709	0.067701	0.163424	1.171509	4.887709	0.191
2005	4.874675	0.071227	0.139597	1.204104	4.874675	0.191
2006	4.891517	0.082886	0.145644	1.229166	4.891517	0.191
2007	4.854423	0.084233	0.141885	1.227697	4.854423	0.191
2008	4.756647	0.091792	0.141054	1.199953	4.756647	0.191
2009	4.804165	0.075005	0.149247	1.266889	4.804165	0.191
2010	4.741927	0.082240	0.148298	1.282830	4.741927	0.191
2011	4.709578	0.080281	0.143770	1.285392	4.709578	0.191
2012	4.675300	0.077916	0.142950	1.302260	4.675300	0.191
2013	4.656699	0.077427	0.137467	1.308340	4.656699	0.191
2014	4.599445	0.076462	0.142421	1.377998	4.599445	0.191

资料来源：根据《中国统计年鉴》《中国粮食统计年鉴》《中国农村统计年鉴》计算得出。

基于各省份数据的可获取性，本章采用了1990—2014年全国、北京、天津、河北的数据计算了北京、天津、河北这25年各自的产量因子（见表7-3、表7-4和表7-5），其中建设用地的产量因子等于耕地的产量因子，化石能源用地的产量因子为0。

表7-3 北京产量因子选取

年份	耕地	林地	草地	水域	建设用地	化石能源用地
1990	2.058	0.096	21.255	3.793	2.058	0
1991	2.107	0.277	22.048	3.740	2.107	0
1992	2.240	0.260	21.288	3.766	2.240	0
1993	2.322	0.210	19.180	3.507	2.322	0
1994	2.063	0.242	15.774	3.172	2.063	0
1995	2.045	0.208	16.365	2.941	2.045	0
1996	1.900	0.199	13.483	2.168	1.900	0
1997	1.831	0.253	13.022	2.297	1.831	0
1998	1.755	0.296	11.743	2.003	1.755	0
1999	1.723	0.399	11.469	1.872	1.723	0
2000	1.928	0.370	12.619	1.851	1.928	0
2001	2.136	0.428	16.038	1.830	2.136	0
2002	2.152	0.417	16.890	1.737	2.152	0
2003	2.191	0.140	16.857	1.735	2.191	0
2004	2.083	0.169	16.385	1.629	2.083	0
2005	1.991	0.235	16.134	1.532	1.991	0
2006	1.895	0.246	13.960	4.612	1.895	0
2007	1.788	0.257	14.177	5.072	1.788	0
2008	1.616	0.233	13.648	5.386	1.616	0
2009	1.632	0.305	13.343	4.628	1.632	0
2010	1.542	0.346	12.506	4.897	1.542	0
2011	1.580	0.361	12.198	4.627	1.580	0
2012	1.525	0.497	11.778	5.109	1.525	0
2013	1.553	0.700	11.519	5.091	1.553	0
2014	1.607	0.446	10.966	5.616	1.607	0

表 7-4 天津产量因子选取

年份	耕地	林地	草地	水域	建设用地	化石能源用地
1990	1.603	1.030	26.936	6.781	1.603	0
1991	1.665	0.658	21.372	6.266	1.665	0
1992	1.833	0.618	20.794	5.479	1.833	0
1993	1.893	0.599	18.858	4.732	1.893	0
1994	2.092	0.577	18.122	4.283	2.092	0
1995	2.018	0.564	25.490	4.069	2.018	0
1996	1.857	0.852	17.876	3.145	1.857	0
1997	1.871	0.883	18.164	3.315	1.871	0
1998	1.846	1.267	19.445	3.538	1.846	0
1999	1.687	1.069	19.861	3.560	1.687	0
2000	1.830	1.307	23.141	3.725	1.830	0
2001	1.975	1.354	26.962	3.947	1.975	0
2002	1.975	1.384	30.576	3.928	1.975	0
2003	1.883	1.297	33.562	3.987	1.883	0
2004	1.770	1.258	34.268	3.750	1.770	0
2005	1.688	1.181	43.308	3.807	1.688	0
2006	1.239	0.999	42.615	4.195	1.239	0
2007	1.186	1.422	33.659	3.860	1.186	0
2008	1.214	1.163	33.825	3.498	1.214	0
2009	1.353	1.318	32.529	3.307	1.353	0
2010	1.396	4.975	32.639	3.211	1.396	0
2011	1.361	2.250	32.043	3.228	1.361	0
2012	1.312	2.413	31.373	3.104	1.312	0
2013	1.308	3.356	31.658	3.309	1.308	0
2014	1.351	3.270	30.945	3.229	1.351	0

表 7-5 河北产量因子选取

年份	耕地	林地	草地	水域	建设用地	化石能源用地
1990	0.787	0.446	4.641	0.478	0.787	0
1991	0.785	0.465	4.682	0.456	0.785	0
1992	0.829	0.401	4.765	0.417	0.829	0
1993	0.863	0.395	5.158	0.284	0.863	0
1994	0.971	0.420	6.333	0.281	0.971	0
1995	0.987	0.418	8.433	0.273	0.987	0
1996	0.989	0.446	8.472	2.499	0.989	0
1997	1.017	0.374	8.572	3.021	1.017	0
1998	1.065	0.362	8.772	2.735	1.065	0
1999	1.067	0.425	8.149	3.048	1.067	0
2000	1.182	0.492	8.243	2.928	1.182	0
2001	1.183	0.444	9.716	2.988	1.183	0
2002	1.183	0.387	9.996	2.889	1.183	0
2003	1.254	0.342	10.382	2.816	1.254	0
2004	1.270	0.352	10.754	2.871	1.270	0
2005	1.236	0.366	11.243	2.814	1.236	0
2006	1.223	0.340	11.318	3.510	1.223	0
2007	1.225	0.360	12.005	3.312	1.225	0
2008	1.278	0.294	11.935	2.249	1.278	0
2009	1.293	0.333	10.498	2.111	1.293	0
2010	1.303	0.359	9.901	2.066	1.303	0
2011	1.320	0.353	9.963	1.881	1.320	0
2012	1.325	0.366	9.940	1.926	1.325	0
2013	1.322	0.402	9.911	2.097	1.322	0
2014	1.383	0.436	10.133	2.019	1.383	0

（二）生物资源消费账户

生物资源消费账户包括农产品、林产品、畜产品、水产品四类。这四类产品的具体分类以表 7-6 为例，由于北京只披露了林产品中的木材产量,而全国数据中关于林地面积和草地面积没有更细的分类,因此此处粗略计算。

表 7-6 2014 年北京生态足迹生物资源消费账户计算

项目		全国平均产量 (t/ha)	北京生物量 (t)	总的生态足迹 (nha)	人均生态足迹 (nha/人)	土地类型
农产品	粮食	5.39	639 369	118 728.57	0.00552	耕地
	油料	2.50	6 730	2 694.34	0.00013	耕地
	棉花	1.46	107	73.19	0.00000	耕地
	麻类	2.67				耕地
	糖料	70.35				耕地
	烟叶	34.34	5	0.14		耕地
	蔬菜	2.05	2 361 600	1 153 851.97	0.05362	耕地
	茶叶	0.79				耕地
	水果	19.91	964 530	48 433.53	0.00225	林地
林产品	木材	0.17	78 178	452 452.58	0.02102	林地
	橡胶					林地
	松脂					林地
	生漆					林地
	油桐籽					林地
	油茶籽					林地
畜产品	肉类	0.32	392 952	1 220 954.34	0.05674	草地
	奶类		594 800	1 848 121.15	0.08588	草地
	绵羊毛		260	809.10	0.00004	草地
	山羊粗毛		56	173.07	0.00001	草地
	山羊绒		31	97.56	0.00000	草地
	禽蛋		196 500	610 551.12	0.02837	草地
	蜂蜜		2 321	7 211.65	0.00034	草地
水产品		3.11	68 200	21 901.30	0.00102	水域

从表 7-6 可以看出,北京人口对粮食的消费量降低,对禽蛋、肉类和乳制品的消费量逐渐增高,也从生态角度反映该地区农业生产规模、结构和技术水平的变化。

(三) 化石能源消费账户

化石能源消费账户包括煤炭、焦炭、原油、燃料油、汽油、煤油、柴油、液化石油气、天然气和电力的能源消费。本书参考章鸣(2004)的方法,以世界化石能源用地单位面积平均发热量为标准,将京津地地区 1990—2014 年化石能源资源消费所消耗的热量折算成化石能源用地面积,从而计算出该地区一定时间内化石能源资源消费的人均生态足迹，计算公式为：

$$ef_{能} = \frac{能源消费 \times 折算系数}{全球平均化石能源消费人均生态足迹 \times 地区总人口}$$

其中，天然气的消费量按"1立方米天然气=1.2143 kg标准煤"换算，总人口采用常住人口数据，折算系数和全球平均能源足迹如表7-7所示。

表7-7 各种能源折算系数

能源种类	全球平均人均生态足迹(Gj/ha)	折算系数(Gj/t)
煤炭	55	20.934
焦炭	55	28.470
原油	71	41.868
燃料油	71	50.200
汽油	71	43.124
煤油	71	43.124
柴油	71	42.705
液化石油气	93	50.200
天然气	93	49.607
电力(万kWh)	1000	36.000*

注：* 电力折算系数单位为 $Gj/10^4$ kWh。
资料来源：Wackernagel(1999,2005)。

根据《中国能源统计年鉴》《中国生产资料市场统计年鉴》《北京统计年鉴》《天津统计年鉴》《河北经济统计年鉴》的数据，最终计算了1990—2014年北京、天津、河北的能源消费足迹。其中，1992年、1993年、1994年数据缺失；同时三地区的液化石油气消费数据不全，但该类能源的消费量占比较小，对最终结果影响不大，根据现有数据对缺失年份进行了适当推断假设(见表7-8、表7-9和表7-10)。

表7-8 1990—2014年北京化石能源消费账户人均生态足迹 单位：ha/人

年份	煤炭	焦炭	原油	燃料油	汽油	煤油	柴油	液化石油气	天然气	电力
1990	0.846	0.110	0.627	0.210	0.052	0.040	0.044	0.025	0.006	0.160
1991	0.840	0.110	0.622	0.209	0.052	0.039	0.044	0.025	0.006	0.159
1995	0.819	0.207	0.523	0.157	0.060	0.053	0.041	0.022	0.008	0.209
1996	0.824	0.206	0.548	0.182	0.059	0.068	0.039	0.021	0.009	0.220

（续表）

年份	煤炭	焦炭	原油	燃料油	汽油	煤油	柴油	液化石油气	天然气	电力
1997	0.792	0.200	0.560	0.161	0.059	0.071	0.042	0.022	0.012	0.244
1998	0.818	0.201	0.517	0.125	0.067	0.073	0.052	0.021	0.025	0.234
1999	0.803	0.182	0.576	0.091	0.074	0.088	0.056	0.024	0.050	0.274
2000	0.759	0.170	0.553	0.066	0.078	0.086	0.060	0.021	0.066	0.282
2001	0.735	0.161	0.506	0.057	0.100	0.093	0.075	0.023	0.100	0.289
2002	0.677	0.137	0.526	0.050	0.107	0.102	0.077	0.022	0.122	0.309
2003	0.699	0.156	0.499	0.045	0.113	0.095	0.076	0.024	0.120	0.321
2004	0.750	0.158	0.542	0.045	0.133	0.122	0.088	0.029	0.149	0.344
2005	0.760	0.134	0.520	0.043	0.153	0.123	0.092	0.030	0.172	0.371
2006	0.727	0.113	0.497	0.030	0.174	0.146	0.111	0.029	0.209	0.387
2007	0.679	0.111	0.567	0.026	0.194	0.165	0.115	0.040	0.229	0.403
2008	0.591	0.068	0.631	0.014	0.193	0.180	0.128	0.037	0.282	0.389
2009	0.545	0.059	0.625	0.023	0.196	0.184	0.129	0.026	0.307	0.397
2010	0.511	0.058	0.569	0.034	0.190	0.200	0.121	0.024	0.314	0.413
2011	0.446	0.009	0.547	0.037	0.193	0.208	0.119	0.024	0.300	0.407
2012	0.418	0.008	0.520	0.038	0.201	0.214	0.104	0.022	0.366	0.423
2013	0.363	0.000	0.412	0.004	0.200	0.226	0.092	0.022	0.385	0.432
2014	0.307	0.000	0.481	0.003	0.205	0.236	0.091	0.021	0.435	0.435

表 7-9　1990—2014 年天津化石能源消费账户人均生态足迹　　单位：ha/人

年份	煤炭	焦炭	原油	燃料油	汽油	煤油	柴油	液化石油气	天然气	电力
1990	0.770	0.080	0.458	0.258	0.042	0.002	0.084	0.017	0.023	0.140
1991	0.749	0.078	0.446	0.251	0.041	0.002	0.081	0.016	0.022	0.137
1995	0.981	0.082	0.519	0.165	0.080	0.004	0.070	0.016	0.034	0.190
1996	0.918	0.072	0.521	0.119	0.091	0.005	0.095	0.016	0.033	0.198
1997	0.929	0.074	0.603	0.103	0.101	0.006	0.119	0.016	0.025	0.204
1998	0.925	0.072	0.559	0.106	0.085	0.006	0.142	0.015	0.025	0.191
1999	0.908	0.077	0.630	0.106	0.074	0.006	0.183	0.015	0.027	0.220
2000	0.940	0.074	0.709	0.079	0.112	0.019	0.198	0.015	0.044	0.234
2001	0.999	0.066	0.746	0.087	0.116	0.011	0.183	0.015	0.065	0.249
2002	1.107	0.077	0.671	0.088	0.094	0.016	0.182	0.015	0.053	0.272
2003	1.206	0.073	0.743	0.112	0.105	0.018	0.192	0.015	0.059	0.302
2004	1.305	0.166	0.768	0.111	0.116	0.015	0.221	0.014	0.069	0.332
2005	1.387	0.164	0.828	0.108	0.118	0.014	0.212	0.016	0.071	0.369
2006	1.349	0.261	0.838	0.100	0.119	0.015	0.219	0.015	0.086	0.403

（续表）

年份	煤炭	焦炭	原油	燃料油	汽油	煤油	柴油	液化石油气	天然气	电力
2007	1.341	0.310	0.852	0.080	0.126	0.017	0.234	0.016	0.105	0.444
2008	1.286	0.317	0.672	0.079	0.127	0.015	0.247	0.015	0.118	0.439
2009	1.277	0.366	0.688	0.077	0.147	0.017	0.248	0.014	0.122	0.448
2010	1.408	0.265	1.206	0.111	0.158	0.016	0.257	0.013	0.145	0.497
2011	1.479	0.271	1.295	0.111	0.164	0.018	0.266	0.013	0.158	0.513
2012	1.427	0.323	1.093	0.087	0.180	0.021	0.268	0.012	0.190	0.543
2013	1.365	0.336	1.195	0.059	0.144	0.038	0.221	0.012	0.211	0.526
2014	1.261	0.326	1.057	0.052	0.150	0.039	0.220	0.011	0.247	0.524

表 7-10　1990—2014 年河北化石能源消费账户人均生态足迹　　单位：ha/人

年份	煤炭	焦炭	原油	燃料油	汽油	煤油	柴油	液化石油气	天然气	电力
1990	0.485	0.047	0.051	0.007	0.016	0.001	0.022	0.007	0.008	0.057
1991	0.480	0.046	0.050	0.007	0.015	0.001	0.022	0.007	0.008	0.057
1995	0.647	0.091	0.077	0.008	0.020	0.001	0.029	0.007	0.009	0.093
1996	0.666	0.080	0.082	0.008	0.022	0.001	0.025	0.006	0.009	0.097
1997	0.668	0.086	0.091	0.008	0.021	0.001	0.025	0.006	0.008	0.102
1998	0.658	0.085	0.101	0.006	0.020	0.001	0.026	0.006	0.008	0.103
1999	0.670	0.091	0.105	0.008	0.020	0.001	0.027	0.006	0.008	0.113
2000	0.691	0.095	0.112	0.007	0.020	0.000	0.027	0.006	0.010	0.121
2001	0.718	0.105	0.100	0.008	0.021	0.000	0.025	0.006	0.009	0.130
2002	0.776	0.139	0.104	0.009	0.022	0.000	0.025	0.006	0.009	0.143
2003	0.835	0.198	0.123	0.009	0.023	0.000	0.026	0.006	0.010	0.162
2004	0.954	0.247	0.138	0.008	0.025	0.000	0.031	0.006	0.012	0.190
2005	1.141	0.346	0.146	0.009	0.032	0.000	0.065	0.006	0.011	0.219
2006	1.179	0.410	0.152	0.009	0.038	0.001	0.070	0.006	0.003	0.252
2007	1.353	0.382	0.162	0.007	0.036	0.001	0.077	0.006	0.014	0.290
2008	1.330	0.445	0.194	0.009	0.030	0.001	0.076	0.006	0.020	0.300
2009	1.435	0.457	0.196	0.008	0.030	0.001	0.074	0.006	0.027	0.333
2010	1.444	0.523	0.193	0.005	0.033	0.001	0.096	0.006	0.034	0.372
2011	1.619	0.600	0.216	0.007	0.042	0.001	0.110	0.006	0.040	0.412
2012	1.638	0.597	0.212	0.003	0.044	0.001	0.113	0.006	0.051	0.422
2013	1.643	0.589	0.189	0.005	0.047	0.002	0.109	0.006	0.056	0.443
2014	1.528	0.570	0.184	0.004	0.043	0.002	0.107	0.006	0.063	0.449

从图 7-1 可以看出，在 1990—2014 年，北京能源消费账户总人均生态足迹大致稳定在 2.00—2.50，进入 21 世纪后有小幅上升；天津和河北的能源消费账户总人均生态足迹自 1990 年以来基本呈明显上升趋势，直到 2012 年起都呈下降趋势。从具体化石能源人均生态足迹看，导致 2012—2014 年下降的原因主要是煤炭、原油焦炭消费人均生态足迹的下降，造成天津 2008—2009 年下降的原因主要是原油消费人均生态足迹的显著下降。

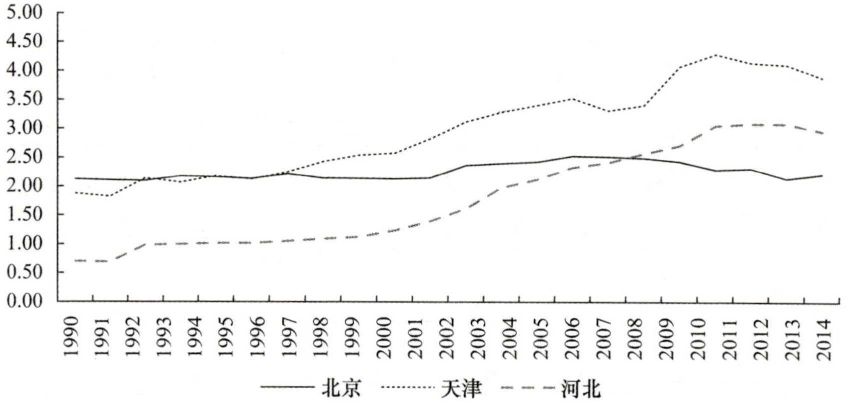

图 7-1　1990—2014 年北京、天津、河北能源消费账户总人均生态足迹

由上述表格计算结果可知，1990—2014 年，从绝对量角度看，北京煤炭、焦炭和燃料油消费所占用的人均生态足迹大致上呈下降趋势，电力、天然气、汽油和煤油消费所占用的人均生态足迹呈缓慢上升趋势，其他种类化石能源消费所占用的人均生态足迹变化趋势不明显，其中原油波动最大；天津煤炭、焦炭、原油、电力、柴油消费所占用的人均生态足迹大致上呈上升趋势，煤炭、原油在 2012—2014 年有明显下降，其余种类化石能源消费所占用的人均生态足迹变化幅度不大且趋势不明显；河北煤炭、焦炭、原油、煤油、电力消费所占用的人均生态足迹呈上升趋势，煤炭、焦炭在 2012—2014 年有明显下降，其余种类化石能源消费所占用的人均生态足迹基本保持不变。

从相对占比角度看，在 1990 年，煤炭、原油在北京和天津的化石能源消费账户人均生态足迹占了绝大部分比例，而在河北的化石能源消费账户人均生态足迹占比 69.22%的是煤炭。之后，煤炭、原油在北京的化石能源消费账户人均生态足迹的占比持续下降，到 2014 年已降至 13.87%

和21.71%;煤炭在天津的化石能源消费账户人均生态足迹的占比有小幅下降,到2014年降至32.45%,而原油的占比呈小幅波动上升趋势,在2014年占比为27.19%;煤炭在河北的化石能源消费账户人均生态足迹的占比持续下降,到2014年降至51.70%,仍是最主要的化石能源消费账户人均生态足迹占用方式。此外,电力和天然气在北京的化石能源消费账户人均生态足迹的占比有明显上升,焦炭、燃料油的占比有明显下降。总的来说,北京的化石能源消费账户人均生态足迹占用方式最为多样,天津次之,河北则较为单一。

(四)京津冀的生态足迹

综合考虑生物资源消费账户以及化石能源消费账户可以得到地区人均生态足迹的估计值,其中1992—1994年的化石能源用地人均生态足迹因为缺乏数据,为保证数据连续性,据趋势推断得出(见表7-11、表7-12和表7-13)。

表7-11　1990—2014年北京人均生态足迹　单位:nha/人

年份	耕地	林地	草地	水域	建设用地	化石能源用地	地区人均生态足迹
1990	0.11721	0.00899	0.65822	0.00803	1.00558	2.12130	6.33022
1991	0.12015	0.02566	0.67777	0.00786	1.01586	2.10538	6.32826
1992	0.12622	0.02393	0.64967	0.00786	1.02471	2.10000	6.33912
1993	0.12618	0.01913	0.58008	0.00719	1.03151	2.10000	6.36300
1994	0.10966	0.02186	0.47157	0.00657	1.03527	2.10000	6.15440
1995	0.09824	0.01687	0.43990	0.00534	0.94451	2.09849	5.60839
1996	0.08867	0.01603	0.36004	0.00393	0.95172	2.17668	5.50674
1997	0.08651	0.02066	0.35318	0.00413	0.97997	2.16481	5.62510
1998	0.08262	0.02411	0.31706	0.00376	0.98803	2.13271	5.60706
1999	0.07965	0.03217	0.30680	0.00351	0.99035	2.21639	5.60613
2000	0.07347	0.02756	0.31122	0.00308	0.92309	2.14215	5.24232
2001	0.06747	0.03137	0.38941	0.00293	0.91805	2.13693	5.24793
2002	0.06064	0.02970	0.39911	0.00273	0.90207	2.12868	5.18737
2003	0.05466	0.00976	0.38925	0.00249	0.89005	2.14765	5.16053
2004	0.04954	0.01145	0.36915	0.00219	0.87448	2.36031	5.03081
2005	0.04776	0.01548	0.35280	0.00196	0.85773	2.39622	4.92439
2006	0.04400	0.01560	0.29324	0.00153	0.83020	2.42174	4.78460
2007	0.03756	0.01558	0.28449	0.00157	0.80127	2.52861	4.59859

（续表）

年份	耕地	林地	草地	水域	建设用地	化石能源用地	地区人均生态足迹
2008	0.03429	0.01335	0.25918	0.00146	0.76606	2.51280	4.32645
2009	0.03243	0.01660	0.24126	0.00127	0.72373	2.49197	4.14751
2010	0.02852	0.01787	0.21438	0.00125	0.67994	2.43340	3.85909
2011	0.02709	0.01813	0.20323	0.00112	0.65526	2.29091	3.68324
2012	0.02405	0.02434	0.19142	0.00109	0.63426	2.31373	3.55037
2013	0.02089	0.03354	0.18316	0.00101	0.60627	2.13487	3.35738
2014	0.01776	0.02102	0.17137	0.00102	0.59896	2.21436	3.28691

表 7-12 1990—2014 年天津人均生态足迹 单位：nha/人

年份	耕地	林地	草地	水域	建设用地	化石能源用地	地区人均生态足迹
1990	0.10356	0.01657	0.41256	0.02056	1.21483	2.12130	7.33199
1991	0.10556	0.01030	0.31838	0.01827	1.21165	2.10538	7.22368
1992	0.11297	0.00955	0.30589	0.01607	1.22456	2.10000	7.24792
1993	0.11557	0.00917	0.27514	0.01397	1.24222	2.10000	7.34243
1994	0.12436	0.00877	0.26236	0.01328	1.25980	2.10000	7.31184
1995	0.12423	0.00852	0.36645	0.01348	1.27730	2.09849	7.37397
1996	0.11508	0.01277	0.25526	0.01131	1.29466	2.17668	7.28749
1997	0.11398	0.01318	0.25818	0.01326	1.31403	2.16481	7.36786
1998	0.11293	0.01883	0.27522	0.01372	1.33250	2.13271	7.41305
1999	0.10335	0.01585	0.28027	0.01395	1.35121	2.21639	7.45637
2000	0.10115	0.01857	0.31297	0.01354	1.31584	2.14215	7.27040
2001	0.11121	0.01918	0.36359	0.01443	1.33189	2.13693	7.47281
2002	0.10729	0.01954	0.41105	0.01490	1.34683	2.12868	7.60893
2003	0.09731	0.01823	0.44936	0.01510	1.36047	2.14765	7.72970
2004	0.09076	0.01652	0.45326	0.01480	1.35930	2.36031	7.63086
2005	0.08430	0.01522	0.56222	0.01522	1.35994	2.39622	7.59576
2006	0.05249	0.01249	0.53674	0.01495	1.31741	2.42174	7.26103
2007	0.04890	0.01714	0.40874	0.01274	1.30489	2.52861	7.12993
2008	0.04857	0.01329	0.38945	0.01214	1.25775	2.51280	6.76438
2009	0.05267	0.01677	0.35862	0.01128	1.21781	2.49197	6.64867
2010	0.05211	0.05981	0.34014	0.01025	1.14465	2.43340	6.20828
2011	0.04952	0.02594	0.32029	0.00963	1.09030	2.29091	5.86612
2012	0.04667	0.02667	0.30060	0.00907	1.03853	2.31373	5.57242
2013	0.04424	0.03561	0.29120	0.00910	1.00184	2.13487	5.33372
2014	0.04460	0.03367	0.27620	0.00864	0.97719	2.21436	5.17644

表 7-13　1990—2014 年河北人均生态足迹　　单位:nha/人

年份	耕地	林地	草地	水域	建设用地	化石能源用地	地区人均生态足迹
1990	0.11749	0.04502	0.30661	0.00594	1.15622	2.12130	7.08277
1991	0.11605	0.04643	0.30605	0.00583	1.14502	2.10538	6.93024
1992	0.11860	0.03971	0.30854	0.00644	1.13384	2.10000	6.81287
1993	0.12494	0.03877	0.33100	0.00445	1.12367	2.10000	6.79171
1994	0.14242	0.04086	0.40294	0.00479	1.11400	2.10000	6.69694
1995	0.14613	0.04037	0.53325	0.00505	1.10642	2.09849	6.65800
1996	0.14762	0.04279	0.53179	0.00492	1.09793	2.17668	6.52788
1997	0.15061	0.03561	0.53424	0.00615	1.08939	2.16481	6.49351
1998	0.16068	0.03424	0.54278	0.00644	1.08025	2.13271	6.46307
1999	0.16020	0.04013	0.50335	0.00668	1.07610	2.21639	6.43796
2000	0.17452	0.04605	0.50459	0.00679	1.06380	2.14215	6.43853
2001	0.17097	0.04139	0.59249	0.00693	1.05675	2.13693	6.45852
2002	0.16945	0.03587	0.60633	0.00679	1.04771	2.12868	6.47083
2003	0.17397	0.03155	0.62656	0.00649	1.03946	2.14765	6.53700
2004	0.17643	0.03225	0.64525	0.00666	1.02789	2.36031	6.45261
2005	0.17334	0.03338	0.67043	0.00678	1.03613	2.39622	6.45760
2006	0.17028	0.03080	0.67029	0.00572	1.04273	2.42174	6.50324
2007	0.16818	0.03241	0.70640	0.00573	1.03644	2.52861	6.44069
2008	0.17457	0.02623	0.69766	0.00586	1.03130	2.51280	6.32371
2009	0.17433	0.03395	0.60967	0.00579	1.06015	2.49197	6.50747
2010	0.17186	0.03559	0.55864	0.00567	1.05826	2.43340	6.39097
2011	0.17491	0.03505	0.56211	0.00546	1.05958	2.29091	6.34211
2012	0.17473	0.03610	0.55720	0.00560	1.05449	2.31373	6.27863
2013	0.17264	0.03936	0.55216	0.00564	1.05233	2.13487	6.19837
2014	0.17948	0.04241	0.56062	0.00550	1.05051	2.21436	6.17089

可以看出,在 1990—2014 年,北京的人均生态占用最低,天津稍高,河北最高;变化幅度上,北京的人均生态足迹降幅最大,天津次之,河北略有下降。这从侧面反映出,天津和河北的经济发展方式相对北京来说为粗放型,为了维持发展中的社会正常消费需要保持对生物生产性土地的高占用。从结构来看,三地区的化石能源用地的人均生态占用占比都是最大的,其他较突出的占比项有:北京的人均生态足迹结构中建设用地和

草地排在第二、三位，天津的人均生态足迹结构中建设用地排在第二位，河北的人均生态足迹结构中建设用地和草地排在第二、三位。这也从侧面说明，三地区的城市化建设对于生物生产性土地的占用程度很高，城市化力度比较大；此外，也说明三地区对肉、奶制品等畜产品的消费量比较高，生活水平有所提高。

从三省份比较的角度来看，北京、天津和河北生态足迹差距逐步增大，河北的生态足迹在地区的比重逐渐上升，这是由河北在人口规模和土地面积上均远超京津两地造成的。

三、京津冀城市群的生态承载力计算与分析

本书研究过程中采用的化石能源用地产量因子为0，化石能源用地对于生态承载力的贡献为0，因此在后续所有的承载力计算中不再显示化石能源用地一项。1990—2014年北京、天津和河北的人均生态承载力如表7-14、表7-15和表7-16所示。

表7-14　1990—2014年北京人均生态承载力　　单位：nha/人

年份	耕地	林地	草地	水域	建设用地	地区人均生态承载力
1990	0.61069	0.00111	0.06914	0.00482	0.24061	0.92638
1991	0.61771	0.00323	0.07725	0.00503	0.24649	0.94971
1992	0.64122	0.00326	0.08203	0.00589	0.26237	0.99477
1993	0.64044	0.00255	0.07722	0.00598	0.27484	1.00103
1994	0.54321	0.00297	0.07261	0.00630	0.24033	0.86541
1995	0.48420	0.00214	0.06046	0.00550	0.21742	0.76971
1996	0.42900	0.00184	0.05090	0.00479	0.20077	0.68730
1997	0.41808	0.00216	0.05082	0.00453	0.19999	0.67558
1998	0.39711	0.00224	0.04717	0.00427	0.19330	0.64408
1999	0.38177	0.00263	0.04730	0.00417	0.19099	0.62686
2000	0.35216	0.00209	0.05035	0.00388	0.20053	0.60902
2001	0.32674	0.00217	0.06171	0.00358	0.22492	0.61912
2002	0.29688	0.00190	0.06261	0.00328	0.22679	0.59147
2003	0.27104	0.00063	0.06200	0.00291	0.23247	0.56906
2004	0.24213	0.00078	0.06033	0.00257	0.21608	0.52189
2005	0.23281	0.00110	0.04925	0.00236	0.20322	0.48875
2006	0.21521	0.00129	0.04271	0.00188	0.18946	0.45055

（续表）

年份	耕地	林地	草地	水域	建设用地	地区人均生态承载力
2007	0.18233	0.00131	0.04036	0.00193	0.17225	0.39819
2008	0.16309	0.00123	0.03656	0.00175	0.14657	0.34920
2009	0.15579	0.00124	0.03601	0.00161	0.14453	0.33917
2010	0.13523	0.00147	0.03179	0.00160	0.12977	0.29986
2011	0.12757	0.00146	0.02922	0.00144	0.13029	0.28998
2012	0.11243	0.00190	0.02736	0.00141	0.12357	0.26667
2013	0.09729	0.00260	0.02518	0.00132	0.12065	0.24705
2014	0.08168	0.00161	0.02441	0.00140	0.12121	0.23031

表 7-15　1990—2014 年天津人均生态承载力　　单位：nha/人

年份	耕地	林地	草地	水域	建设用地	地区人均生态承载力
1990	0.53959	0.00205	0.04334	0.01234	0.22637	0.82369
1991	0.54274	0.00130	0.03629	0.01169	0.23232	0.82433
1992	0.57392	0.00130	0.03862	0.01204	0.25657	0.88245
1993	0.58663	0.00122	0.03663	0.01161	0.26987	0.90596
1994	0.61600	0.00119	0.04039	0.01274	0.29660	0.96692
1995	0.61229	0.00108	0.05036	0.01388	0.29002	0.96763
1996	0.55675	0.00146	0.03609	0.01381	0.26685	0.87497
1997	0.55084	0.00138	0.03715	0.01452	0.27403	0.87792
1998	0.54279	0.00175	0.04094	0.01558	0.27432	0.87537
1999	0.49539	0.00129	0.04321	0.01655	0.25516	0.81160
2000	0.48486	0.00141	0.05063	0.01707	0.27136	0.82533
2001	0.53851	0.00133	0.05762	0.01761	0.30166	0.91674
2002	0.52524	0.00125	0.06448	0.01789	0.31079	0.91965
2003	0.48255	0.00118	0.07157	0.01768	0.30533	0.87831
2004	0.44363	0.00112	0.07407	0.01734	0.28551	0.82167
2005	0.41093	0.00108	0.07848	0.01833	0.27323	0.78205
2006	0.25675	0.00104	0.07817	0.01837	0.19660	0.55093
2007	0.23739	0.00144	0.05799	0.01564	0.18602	0.49849
2008	0.23104	0.00122	0.05493	0.01456	0.18080	0.48255
2009	0.25306	0.00126	0.05352	0.01429	0.20174	0.52387
2010	0.24712	0.00492	0.05044	0.01315	0.19775	0.51339

（续表）

年份	耕地	林地	草地	水域	建设用地	地区人均生态承载力
2011	0.23322	0.00208	0.04605	0.01237	0.18666	0.48039
2012	0.21818	0.00208	0.04297	0.01181	0.17402	0.44906
2013	0.20599	0.00276	0.04003	0.01191	0.16799	0.42868
2014	0.20513	0.00257	0.03934	0.01191	0.16628	0.42523

表 7-16　1990—2014 年河北市人均生态承载力　　单位：nha/人

年份	耕地	林地	草地	水域	建设用地	地区人均生态承载力
1990	0.61213	0.00557	0.03221	0.00032	0.10583	0.75607
1991	0.59666	0.00585	0.03488	0.00034	0.10351	0.74124
1992	0.60252	0.00541	0.03895	0.00044	0.10749	0.75482
1993	0.63416	0.00517	0.04406	0.00034	0.11123	0.79496
1994	0.70547	0.00555	0.06204	0.00042	0.12166	0.89514
1995	0.72025	0.00512	0.07329	0.00047	0.12292	0.92206
1996	0.71419	0.00490	0.07519	0.00600	0.12055	0.92083
1997	0.72788	0.00372	0.07688	0.00674	0.12352	0.93874
1998	0.77230	0.00318	0.08074	0.00731	0.12824	0.99178
1999	0.76788	0.00328	0.07761	0.00792	0.12847	0.98515
2000	0.83653	0.00350	0.08164	0.00856	0.14173	1.07195
2001	0.82793	0.00287	0.09390	0.00846	0.14335	1.07651
2002	0.82954	0.00230	0.09512	0.00815	0.14484	1.07994
2003	0.86272	0.00204	0.09980	0.00760	0.15533	1.12748
2004	0.86234	0.00218	0.10545	0.00780	0.15486	1.13263
2005	0.84497	0.00238	0.09359	0.00816	0.15239	1.10150
2006	0.83292	0.00255	0.09762	0.00703	0.15360	1.09373
2007	0.81641	0.00273	0.10023	0.00703	0.15268	1.07908
2008	0.83037	0.00241	0.09841	0.00703	0.15605	1.09427
2009	0.83751	0.00255	0.09099	0.00733	0.16776	1.10614
2010	0.81495	0.00293	0.08285	0.00728	0.17070	1.07869
2011	0.82373	0.00281	0.08081	0.00702	0.17603	1.09041
2012	0.81690	0.00281	0.07965	0.00730	0.17856	1.08523
2013	0.80392	0.00305	0.07590	0.00738	0.17838	1.06863
2014	0.82551	0.00324	0.07984	0.00757	0.18296	1.09914

由以上表中结果可知，京津冀地区生态承载力水平较低，其中河北的人均生态承载力高于北京和天津，且这一差距有扩大趋势。

从变动趋势来看，在1990—2014年，北京和天津的人均生态承载力整体上呈下降趋势，其中北京的下降幅度最大，由最高1993年的1.001032 nha/人下降至2014年的0.230313 nha/人，降幅为76.99%；天津的人均生态承载力由最高1995年的0.967634 nha/人下降至2014年的0.425228 nha/人，降幅为56.05%。而河北的人均生态承载力则基本呈上升趋势，2014年为1.099138 nha/人。究其原因，一方面在于建设用地占用、农业结构调整、生态退耕还林等导致的耕地面积的减少；此外，本章在计算生态承载力时选取了常住人口数据，因此从侧面表明，北京和天津的常住人口迅速增多，以及河北常住人口的平缓增加。从生态承载力的构成来看，在京津冀地区的五种生物生产性土地中，耕地的生态承载力最大，其中2014年河北的耕地人均生态承载力的占比高达75.11%；北京占比最高的是建设用地，天津占比最高的是耕地，但和建设用地占比较为接近。这也从侧面说明河北的城市扩张、农业结构调整等比京津两地开始得晚，也体现出三地社会经济发展水平的差距。

四、小结

根据前面计算得到的京津冀地区1990—2014年的生态足迹和生态承载力的情况，用生态承载力减去生态足迹得到其差额，差额为正时为生态盈余，差额为负时为生态赤字，结果如表7-17所示。

表7-17　1990—2014年北京、天津、河北生态评价情况

年份	北京		天津		河北	
	差额	评价	差额	评价	差额	评价
1990	−5.4038	生态赤字	−6.5083	生态赤字	−6.3267	生态赤字
1991	−5.3785	生态赤字	−6.3994	生态赤字	−6.1890	生态赤字
1992	−5.3444	生态赤字	−6.3655	生态赤字	−6.0581	生态赤字
1993	−5.3620	生态赤字	−6.4365	生态赤字	−5.9967	生态赤字
1994	−5.2890	生态赤字	−6.3449	生态赤字	−5.8018	生态赤字
1995	−4.8387	生态赤字	−6.4063	生态赤字	−5.7359	生态赤字
1996	−4.8194	生态赤字	−6.4125	生态赤字	−5.6071	生态赤字
1997	−4.9495	生态赤字	−6.4899	生态赤字	−5.5548	生态赤字

（续表）

年份	北京		天津		河北	
	差额	评价	差额	评价	差额	评价
1998	−4.9630	生态赤字	−6.5377	生态赤字	−5.4713	生态赤字
1999	−4.9793	生态赤字	−6.6448	生态赤字	−5.4528	生态赤字
2000	−4.6333	生态赤字	−6.4451	生态赤字	−5.3666	生态赤字
2001	−4.6288	生态赤字	−6.5561	生态赤字	−5.3820	生态赤字
2002	−4.5959	生态赤字	−6.6893	生态赤字	−5.3909	生态赤字
2003	−4.5915	生态赤字	−6.8514	生态赤字	−5.4095	生态赤字
2004	−4.5089	生态赤字	−6.8092	生态赤字	−5.3200	生态赤字
2005	−4.4356	生态赤字	−6.8137	生态赤字	−5.3561	生态赤字
2006	−4.3341	生态赤字	−6.7101	生态赤字	−5.4095	生态赤字
2007	−4.2004	生态赤字	−6.6314	生态赤字	−5.3616	生态赤字
2008	−3.9773	生态赤字	−6.2818	生态赤字	−5.2294	生态赤字
2009	−3.8083	生态赤字	−6.1248	生态赤字	−5.4013	生态赤字
2010	−3.5592	生态赤字	−5.6949	生态赤字	−5.3123	生态赤字
2011	−3.3933	生态赤字	−5.3857	生态赤字	−5.2517	生态赤字
2012	−3.2837	生态赤字	−5.1234	生态赤字	−5.1934	生态赤字
2013	−3.1103	生态赤字	−4.9050	生态赤字	−5.1297	生态赤字
2014	−3.0566	生态赤字	−4.7512	生态赤字	−5.0717	生态赤字

由表 7-17 可以看出，在 1992—1994 年，三地都呈生态赤字。1990 年，三地的生态赤字程度较为接近，天津最高，河北次之。之后，三地的生态赤字情况都有了明显改善，北京的赤字额度下降了 2.35，天津的赤字额度下降了 1.76，河北的赤字额度下降了 1.25。这表明，北京在生态建设方面取得了较好成效，可持续发展情况在持续改善，天津也获得了一定成效，而河北方面虽然做出了一定努力，但生态赤字情况仍然较为严重。

一个地区随着经济发展水平的提高，人们生产和生活所需要的资源也会越来越多，如果人们不懂节制和集约，就容易造成生态赤字甚至生态耗竭的恶果。当一个地区的高经济发展水平伴随着生态盈余情况时，说明生态盈余的情况得益于能源结构、产业结构的调整和生态保护措施的到位。京津冀地区经济较为发达，以化石燃料消费为主，能源结构相对单一，城市扩张剧烈，这也使得其生态足迹占用较高，而生态承载力却无法满足生态占用需求，从而造成生态赤字。京津冀地区的生态盈余/赤字分析表明，该地区的发展是通过过度消耗自然资本存量来弥补生态承载力方面的不足，竭泽而渔的发展方式导致生态足迹需求和供给之间的矛盾不断加剧，生态系统退化，人地关系紧张。这说明京津冀地区目前生态环境处于不安全状态，发展模式不具有可持续性，亟须调整和协作。

第三节 京津冀城市群的水足迹和碳足迹

本节主要考察京津冀城市群的用水及碳排放情况，通过分析其变动趋势评价京津冀城市群的水消费和碳排放特征，为节约水资源、提高水资源利用效率、更好地节能减排提供依据。

一、理论与方法

（一）理论缘起和基本概念

碳足迹和水足迹的概念脱胎于生态足迹。水足迹是 Hoekstra 等学者于 2002 年提出的，分别于 2002 年初步估算和 2007—2008 年系统估算了世界国家层面的水足迹。水足迹指人类在社会生产和生活中消耗的真实水和虚拟水的总量。碳足迹指人类在社会生产和生活中直接排放和间接排放的二氧化碳总量。计算碳足迹是评价温室气体排放的有效的重要途径之一，Matthews 等学者根据世界自然基金会（WRI）和世界可持续发展商会（WBCSD）对于碳足迹的定义，结合投入产出模型和生命周期评价方法建立了经济投入产出—生命周期评价模型（EIO-LCA），该方法可用于评估工业部门、企业、家庭、政府组织等的碳足迹（王微、林剑艺、崔胜辉，2010）。

水足迹、碳足迹模型研究过程中有以下几个重要的基本概念。

1. 水足迹

Hoekstra 将水足迹定义为地区在一定时间内消费的产品和服务所耗费的水资源数量，既包括对看得见的水——真实水的消耗，也包括对看不见的水——虚拟水的消耗，反映了地区内人口在一定时间内对水资源的真实需求量。比如，该地区人口消费的产品虽然并不产于该地区，但该产品生产、运输等环节消耗的水资源都算在该地区人口水资源真实需求量之中。

2. 虚拟水

虚拟水（Virtual Water）指生产产品和服务过程中所消耗的水资源

量，也称隐含在产品和服务中的水资源量，反映了看不见的水资源消耗。虚拟水主要是针对产品和服务的生产过程，强调产品和服务的生产过程对水资源的消耗。虚拟水可以通过商品和服务贸易发生空间位移，也可以通过产业投入产出关联，从一个产业转移到另一个产业，也被称为虚拟水流动。

3. 直接耗水系数和完全耗水系数

直接用水系数是指生产单位产品的直接用水量。完全消耗系数是指在生产出一单位最终产品的从上游到下游的整个生产过程中的用水量，等于直接用水系数乘以里昂惕夫逆系数矩阵。

4. 碳足迹

碳足迹不局限于化石能源燃烧产生的直接碳排放量，包括生产和服务过程中消耗的中间产品造成的间接碳排放量。也就是说，不能把碳足迹简单地归为钢铁、化工等能源密集型行业的负责领域，普通消费者对产品和服务的消费同样带来了碳排放，要更全面客观地认识消费者的环境责任。

5. 直接碳排放系数和完全碳排放系数

直接碳排放系数，即单位产出的直接碳排放量；完全碳排放系数，即消费的产品和服务在整个生命周期中单位产出的碳排放量，等于直接碳排系数乘以里昂惕夫逆矩阵系数。

（二）研究方法

1. 水足迹

水足迹有两种计算方法：一种是自上而下法，从地区一定时间内消费量入手推算各具体消费项目的水足迹；另一种是自下而上法，从各具体消费项目的消费量入手推算地区一定时间内的消费量。考虑到本书的研究对象为京津冀城市群，故选取计算地区水足迹的主流方法——自上而下的投入产出分析。

对各区域投入产出表的分析是该方法的基础和核心环节。在完成对投入产出表的初步处理后，根据所得到的各地区各部门用水数据可以进一步对各地区用水情况进行分析。下面具体介绍投入产出模型的基本原理。

投入产出模型由美国经济学家里昂惕夫（W. Leontief）最早提出，是目前比较成熟的经济分析方法。在投入产出模型里，第 i 部门行向平衡的数学表达式为：

$$x_i = \sum_{j=1}^{n} x_{ij} + f_i \tag{7-1}$$

其中，x_i 为 i 部门的总产出，x_{ij} 为 i 部门对 j 部门产品的中间投入，f_i 为对 i 部门产品的最终需求。

直接投入系数 a_{ij}（$0 < a_{ij} < 1$）表示 j 部门的单位产出对 i 部门产品的中间消耗，计算公式为：

$$a_{ij} = x_{ij}/x_j$$

所以式(7-1)变为：

$$x_i = \sum_{j=1}^{n} a_{ij} x_i + f_i$$

表示为矩阵的形式为：

$$X = AX + F = (I - A)^{-1} F$$

其中，X 为总产出矩阵，A 为中间投入系数矩阵，F 为最终需求矩阵；$(I-A)^{-1}$ 为里昂惕夫逆矩阵，表示生产单位最终产品对投入部门产品的完全需求。

将水资源消耗引入投入产出模型，确定直接用水系数和完全耗水系数为：

$$\mathrm{DW} = (\mathrm{d}\omega_j), \quad \mathrm{d}\omega_i = \frac{\omega_j}{X_j}$$

其中，DW 为直接用水系数矩阵，ω_j 为 j 部门的直接用水量。

$$\mathrm{TW} = (t\omega_j), \quad t\omega_i = \sum \mathrm{d}\omega_j \times \bar{b}_{ij}, \quad \mathrm{TW} = \mathrm{DW}\overline{B}$$

其中，TW 为直接用水系数矩阵，水足迹（WF）可由公式得出：

$$\mathrm{WF} = \mathrm{TWF} = (\omega f_j), \quad \omega f_j = t\omega_j \times f_j$$

其中，ωf_j 为 j 部门的水足迹。

2. 碳足迹

碳足迹有两种计算方法：一种是自上而下法，也称投入产出法，以投入产出表分析为基础进行计算；另一种是自下而上法，也称生命周期法，以产品生命周期分析为基础进行计算。本书采用的计算方法是投入产出法，参考石敏俊、王妍、张卓颖（2012）的计算步骤：

首先需要确定直接碳排放系数，即单位产出的直接碳排放量为：

$$E = (e_j), \quad e_j = c_j/x_j$$

其中，E 为直接碳排放系数矩阵，e_j 为 j 部门的直接碳排放系数，c_j 为 j 部门的直接碳排放量，x_j 为 j 部门的产出。

完全碳排放系数，指满足最终需求的产品在整个生命周期中的单位产出的碳排放量，可以由直接碳排系数与里昂惕夫逆矩阵系数相乘得到：

$$L=[l_j],\quad l_j=\sum e_i\times\bar{b}_{ij}$$

碳足迹可由完全碳排放系数 l_j 与最终需求 $\bar{f}_i$ 相乘得到：

$$C=[c_j],\quad c_j=l_j\times\bar{f}_J$$

二、京津冀城市群的水足迹计算与分析

（一）投入产出表的合并与计算

使用以上介绍的自上而下的投入产出分析法估算京津冀城市群的水足迹。在研究时间段的选取方面，综合考虑了北京、天津和河北的投入产出数据获取情况以及数据的完整可用性，本书选取 2002 年、2007 年和 2012 年数据进行相关分析。使用各年份北京、天津以及河北的 42 个部门投入产出表数据进行运算。在剔除了一些不可用数据后，得到各地各年份的里昂惕夫矩阵及各部门总产出和最终使用量留待下一步运算使用。

（二）直接耗水系数与完全耗水系数的计算

在直接耗水系数的计算方面，由于北京、天津、河北各行业的用水量统计数据无法直接获取，只能进行推算。推算方法不同，各部门的用水量结果会有很大差距。有部分研究者利用各部门的用水定额乘以各部门的产值来获得相应部门的用水量。这种方法的局限性在于用水定额的数据不一定完整且用水定额与实际用水量之间往往存在差距，所以算出来的结果难以与其他水资源统计数据相容。参考刘冠飞(2009)在进行有关天津水资源的投入产出分析时所采用的方法，本书利用了水资源公报中三次总的用水量和投入产出表中各行业对“水的生产与供应业”的价值型消耗的比例关系来推算这些行业的用水量。其中，农业用水量可直接从水资源公报中获得，第二、三产业各部门用水量通过对整体用水量的加权计算可得，第 n 个部门的用水量权重为 $\omega_n=X_n\Big/\sum X_n$，其中 X_n 为第 n 个部门的总产出，且各部门的用水量权重计算在各自产业范围内进行。

各地区水资源公报是按用户分类统计和公开分配各类用户的用水量(含输水过程中损失的水量)，其中将用户分为生产用水、生活用水、生态环境用水三大类：生产用水包括第一产业用水(包括灌溉、林牧渔和牲畜用水)，第二产业用水(包括工业、建筑业用水)和第三产业用水(包括商品

贸易、餐饮住宿、邮电通信、交通运输、仓储等服务行业用水)；生活用水指按城镇和农村分别统计的居民日常生活用水；生态环境用水指水域外生态用水，不包括河流湖泊的自然降水量。

以天津2007年的直接耗水系数计算为例，由于天津2007年的水资源公报给出：第一产业用水总量为14.06亿立方米，第二产业用水总量为4.39亿立方米，第三产业用水总量为1.25亿立方米。根据以上处理方式，可以得到各部门用水量的预测值，三大产业各部门用水量的预测值如表7-18所示。

表7-18 三大产业各部门用水量的预测值 单位：万吨

产业	部门	产出	用水量
第一产业	农林牧渔业	2 407 440	140 600
第二产业	煤炭开采和洗选业	605 267	230.39010
	石油和天然气开采业	7 711 672	2 935.38800
	非金属矿及其他矿采选业	91 354	34.77305
	食品制造及烟草加工业	4 024 861	1 532.03200
	纺织业	796 402	303.14440
	纺织服装鞋帽皮革羽绒及其制品业	1 087 867	414.08820
	木材加工及家具制造业	504 764	192.13470
	造纸印刷及文教体育用品制造业	1 192 530	453.92730
	石油加工、炼焦及核燃料加工业	4 916 457	1 871.41100
	化学工业	9 556 611	3 637.65000
	非金属矿物制品业	1 195 660	455.11880
	金属冶炼及压延加工业	18 441 762	7 019.71400
	金属制品业	3 380 942	1 286.93000
	通用、专用设备制造业	6 104 345	2 323.57200
	交通运输设备制造业	10 706 065	4 075.18100
	电气机械及器材制造业	5 883 795	2 239.62100
	通信设备、计算机及其他电子设备制造业	19 509 987	7 426.32600
	仪器仪表及文化办公用机械制造业	1 261 131	480.03980
	工艺品及其他制造业	359 555	136.86190
	电力、热力的生产和供应业	4 363 492	1 660.93000
	燃气生产和供应业	101 069	38.47096
	建筑业	13 535 800	5 152.29700
	总计	115 331 388	43 900

（续表）

产业	部门	产出	用水量
第三产业	交通运输及仓储业	10 529 785	3 382.75500
	邮政业	218 603	70.22737
	信息传输、计算机服务和软件业	1 431 662	459.92970
	批发和零售业	7 071 486	2 271.75600
	住宿和餐饮业	1 997 288	641.64050
	金融业	3 516 880	1 129.81800
	房地产业	2 299 570	738.75030
	租赁和商务服务业	1 879 818	603.90260
	研究与试验发展业	333 927	107.27600
	综合技术服务业	2 026 903	651.15450
	水利、环境和公共设施管理业	488 242	156.85060
	居民服务和其他服务业	1 854 276	595.69710
	教育	1 834 913	589.47670
	卫生、社会保障和社会福利业	1 244 592	399.83250
	文化、体育和娱乐业	658 200	211.45050
	公共管理和社会组织	1 523 651	489.48180
	总计	38 909 794	12 500

直接耗水系数则需使用各部门用水数据除以各部门总产出，将得到的直接耗水系数矩阵左乘其对应年份的里昂惕夫矩阵即可得到完全耗水系数矩阵。

（三）京津冀的水足迹

通过这一折中处理方式，得到了针对各地区各年份的各部门用水量数据，通过将各部门的直接用水数据除以投入产出表中给出的相应部门的当年总产出，即可计算得出该部门对应的直接耗水系数，即生产单位产品的直接用水量。将所得的直接耗水系数矩阵与各自对应的里昂惕夫矩阵相乘可得到完全耗水系数矩阵。依照此方法，具体细分到各部门的水足迹估算值，2002 年、2007 年和 2012 年北京、天津和河北各部门水足迹如表 7-19、表 7-20 和表 7-21 所示。

表 7-19　2002 年、2007 年和 2012 年北京各部门水足迹　　单位:万吨

部门	水足迹		
	2002 年	2007 年	2012 年
农业	224 562.60	193 447.36	124 156.74
煤炭开采和洗选业	1 342.33	2 067.72	10 469.39
金属矿采选业	47.29	93.04	1 601.55
非金属矿采选业	45.03	79.18	1 758.48
食品制造及烟草加工业	45 163.53	118 076.49	95 850.89
纺织业	6 717.92	4 532.75	3 682.54
服装皮革羽绒及其制品业	3 957.64	3 439.61	8 548.53
木材加工及家具制造业	1 719.92	2 232.37	1 999.28
造纸印刷及文教用品制造业	3 273.16	4 987.40	4 194.01
石油加工、炼焦及核燃料加工业	6 098.70	4 953.59	3 932.77
化学工业	23 734.44	40 241.12	36 842.27
非金属矿物制品业	3 620.87	5 145.20	5 479.44
金属冶炼及压延加工业	4 879.45	6 885.65	4 580.83
金属制品业	2 512.01	3 240.53	4 963.52
通用、专用设备制造业	7 485.98	12 258.71	6 677.94
交通运输设备制造业	8 095.08	17 001.86	6 222.47
电气、机械及器材制造业	4 101.13	5 365.16	31 551.14
通信设备、计算机及其他电子设备制造业	37 777.58	46 582.71	8 404.20
仪器仪表及文化办公用机械制造业	3 007.63	3 232.60	23 563.98
其他制造业	354.83	1 008.99	2 351.10
废品废料	124.98	54.12	1 910.37
电力、热力的生产和供应业	1 838.01	8 836.88	115.27
燃气生产和供应业	224.88	155.16	374.05
水的生产和供应业	466.62	621.29	25 659.51
建筑业	29 926.74	35 520.36	1 138.45
交通运输及仓储业	10 582.91	17 095.31	723.85
邮政业	643.08	773.82	50 054.71
信息传输、计算机服务和软件业	14 304.50	33 894.81	17 781.84
批发和零售贸易业	7 473.89	21 997.04	23 487.57
住宿和餐饮业	18 697.37	59 281.42	65 518.05

（续表）

部门	水足迹		
	2002 年	2007 年	2012 年
金融保险业	18 267.66	19 105.47	16 511.14
房地产业	13 865.66	12 501.13	20 975.40
租赁和商务服务业	12 088.71	39 968.00	10 243.48
旅游业	339.87	17 564.26	16 234.26
科学研究事业	4 643.28	33 652.48	33 996.11
综合技术服务业	13 918.71	8 221.11	14 786.09
其他社会服务业	1 816.84	5 840.82	5 683.12
教育事业	4 892.38	14 319.38	6 862.23
卫生、社会保障和社会福利业	3 688.03	16 774.64	13 896.90
文化、体育和娱乐业	6 771.03	12 298.03	9 735.73
公共管理和社会组织	5 624.64	13 703.64	13 793.94
合计	558 696.89	847 051.19	736 313.18

表 7-20　2002 年、2007 年和 2012 年天津各部门水足迹　　单位：万吨

部门	水足迹		
	2002 年	2007 年	2012 年
农业	123 288.63	168 553.07	136 731.99
煤炭开采和洗选业	21.46	1 001.38	15 432.24
石油和天然气开采业	4 114.37	7 801.13	7 091.46
非金属矿采选业	1 461.35	169.12	5 953.84
食品制造及烟草加工业	28 618.80	73 866.63	264 928.15
纺织业	14 694.74	8 050.41	6 697.20
服装皮革羽绒及其他纤维制品制造业	9 257.89	6 951.99	19 513.11
木材加工及家具制造业	4 667.50	4 145.11	13 168.35
造纸印刷机文教用品制造业	6 726.57	3 460.66	12 364.96
石油加工、炼焦及核燃料加工业	4 701.43	8 761.88	13 860.26
化学工业	27 786.23	32 577.79	61 000.69
非金属矿物制品业	3 534.61	2 641.93	4 476.46
金属冶炼及压延加工业	13 259.70	31 047.18	63 552.82

（续表）

部门	水足迹		
	2002 年	2007 年	2012 年
金属制品业	5 739.68	6 879.48	13 095.68
通用、专用设备制造业	6 094.98	11 618.40	20 569.27
交通运输设备制造业	7 758.12	23 010.53	36 035.12
电气、机械及器材制造业	7 638.94	11 971.41	12 466.84
通信设备、计算机及其他电子设备制造业	20 722.09	43 887.15	45 745.20
仪器仪表及文化办公机械制造业	1 269.10	2 613.17	1 719.66
其他制造业	1 585.04	1 299.83	3 813.95
电力、热力的生产和供应业	8 756.79	6 654.18	10 460.84
燃气生产和供应业	532.72	173.40	1 689.37
建筑业	14 202.77	32 316.01	67 826.97
交通运输及仓储业	7 481.84	22 396.35	60 632.36
邮政业	121.95	400.85	500.11
信息传输、计算机服务和软件业	1 778.87	1 559.35	6 851.77
批发和零售贸易业	12 959.40	14 456.76	26 982.05
住宿和餐饮业	8 458.29	11 520.74	75 067.80
金融和保险业	4 182.07	2 645.60	21 598.59
房地产业	4 160.59	1 480.49	12 359.94
租赁和商务服务业	3 317.10	3 875.54	20 568.72
旅游业	18.98	526.01	400.11
科学研究事业	600.45	3 905.96	20 094.70
综合技术服务业	1 547.28	461.91	12 726.47
其他社会服务业	1 535.39	5 089.64	9 093.88
教育事业	5 311.51	1 802.06	10 217.35
卫生、社会保障和社会福利业	3 662.56	2 284.25	8 228.48
文化、体育和娱乐业	767.20	1 500.38	3 212.44
公共管理和社会组织	3 104.98	2 132.37	8 490.31
合计	375 441.95	565 490.11	1 135 219.49

表 7-21　2002 年、2007 年和 2012 年河北各部门水足迹　　单位：万吨

部门	水足迹		
	2002 年	2007 年	2012 年
农林牧渔业	2 059 743.90	1 946 377.11	1 811 353.58
煤炭开采和洗选业	22 512.26	19 893.50	25 632.50
石油和天然气开采业	4 802.47	13 181.48	4 400.28
金属矿采选业	34 540.13	37 233.45	107 757.71
非金属矿采选业	7 320.41	7 276.79	6 301.96
食品制造及烟草加工业	461 892.46	658 085.59	644 173.51
纺织业	216 984.19	240 421.68	208 804.75
服装皮革羽绒及其制品业	102 512.74	126 713.40	163 446.71
木材加工及家具制造业	42 749.50	84 475.18	15 491.97
造纸印刷及文教用品制造业	95 907.31	57 559.81	27 568.40
石油加工、炼焦及核燃料加工业	21 012.46	43 553.62	46 246.31
化学工业	223 307.92	186 298.37	185 304.28
非金属矿物制品业	117 011.03	93 619.53	43 551.45
金属冶炼及压延加工业	129 531.93	320 385.74	300 079.53
金属制品业	54 420.74	41 353.20	59 504.65
通用、专用设备制造业	86 733.53	79 153.44	61 307.64
交通运输设备制造业	36 273.22	38 536.21	40 720.94
电气、机械及器材制造业	35 920.75	39 828.02	49 134.60
通信设备、计算机及其他电子设备制造业	9 962.61	5 350.56	8 478.26
仪器仪表及文化办公用机械制造业	44 414.57	2 216.06	1 776.62
其他制造业	103.21	11 533.47	6 871.60
废品废料	2 404.30	1 049.35	3 920.48
电力、热力的生产和供应业	41 747.68	66 202.27	57 331.20
燃气生产和供应业	1 357.38	1 328.58	2 456.90
水的生产和供应业	927.50	874.29	1 181.76
建筑业	202 560.86	108 417.84	167 195.28
交通运输及仓储业	143 920.04	184 504.95	115 141.06
邮政业	2 477.62	2 180.99	2 000.11
信息传输、计算机服务和软件业	24 390.96	33 575.28	15 466.63
批发和零售贸易业	148 452.77	56 829.31	38 652.09

（续表）

部门	水足迹		
	2002 年	2007 年	2012 年
住宿和餐饮业	59 228.64	46 628.11	79 176.83
金融保险业	19 383.28	33 597.16	43 115.62
房地产业	25 024.29	17 399.63	21 071.97
租赁和商务服务业	21 878.76	57 535.28	11 438.93
旅游业	481.40	2 773.33	3 000.22
科学研究事业	1 113.29	22 943.61	17 850.85
综合技术服务业	6 524.96	4 670.96	32 007.07
其他社会服务业	9 412.80	26 354.02	2 367.71
教育事业	17 082.67	25 871.21	13 950.79
卫生、社会保障和社会福利业	13 394.31	32 301.91	18 046.81
文化、体育和娱乐业	5 333.45	7 361.69	3 164.90
公共管理和社会组织	68 767.77	48 384.69	29 202.93
合计	4 623 522.09	4 833 830.66	4 495 647.39

对以上所得数据进行进一步分析，可以得到如表 7-22、表 7-23 和表 7-24 所示的结果。

表 7-22　2002 年、2007 年和 2012 年北京各产业水足迹情况

部门	2002 年		2007 年		2012 年	
	总量（万吨）	占比（%）	总量（万吨）	占比（%）	总量（万吨）	占比（%）
第一产业	224 562.60	40.19	193 447.36	22.83	124 156.74	16.86
第二产业	196 515.72	35.17	326 871.09	38.58	291 872.00	39.64
第三产业	137 618.56	24.63	326 991.36	38.59	320 284.44	43.50
总足迹	558 696.89	100.00	847 309.80	100.00	736 313.18	100.00

表 7-23　2002 年、2007 年和 2012 年天津各产业水足迹情况

部门	2002 年		2007 年		2012 年	
	总量（万吨）	占比（%）	总量（万吨）	占比（%）	总量（万吨）	占比（%）
第一产业	123 288.63	32.84	168 553.07	29.81	136 731.99	12.04
第二产业	193 144.86	51.44	320 898.80	56.75	701 462.44	61.79
第三产业	59 008.46	15.72	76 038.25	13.45	297 025.07	26.16
总足迹	375 441.95	100.00	565 490.11	100.00	1 135 219.49	100.00

表 7-24　2002 年、2007 年和 2012 年河北各产业水足迹

部门	2002 年		2007 年		2012 年	
	总量（万吨）	占比（%）	总量（万吨）	占比（%）	总量（万吨）	占比（%）
第一产业	2 059 743.90	44.55	1 946 377.11	40.27	1 811 353.58	40.29
第二产业	1 996 911.17	43.19	2 284 541.42	47.26	2 238 639.31	49.80
第三产业	566 867.02	12.26	602 912.13	12.47	445 654.51	9.91
总足迹	4 623 522.09	100.00	4 833 830.66	100.00	4 495 647.39	100.00

从以上数据可以看出，水足迹总量方面，河北＞北京＞天津，随着时间的推进，北京和河北的耗水量呈现先增后减的趋势，天津耗水量则呈现不断增长趋势；各行业水足迹占比方面，北京的主要耗水产业已由 2002 年的第一产业转变为 2012 年的第三产业，天津第二产业为主要耗水产业且占比有所增大，河北主要耗水产业由 2002 年的第一产业转变为 2012 年的第二产业。

进一步研究各地市水资源实际储量与使用量不难发现，京津冀城市群中，特别是北京水资源存在较大缺口，这一缺口需要从外地调水或过量开采地下水来填补。从长远看来，由于该地区外部水足迹的来源地并非水资源充足地区，长期依赖外部虚拟水供给不能成为解决京津冀城市群水资源匮乏的可持续渠道。因此，解决水资源危机需要从内部调整消费结构，外部协调区域间贸易结构。就北京的具体情况来看，初级产品部门为高耗水部门，为减少本地水资源消耗，应进一步减少初级产品部门，特别是农业部门的用水需求。仅站在北京的角度考虑，从外部调入农产品不失为节约本地水资源的一个有效方法。但需要考虑虚拟水来源地的水资源供需和虚拟水供给的可持续性。工业部门节水仍具有重要意义，应主要集中在技术创新、制造流程调整等方面。服务业部门具有低耗水、高价值量的特点，在节水导向的产业结构调整中应发挥更加重要的作用。

三、京津冀城市群的碳足迹计算与分析

（一）投入产出表的合并与计算

与水足迹数据选取原则相同，本书对京津冀城市群碳足迹的研究主要基于 2002 年、2007 年和 2012 年北京、天津和河北的已有数据展开。虽然已有的三地两年的投入产出表均细分至 42 个不同部门，但是考虑到

可得的能源平衡表中的部门划分，需将42部门投入产出数据合并为五大部门——农林牧渔业，工业，建筑业，交通运输、仓储及邮电通信业，服务业及其他，并计算得到部门合并后的各地各年份的里昂惕夫矩阵及各部门总产出和最终使用量留待下一步运算使用。

（二）直接碳排放系数与完全碳排放系数的计算

整理能源平衡表中一次性能源（包括煤、石油、天然气）消费数据，根据表7-25所示的一次性能源对应的排放因子，可以将化石能源消费量转换为各部门的碳排放量，如表7-26、表7-27和表7-28所示。

表7-25　一次性能源的排放因子

原煤（吨/吨）	原油（吨/吨）	天然气（吨/万立方米）
1.816	3.033	24.31

表7-26　2002年、2007年和2012年北京合并部门碳排放量　单位：万吨

部门	原煤			原油			天然气		
	2002年	2007年	2012年	2002年	2007年	2012年	2002年	2007年	2012年
农林牧渔业	81.39	92.45	80.99	0.00	0.00	0.00	0.00	0.00	0.24
工业	1 122.31	1 242.62	719.08	152.68	151.65	136.49	24.31	130.30	252.82
建筑业	16.02	29.00	20.87	0.00	0.00	0.00	7.29	8.51	11.91
交通运输、仓储及邮电通信业	38.14	49.56	28.09	0	0	0	0	52.02	86.06
服务业及其他	706.42	1 103.22	981.29	0.00	0.00	0.00	369.76	674.12	928.16

表7-27　2002年、2007年和2012年天津合并部门碳排放量　单位：万吨

部门	原煤			原油			天然气		
	2002年	2007年	2012年	2002年	2007年	2012年	2002年	2007年	2012年
农林牧渔业	25.64	31.05	31.76	0.00	0.00	0.00	0.00	0.00	0.00
工业	1 364.27	1 362.56	1 567.21	72.40	72.40	72.40	29.66	168.23	395.04
建筑业	30.96	40.26	27.98	0.00	0.00	0.00	7.29	0.00	0.73
交通运输、仓储及邮电通信业	38.19	28.13	54.23	0.00	0.00	0.00	0.00	0.00	5.11
服务业及其他	282.15	308.14	318.34	0.00	0.00	0.00	90.68	149.51	285.16

表 7-28 2002 年、2007 年和 2012 年河北合并部门碳排放量 单位:万吨

部门	原煤			原油			天然气		
	2002 年	2007 年	2012 年	2002 年	2007 年	2012 年	2002 年	2007 年	2012 年
农林牧渔业	42.26	39.33	276.78	0.00	0.00	0.00	0.00	0.00	0.00
工业	7 012.10	11 488.43	11 451.41	84.38	109.31	47.31	178.44	261.33	604.35
建筑业	33.25	66.34	66.94	0.00	0.00	0.00	0.00	0.00	2.43
交通运输、仓储及邮电通信业	88.08	79.76	79.43	0.00	0.00	0.00	0.00	8.51	96.02
服务业及其他	1 942.87	1 522.88	2 403.88	0.00	0.00	0.00	0.00	23.09	366.35

将各部门的碳排放量除以各部门总产出,可得到直接碳排放系数矩阵,将直接碳排放系数矩阵左乘里昂惕夫矩阵可得到各部门的完全排放系数。各行业的耗水系数中,完全耗水系数最大的行业是建筑业及其他工业、金属冶炼及延压加工业和农业;完全耗水系数最小的行业是非金属矿采选业、燃气生产和供应业以及其他制造业。直接耗水系数最大的行业是农业、电力热力的生产和供应业以及水的生产和供应业;直接消耗系数最小的行业是仪器仪表及文化办公用机械制造业,通信设备、计算机及其他电子设备制造业,木材加工及家具制造业。直接耗水系数在完全耗水系数中所占比例最大的行业是电力、热力的生产和供应业,旅游业以及金属矿采选业。间接耗水系数最大的行业是建筑业及其他工业、金属冶炼及延压加工业和通信设备、计算机及其他电子设备制造业;间接耗水系数最小的行业是非金属矿采选业、旅游业以及燃气生产和供应业。间接耗水系数在完全耗水系数中所占比例最大的行业是建筑业及其他工业,通信设备、计算机及其他电子设备制造业以及通用、专用设备制造业。结果表明,在大部分行业部门中,间接耗水所占的比例很大,说明虚拟水主要来自上游生产链。

(三) 京津冀的碳足迹

京津冀分行业碳足迹和人均碳足迹如表 7-29 和表 7-30 所示。

表 7-29 京津冀分行业碳足迹 单位:万吨

部门	2002 年			2007 年			2012 年		
	北京	天津	河北	北京	天津	河北	北京	天津	河北
农林牧渔业	210.57	148.86	1 213.31	276.10	84.23	991.42	153.79	82.62	1 483.63
工业	4 138.14	4 631.46	18 763.38	5 701.45	4 849.37	36 209.00	5 295.26	6 867.12	38 619.71

(续表)

部门	2002年			2007年			2012年		
	北京	天津	河北	北京	天津	河北	北京	天津	河北
建筑业	764.15	323.64	2 046.16	1 192.16	523.27	189.14	926.91	674.37	3 005.18
交通运输、仓储及邮电通信业	260.80	233.66	805.11	431.52	307.91	1 203.71	662.10	533.13	1 728.50
服务业及其他	2 991.80	1 199.60	4 073.37	5 073.44	854.95	3 669.09	4 811.70	1 407.79	5 324.31
总足迹	8 365.46	6 537.23	26 901.32	12 674.66	6 619.73	42 262.36	11 849.76	9 565.02	50 161.34

表 7-30　京津冀人均碳足迹　单位:吨/人

地区	2002年	2007年	2012年
北京	5.8787	7.5624	5.7265
天津	6.4918	5.9370	6.7693
河北	3.9943	6.0870	6.8827

从总量角度看,河北碳足迹总量整体高于京、津,且随着时间的推移逐步增加,这主要是由于河北的经济规模大于京津两地;但从人均角度看,北京、天津人均碳足迹整体却略高于河北,显示出京津两地更为密集的人口分布和更高的碳排放增长,且碳排放的增长驱动了碳足迹和人均碳足迹的增加。作为满足最终需求的碳排放,碳足迹增加的驱动因素主要来自消费需求和投资需求的增加。

由表 7-31、表 7-32 和表 7-33 的结果对比可看出,北京在第一、二产业上的碳排放占比有下降趋势,第三产业碳排放占比有所增加;天津、河北在第一、三产业碳排放占比有所降低,而第二产业碳排放占比有所增加。

表 7-31　北京各产业碳足迹贡献占比

部门	2002年		2007年		2012年	
	碳足迹(万吨)	占比(%)	碳足迹(万吨)	占比(%)	碳足迹(万吨)	占比(%)
第一产业	210.57	2.52	276.10	2.18	153.79	1.30
第二产业	4 902.29	58.60	6 893.61	54.39	6 222.17	52.51
第三产业	3 252.61	38.88	5 504.96	43.43	6 400.71	54.02
总足迹	8 365.46	100.00	12 674.66	100.00	11 849.76	100.00

表 7-32　天津各产业碳足迹贡献度占比

部门	2002 年		2007 年		2012 年	
	碳足迹（万吨）	占比（%）	碳足迹（万吨）	占比（%）	碳足迹（万吨）	占比（%）
第一产业	148.86	2.28	84.23	1.27	82.62	0.86
第二产业	4 955.11	75.80	5 372.65	81.16	7 541.49	78.84
第三产业	1 433.26	21.92	1 162.86	17.57	1 940.91	20.29
总足迹	6 537.23	100.00	6 619.73	100.00	9 565.02	100.00

表 7-33　河北各产业碳足迹贡献度占比

部门	2002 年		2007 年		2012 年	
	碳足迹（万吨）	占比（%）	碳足迹（万吨）	占比（%）	碳足迹（万吨）	占比（%）
第一产业	1 213.31	4.51	991.42	2.35	1 255.39	2.96
第二产业	20 809.53	77.36	36 398.14	86.12	40 538.94	82.98
第三产业	4 878.47	18.13	4 872.80	11.53	6 188.66	14.06
总足迹	26 901.32	100.00	42 262.36	100.00	47 982.99	100.00

京津冀地区整体碳足迹规模较大，且增幅也较大。究其原因：一是该地区中河北的主导产业是工业，并且偏重于重工业，多为高能耗的产业和企业；二是该地区地处煤炭资源富集的北方地区，能源结构以耗煤的火电为主，又是火电的输出地区。京津冀城市群兼具全国性中心城市和资源富集省份的特征，因此碳足迹无论在总量还是在人均水平均较高。但同时还要考虑到我国存在着从能源富集地区与重化工基地向经济发达地区和欠发达地区的隐含碳排放转移，因此减排责任不仅要考虑责任区域的排放情况，还要考虑不同区域间的隐性转移。

四、小结

本节内容主要是基于投入产出模型分析法的京津冀城市群内水足迹和碳足迹的计算与讨论，根据以上分析，可以得到针对于京津冀城市群可持续发展的启示如下：

根据按照水足迹方法估计的水资源占有量要大于现有口径统计的水资源消耗量，从这一角度来看，京津冀城市群内水资源缺口可能比想象中更大，短时间内这一缺口需要从外地调水或过量开采地下水来填补。但是从长远看来，长期依赖外部虚拟水供给不能成为解决京津冀城市群水资源匮乏的可持续渠道。因此，解决水资源危机需要内部调整消费结构，外部协调区域间贸易结构。

首先，从水足迹构成结构看，虚拟水占很大比重，因此减少虚拟水消费是重中之重。以居民消费为例，农业产品和食品加工及烟草制造业的产品在虚拟水消费中占比较大，因此优化消费结构对减少居民消费中虚拟水用量会有显著效果。

其次，从行业生产链来看，有些行业（如农业）直接耗水系数最大，应该改进生产技术，减少生产环节对新鲜水的直接消耗；有些行业（如建筑业及其他工业）间接耗水系数最大，应该改进这些行业的生产流程，发展集约式生产，优化调整原材料来源和结构，从而减少对虚拟水的消耗。

鉴于京津冀城市群的碳足迹无论在总量还是在人均水平均较高，节能减排要从多个角度入手。首先，要鼓励发展和引进低碳产业（如高技术含量、高附加值的高新技术产业）；同时优化调整传统产业，转移高能耗、高污染产业。其次，要优化城市建设，避免重复建设，同时优选建筑材料和技术，力求节约水泥、钢材等资源。再次，要优化城市布局，优化交通路线，鼓励公共交通，加强对高排放行业的节能规划和管理。最后，要宣传提倡低碳理念、引导城市居民绿色消费，改变居民不良生活方式和消费习惯等方法也都有助于降低碳排放量，改善城市环境，实现区域可持续发展。

第四节　生态文明体制机制改革下的京津冀协同发展[①]

京津冀地区是我国的城镇密集地区，两市一省总的陆域面积为21.7万平方公里，占全国的2.2%；2014年地区生产总值占全国的11%，常住人口占全国的7.9%。其中城镇人口超过100万的城市有7个。对于人口规模超过1亿的京津冀地区，当前发展面临着生态环境不断恶化、土地资源利用粗放、区域与城乡发展差距持续扩大、城镇体系发展失衡和京津功能过度聚集等突出问题，已经影响到区域整体的可持续发展能力和首

① 许辉：《生态文明体制机制改革下的京津冀协同发展》。

都地区的安全问题。这些问题的成因在于区域协同发展机制的缺失，或者区域空间管控机制缺位。

一、京津冀城镇化发展面临的突出问题

（一）生态脆弱性突出，区域性环境污染问题严峻

京津冀地区已经是我国生态环境最为脆弱的地区之一，尤其是水资源短缺导致生态风险持续增加。水资源承载能力超过警戒线，对于工农业生产造成的不利风险比以往更加突出。受自然气候条件变化和区域水资源消耗影响，区域的水资源量已由 1950 年的 320 亿立方米减少到 21 世纪初的不到 150 亿立方米（张玉林，2010），区域的人均水资源量不足 300 立方米/年，是全国平均水平的 1/7。京津冀所在的海河流域开发利用率在 20 世纪末已经高达 90%[①]，并且由于过度地超采浅层、深层地下水，区域地下水埋藏线持续下降。如 2000 年以来北京平原区地下水平均埋深从 11.9 米下降到 24.9 米，年均下降 1.1 米。[②] 尤其是山区大修水库和工农业耗水大幅增加的因素，平原用于生态循环的水资源大量下降，水系对区域生态的调解能力大为下降，并造成土地沙化现象、城市热岛效应、雨岛效应频发（见图 7-2 和图 7-3）。

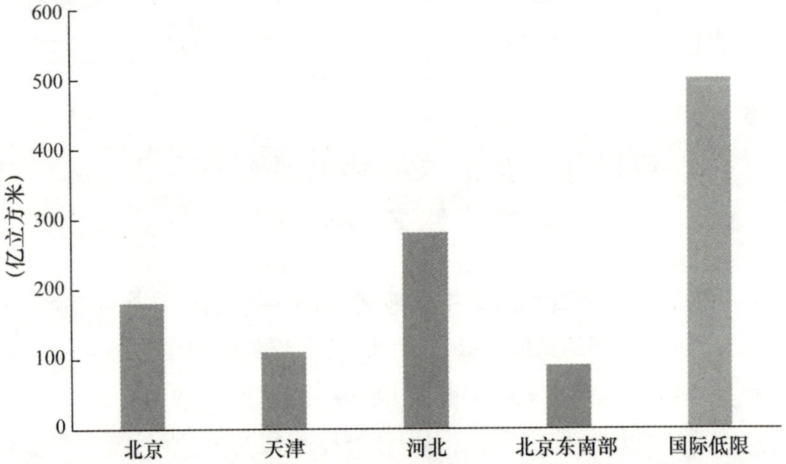

图 7-2　2014 年京津冀各区域的人均水资源量对比

① 《中国青年报》，2003 年 10 月 23 日。
② 《北京市"十二五"时期水资源保护及利用规划》，2011 年 12 月。

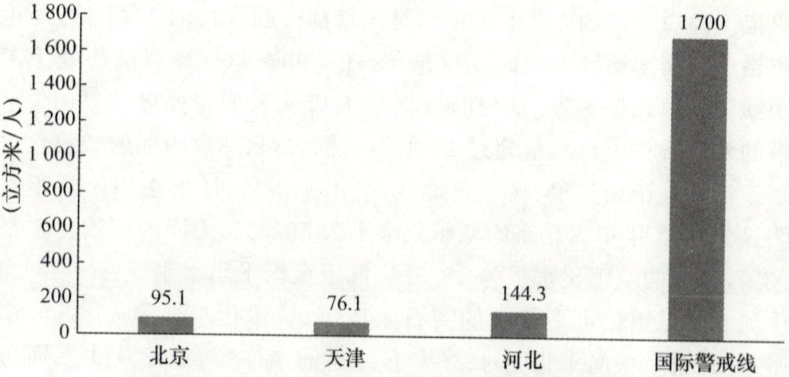

图 7-3　2011 年京津冀各区域的人均水资源量对比

资料来源:中国经济与社会发展统计数据库。

土地粗放利用现象突出,森林生态系统退化严重。根据国土部门统计数据显示,天津、河北的人均城镇工矿建设用地超过 160 平方米。农村建设用地拓展趋于无序,不仅占用大量耕地与生态空间,并消耗过多水资源。北京 2003—2011 年,城镇建设用地增长 280 平方公里;而同期农村集体用地由 840 平方公里增加到 1 540 平方公里。[①] 北京农村集体用地不仅总量超过城镇建设用地,年均增速也是城镇建设用地增速的一倍。目前北京总规确定的第一道绿隔已基本消失,第二道绿隔中已被各类农村集体建设用地占用过半。目前北京周边 120 公里范围内的森林生态系统严重退化,与首尔、东京相比森林覆盖率、林木蓄量指标严重偏低。

京津冀地区是我国目前环境问题最为突出的城镇密集地区,环境治理问题演变为区域性难题。京津冀地区是世界性雾霾问题最突出的地区之一,区域的工业化、城镇化、机动化与华北地区大气环境变化相关联,形成了"燃煤—机动车—工业废气"排放多种污染物共生的局面。研究表明华北地区大气污染沿太行山前地带呈现面域扩展、转移和复合加重态势。同时该区域也是我国水环境污染、农村面源污染和特大城市环境污染最为严重的地区之一,环境污染问题与区域工业化和城镇化模式密切相关。特别是河北省沿主要交通走廊地区的农村工业化造成村村点火、户户冒烟的局面,极大地加重了区域生态环境的负担。

(二) 区域城镇化压力大,世界首都地区少有

首都地区是世界上人口密度最高、人口规模最大的区域。北京 150

① 《北京城市总体规划(2004—2020)实施评估报告》。

公里范围内总人口约5 600万人①,是东京都市圈人口的1.45倍,是伦敦及英格兰东南部地区人口的3.0倍(见图7-4)。该区域目前还处于工业化中期和城镇化快速发展时期,是区域人口流入的主要区域,2010年该区域的外来常住人口数量超过1 100万。同时,京津冀内部的城镇化水平差距不仅远大于长三角、珠三角地区,与山东半岛、辽中南相比差距也十分明显。2013年年底北京的城镇化水平为86.3%,天津的城镇化水平为78.3%,河北的城镇化水平为46.5%,低于全国平均水平7.2个百分点。其中河北的城镇化水平最高的为石家庄市,城镇化水平为55%;城镇化水平最低的保定、衡水仅为42%左右。当前,京津两地以及北京周边地区是跨区域人口净流入最大区域,河北流入流出人口总体平衡。2013年年底北京的常住人口中外来人口接近800万人,天津依然呈现快速增长态势,2008年以来常住人口保持年均60万人左右的增量。河北的人口一方面约200万人流向京津两地,另一方面却有大量农村人口沉淀在本地村镇从事非农就业,特别是石家庄—衡水—沧州以南地区,本县(市、区)内的人口流动数量占全部流入人口数量的58%—71%,而同期河北省内的跨县(市、区)流动人口仅150万人。从河北人在北京市的就业结构来看,从业分布集中的主要在批发零售(占比19%)、制造业(占比16.3%)、住宿餐饮(占比13.8%)和建筑(占比11.3%)等领域。②

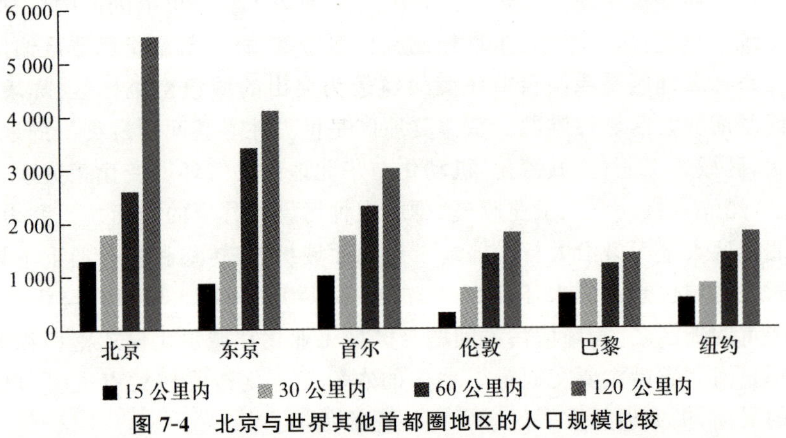

图7-4 北京与世界其他首都圈地区的人口规模比较

① 包括以北京为中心150公里范围内的北京、天津、廊坊、保定、唐山、张家口、承德等地和沧州的任丘。

② 河北省人力资源与社会保障厅:《河北省劳务输出到北京就业情况及未来发展趋势》,2013年。

城镇体系中间层级城市、小城镇发展滞后。京津冀地区人口稠密,镇的密度是全国最高的地区之一。目前京津冀地区 50 万—500 万规模的城市数量明显低于长三角和珠三角。同时小城镇的发展水平远低于珠三角和长三角地区,人口和经济强镇数量明显不足。目前珠三角镇区人口在 10 万人以上的有 24 个,长三角镇区 10 万人以上的达到了 21 个,而在京津冀 10 万人以上的镇区尚未出现。从全国千强镇分布来看,除了北京以外,京津冀地区明显缺乏经济实力强镇。同时目前河北农村地区非农就业人口数量在 1 000 万人左右,其中从事工业就业的占 70%。若仅考虑生态环境污染治理强制关停农村工业,对农村就业的冲击影响将十分突出(见图 7-5 和图 7-6)。

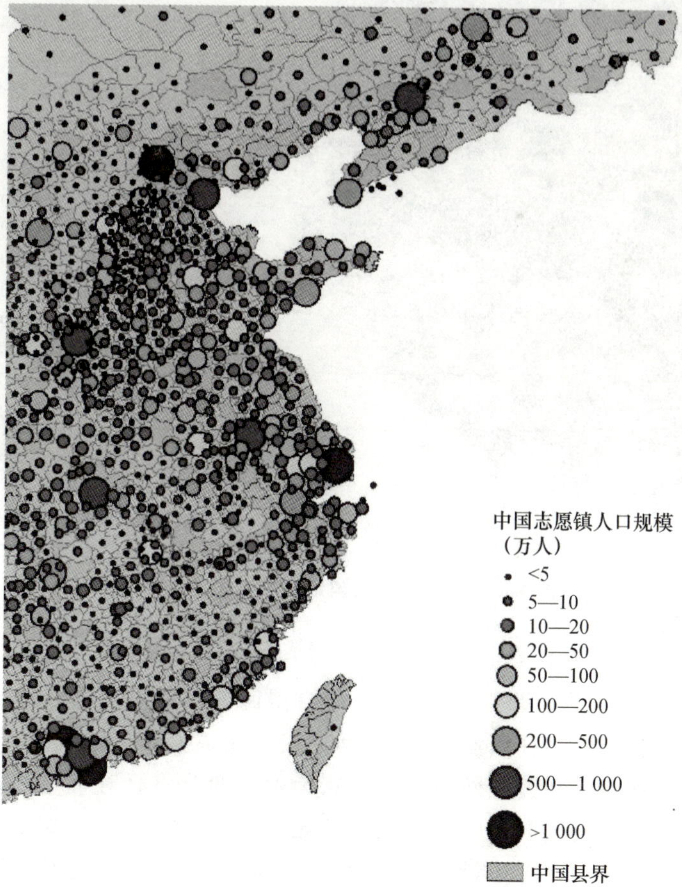

图 7-5　2012 年中东部地区城市规模等级分布

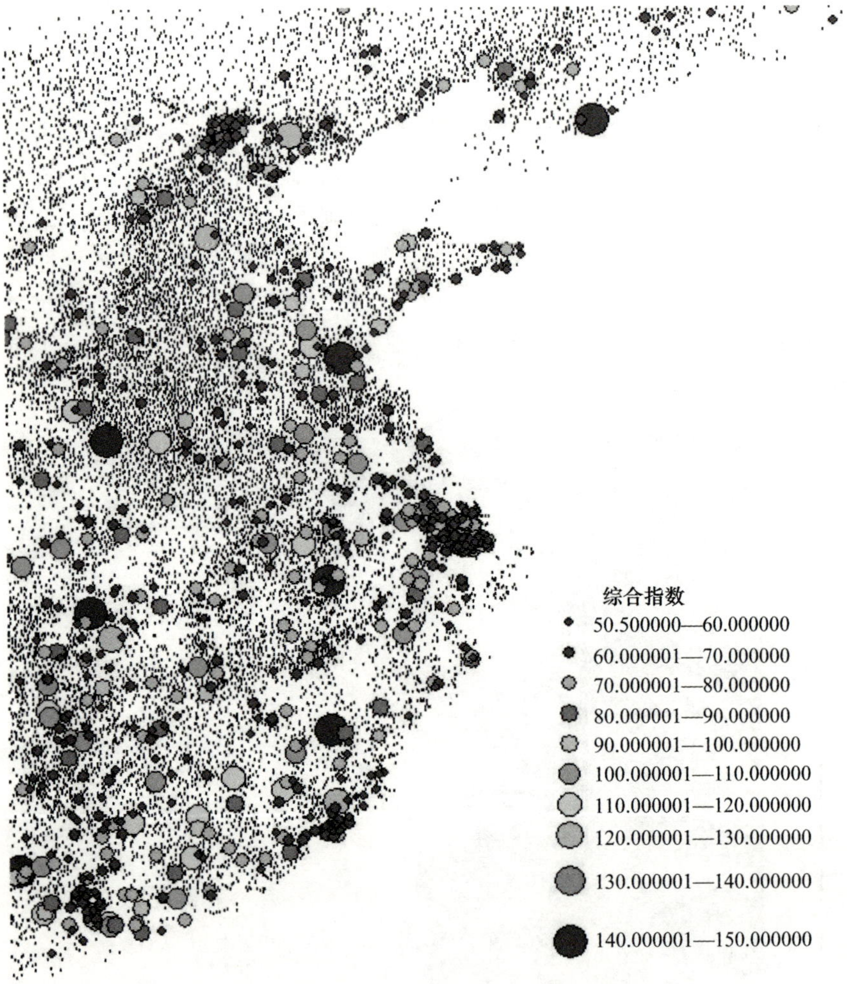

图 7-6　2012 年中东部地区千强镇指标排名

（三）区域发展不平等性、不平衡性问题长期存在

长期以来重大设施建设和政策向京津两地倾斜，导致各类功能向京津快速聚集，并引发“黑洞”效应对河北发展造成显著的抑制作用。如当前区域干线铁路和公路网呈现以北京为中心的单心放射布局，北京集聚过多的通过性交通职能，进一步加剧了首都发展的压力。又如 2012 年首都机场占区域航空客运量的 85%以上、货运量的 86%。过度的资源、资金聚集，使得北京“大城市病”在过去十年从量变到质变。目前北京中心

城常住人口超过1 200万人，占全市常住人口总数的61%，较2003年增长了360万人，占全市新增人口的64%，给城市交通、公共服务、基础设施和社会管理带来巨大压力。天津自2006年滨海新区上升为国家战略以来，持续的固定资产投资和央企投资是带动天津快速发展的重要因素。如2013年天津滨海新区固定资产投资为5 040亿元，同比增长13.1%，占京津冀地区固定资产投资的12.5%；地均投资为2.22亿元/平方公里，是京津冀地区单位土地面积固定资产投资强度的11.9倍。

这种局面下，河北高端经济要素和高素质人才持续向京津转移和聚集，使得河北省缺少产业升级的动力和能力。自2000年以来，河北资源型产业导向的产业体系没有根本改变，长期以来河北的固定资产投资重点在于农业、矿产采掘加工和传统服务业门类，而对制造业、现代服务业的投资明显不足。如2011年河北农业与采掘业的固定资产投资是江苏的4倍，同期制造业的投资仅为江苏的50%、山东的60%左右。此外，北京的创新要素在河北落地生根数量严重偏低，这也是河北长期的教育、科技创新平台缺乏的结果。从六普人口统计来看，河北6岁以上人口大学本科以上人口比重仅为2.9%，而江苏达到4.9%，广东为3.7%。

二、城市群协同发展理念

（一）对于既有发展模式的反思

京津冀地区是我国八个人口规模超过1亿人的城镇密集地区之一①，也是世界上人口最为稠密的地区之一。随着该区域工业化、城镇化的快速推进，区域的生态环境问题与人口、产业经济、社会发展问题在空间上高度关联。不同区域呈现问题也不尽相同，有以下四类典型区域：一是北京中心城区及周边农村地区，表现为"特大城市病"问题突出，交通拥堵、生态环境质量差、生活成本高、村庄建设用地无序蔓延等突出问题；二是沿太行山前的生态功能退化区，该区域是传统的城镇密集分布地带，是区域人口最为稠密、重工业密集分布、农村工业广泛分布区域，同时该区域目前面临着地下水超采严重、大气污染问题突出、城市工业转型升级阻力大等突出问题；三是以子牙河、黑龙港为主的流域生态退化区，该区域是传统的农业地区，人口也相对稠密，但目前水环境污染严重、生态水

① 我国八个人口规模超过1亿人的城镇密集地区有京津冀、长三角、珠三角、成渝、长江中游、中原地区、山东半岛、哈大走廊等。

面衰减严重；四是张承生态敏感地区，该区域人口规模超出了生态承载能力，同时水土流失现象仍然严峻，生态多样性退化较明显。

造成这种复合问题高度交织局面的深层原因有以下三方面：一是各开发建设主体不考虑生态环境外部效应粗放式发展，这种过度利用资源、占用生态空间、损害环境的传统工业化和城镇化模式极大地损害了区域整体发展的利益。二是政府的空间管制事权缺位，特别是针对农村地区无序、分散发展的管理缺位，造成面域上资源浪费和环境污染问题持续恶化。在现行政绩考核体制下，只重视短期利益而忽视长期发展利益的开发建设行为几乎难以受到约束和管控。三是京津冀三地之间长期存在发展政策的不对等性，国家给予北京、天津过多的经济特殊政策、资金倾斜，使得区域资源要素配置和流动始终指向京津两地。因此，面对未来建设世界级城市群发展目标，京津冀地区的发展模式必须转型，必须建立起符合区域整体利益、长远战略利益的协同发展机制。需要引起重视的是，京津冀地区要治理的不仅是大城市病，还有“区域病”。应更关注人口、用地规模与经济结构调整、生态空间复合的关系，一方面解决北京的大城市病的同时也要避免加剧区域性矛盾；另一方面治理区域生态环境问题，还需要同步考虑城乡产业结构调整引发的失业下岗问题。

（二）生态文明体制改革的新要求

党的十八大将生态文明建设提到历史新高度，2015 年 9 月，中共中央、国务院印发了《生态文明体制改革总体方案》（以下简称《方案》），明确了对于体制机制改革的若干重大领域。这个要求对于人口资源矛盾十分突出的京津冀地区具有重大指导意义，对于推动京津冀的城镇化、工业化和农业产业化发展具有直接关联性，总的来说有以下三方面内容：

一是树立尊重自然、顺应自然、保护自然的理念，将长期可持续发展目标与近期的发展目标相结合，将人口与经济发展和资源环境保护的多元目标相衔接，促使人口规模、产业结构、经济增长的资源消耗控制在生态承载力的合理范围内。

二是要强化空间资源的统筹管理，将国土空间开发保护、空间规划体系、资源总量管理纳入到系统管理框架中，在理清中央与地方的空间资源管理事权，理清部门管理职权基础上，建立起一套行之有效的行政管理制度，如生态补偿机制、资源环境税费等。《方案》明确提出中央政府应重点对石油天然气、贵重稀有矿产资源、重点国有林区、大江大河大湖和跨境河流、生态功能重要的湿地草原、海域滩涂、珍稀野生动植物种和部分国家公园等直接行使所有权。

三是切实促使发展模式转型，支持绿色发展、循环发展、低碳发展和智慧发展建设，加快建立起一套引导城市与区域可持续发展的政策体系，如碳排放交易、排污权交易、绿色金融体系等。

（三）建立“人口—土地—经济社会—生态环境”协同发展模式

首先，应遵守人与自然和谐共生原则，促使区域发展模式转型。京津冀是一个自然地理单元和历史文化区域，因此山水林田湖的保护、历史文化传承都与区内各级城镇息息相关。区域的协同发展就是首选遵循共同的生态环境保护规则，作为一切社会经济活动的前提条件和刚性约束条件。第一，城市发展应不破坏既有生态安全格局，不降低生态价值，且不突破区域环境容量；城市扩张应立足于本地气候、植被和水土资源条件，采取低冲击模式。第二，从原来的资源无限消耗到绿色循环发展，强调实现土地资源的“存量挖潜、增量提质”，强调水资源的循环利用、垃圾的资源化和无害化；同时强调建立起生态环保、低排放的绿色产业体系。第三，注重区域生态多样性、文化多元性的保护，城乡建设应严格避让生态红线。

其次，应遵守“市场主导、共同发展、循序渐进、因地制宜”的可持续发展原则，促使城镇的理性扩张，合理引导重大资源和重要功能设施配置。第一，要从各自利益到区域整体利益：区域的生态共识目标和价值理念应成为各行政主体、各开发主体和个人共同遵守的原则。第二，要从扩张式发展到可控范围的理性发展：城市功能培育，设施建设，环境营造应建立在财政、产业的可持续发展基础上，实现人口聚集与土地开发相协调。

最后，应以人的全面发展为原则，建立起就业、民生为导向的城镇化动力体系。在促进城市群产业结构优化升级基础上，应适应城镇化发展趋势和需求努力扩大就业，在小微企业发展、社区服务经济等方面有更大作为。目前京津冀地区人口流动呈现出向京津两地集中和大量适龄劳动力留在农村地区的两极化分布特征，为了更好地促进劳动力与产业升级相匹配，应鼓励区域次级中心城市、县（市）城区通过发展服务经济扩大就业，实现更多人口向城市聚集。

三、推动京津冀协同发展的若干对策建议

（一）完善顶层制度设计，推进步调一致的政令与规划实施方案

强化政策制定的协同性和全局性。京津冀地区协同发展应将治理北京大城市病与治理“区域病”相结合，作为一个复杂系统来设计制度与政策。建议将生态环境治理、产业体系升级、扩大城乡就业、扶贫开发等多维目标整合在一起，建立起符合区域长期可持续发展的目标群，并以此为基础建立政绩考核机制和行动实施方案。同时要完善规划体系，建立起以京津冀空间规划为基础，打破区域的各种行政壁垒，分领域、分门类建立专项规划及建设实施的协同机制。国务院有关部门应与北京、天津和河北密切联系，共同研究支持区域性发展政策，推动相关领域体制机制改革。尤其是在跨区域的生态补偿机制、环境治理等方面进行跨区域的探索试点；同时在水资源节约和小流域污染综合治理、产业升级与促进就业、老工业区改造与城市功能提升、文化保护传承与地域文化产业发展、农村集体用地整治与农村基础公共服务设施配套等关联领域出台相关配套政策，如建立起区域产业转型升级和污染治理的专项基金，对加快淘汰落后产能、加大污染治理的地区给予资金扶持。

（二）创新绿色城镇化发展机制，走精明增长道路

第一，要建立促进城镇增长与功能有机疏解的协同机制。坚持以区域生态环境承载力为前提，推进城乡空间的集约高效发展，强化各类资源的循环利用，形成城镇化增长模式。应顺应特大城市与城市群发展的客观规律，合理引导首都职能在区域的合理布局，从区域层面解决北京的大城市病。中央政府应建立起战略发展空间的统筹规划与行动安排，立足于既有的城镇体系，集中力量推进非首都功能的区域疏解；同时国务院有关部门应联合出台鼓励石家庄、唐山、邯郸城市转型和建设区域性中心城市的指导意见。要进一步加强北京与周边 60 公里范围区域的统一管理，严格划定城镇增长边界，并将该区域的规划管理权限上收。

第二，大力推进绿色城市规划建设。按照“老城区更新改造、中心城市生态疏散、卫星城生态新城建设、城市周边生态绿隔维护、农村地区生态恢复”的要求统筹京津冀地区城乡空间的发展建设；按照城区、近郊、远郊三个层次形成功能互补的城乡生态功能体系，健全生态系统。石家庄、唐山、邯郸、邢台等区域污染环境较为突出的城镇密集区域，应以都市区

为单元开展人居环境综合治理工作。京津冀的50万人口以上的城市应按照住房和城乡建设部有关绿色生态城区的要求逐步推进试点工作，将低碳节能技术、资源循环利用技术、气候影响评估技术以及智慧城市等纳入城市规划建设。

第三，大力推进海绵城市，建设“海绵体京津冀”。一是保证以河北中南部四大水库为主的水库调蓄、供水和水力发电等基本功能，并适度增加对下游河流的生态补偿用水；国家有关部门应制定引导京津冀地区农业、工业节水的激励性政策，农业种植地区应强制推广农业节水工程。二是修复区域性生态空间，在永定河与潮白河，白洋淀以及下游三角淀、文安洼等华北地区两个重点地区的上游地区推行城镇用水再生回用工程，为下游河道、湖(淀)泊和湿地创造持续水源。三是开展城镇雨水滞蓄回用及河道生态补给工程，50万规模以上城市应规划蓄水池或地下蓄水库。

第四，立足“控制增量、存量挖潜”要求出台优化城乡土地的相关政策。要严格控制新增建设用地，工业用地比重超过25%的城市或人均城市建设用地超过120平方米/人的城市应优先使用存量用地。国务院有关部门应对轨道站点周边地区的综合开发，提出土地、产业、财税、城镇化等方面的综合配套改革意见；针对津冀滨海地区人口聚集不足的现象，应制定产城融合与土地集约利用的综合配套政策；两市一省应结合农村建设用地具体问题研究制定农村集体工业、仓储用地集中布局的相关配套政策。

（三）分区引导开发与保护，制定差异化空间政策

识别区域差异化的发展动力尤为重要，本书以人口流动为基础，综合经济发展水平、非农就业劳动比重、农民人均纯收入和人均公共服务设施水平等指标来衡量区域发展动力的差异。按照京津冀地区的资源环境条件、经济发展水平差距和人口流动迁移趋势，划分为京津唐保次区域、津冀沿海次区域、冀中南次区域和张承山区次区域。通过次区域划定，识别不同区域在人口、土地、经济社会、生态环境等方面的关联问题，量身定制次区域发展的相关政策(见表7-34)。

京廊保次区域：目前北京的都市区发育程度较高，未来随着区域交通网络的改善，廊坊、保定也将逐步呈现都市区的雏形。该区域未来依然是人口主要的聚集区域，但同时也是人与生态环境冲突最为显著的区域之一。考虑到首都地区的可持续发展，必须优先建立跨区域的生态红线，防

表 7-34　次区域的差异特征与问题梳理

次区域	水资源承载力	发展动力与城乡关系	土地资源开发	人口流动与聚集趋势
京廊保次区域：北京＋保定＋廊坊＋天津北	水资源硬约束瓶颈突出；水环境容量有限	非农就业比重高，都市工业和消费带动城乡活力强	土地投放量较大，京津周边地区无序开发局面加剧	人口流入态势不变，京津周边地区流入加快；有条件存在市场导向的新增空间
京冀沿海次区域：天津＋唐山＋秦皇岛＋沧州	近期水资源瓶颈突出，远期海水淡化能在一定程度上缓解	港口带动的临港工业发展加速；县域经济活力持续增强	土地投放量大，滨海地区的存量空间大	天津的人口流入持续增强，河北沿海稳步增加；若持续的投入和优惠政策有条件形成新城地带
冀中南次区域：石家庄＋衡水＋邯郸＋邢台	水资源、水质双约束瓶颈突出；地下水漏洞最严重区域	大城市周边农村活跃；农村地区内需市场潜力大，农村活力	城乡工业用地的改造利用是最大潜力	人口众多，农村地区人口持续外流；中心城市与重点县城聚集
张承地区次区域：张家口＋承德＋秦唐保石邢邯山区	水源涵养保护功能突出；水资源输出型；水环境敏感，容量极为有限	生态移民，特色休闲旅游、乡村旅游发展活力逐步显现	土地后备资源紧缺，土地开发极易引发水土流失	人口持续外流；中心城市的聚集能力持续增强

止城镇无序扩张和低效蔓延。同时，也要建立与生态红线保护相对等的开发权补偿机制，促进京津部分产业、功能向生态红线限制地区内或周边的主要城镇转移。应着重培育距离京津中心城边缘地区交通时间在 30 分钟以内的轨道站点地区，这些地区将是未来重要的成长性地区。

津冀沿海次区域：津冀沿海地区土地储备资源优越，港口岸线是其最大优势，是京津冀地区产业转型升级的重点地区，但同时该区域水资源短缺。目前天津中新生态城市建设为沿海地区的发展模式转型提供了示范意义，应建立起开发相对紧凑、产业体系较为完善、服务水平较高的生态城市，使该区域能够承接更多的人口，减少对于京津两城市的人口和产业压力。

冀中南次区域：该区域“人口—土地—经济社会—生态环境”矛盾最为突出，未来应走产业升级与城镇体系优化的协同发展道路。该区域又可以分为两个亚区，其一是石家庄—邢台—邯郸为主的太行山前城乡密集地区，该区域既有老工业城市转型的问题，又有大量分散工业无序发展的问题。未来应立足中心城市加快建立都市区体系，进一步整合城乡土地资源,逐步扭转分散发展局面;同时加快完善都市区产业体系,扩大就业,引导农村富余劳动力向城镇聚集。其二是衡水—邢台—邯郸东部的黑龙港流域中游地区,该区域的人口外流较为明显,未来应有重点地扶持县(市)城区和条件较好的重点镇,作为本地工业化和城镇化的载体。

张承地区次区域:该区域是整个京津冀地区的生态屏障,未来应走绿色城镇化发展道路。依托生态资源优势,按照点状开发、面上保护的原则,加快发展生态经济与地域文化产业,推动生态保护与经济发展良性融合。其中充分利用该区域丰富的风力、水力和太阳能资源,优先建立起保障京津冀的绿色能源基地;同时,大力支持开发具有本地特色的生态旅游、文化旅游、冰雪运动旅游与绿色农林产品加工业,成为京津冀地区的休闲后花园和优质绿色农林产品供应基地。该区域除了培育张家口、承德等中心城市外,要努力发展县(市)城区和特色小城镇,实现人口有序聚集。

(四)强化中央政府管理事权,加强北京与周边相邻地区的跨界统一管控

制定首都地区可持续发展总体规划。在当前国家颁发的《京津冀协同发展规划纲要》基础上,为促进首都及其周边地区的可持续发展,应借鉴日本和韩国首都圈发展经验,由国务院牵头编制《首都地区可持续发展总体规划》(首都地区包括北京及周边60—80公里范围区域),作为统筹首都周边地区生态空间保护,协调新城、首都新机场地区、重大产业园区布局和指导轨道交通设施建设的重要依据;也是指导北京城市总体规划和周边市县城乡规划的依据。其中,北京市应着力统筹新城与周边农村集体用地的功能布局,建设集科技创新、文化创意、休闲娱乐为一体的“区域创新之环”;积极推进北京轨道向周边地区延伸并统一规划建设、运营,同时主导推动北京周边地区的扶贫开发和生态补偿工作。京津冀三地应积极对接,逐步恢复首都地区的生态林地,共建环首都国家公园和区域性生态廊道,共同划定区域绿地。在保护生态环境前提下,对于北京周边用地受到限制开发的区域,可以考虑在产业创新、生态经济扶持、财政支持等方面给予优惠政策,尤其是在落实中关村等创新型产业成果孵化与产业化方面,给予中关村园区同等的政策待遇。

第五节 小 结

本章基于生态足迹、水足迹、碳足迹三个不同角度考察了京津冀城市群的资源环境负荷情况。综合以上分析可以认为，京津冀城市群的发展模式具有一定的不可持续性。为了解决京津冀区域性环境问题，实现京津冀地区可持续发展，必须采取切实有效的措施，建立综合管理和协作机制，有目的、有计划、有步骤地解决各个问题，疏通制约可持续发展的瓶颈。

在机制建设方面，要破除行政区划限制，建立全方位协作机制。比如，建立产业布局一体化协作机制，进行产业结构升级，调整过剩产能，从源头上实现区域污染治理和环境质量改善的目标；建立污染防治一体化协作机制，疏通阻碍因素，全面统一和落实污染防治相关政策和制度，在京津污染企业外迁至河北的过程中也要防止增加新的污染问题，建立跨区域协作机制；建立生态保护一体化协作机制，实现京津冀一体化生态保护体系，加大环境整治力度，进行合理的生态补偿等。

具体到实际工作中，在建立一体化协作机制综合管理的基础上，要深入了解问题症结，切实解决地区可持续发展阻碍因素。第一，要严格控制地区人口数量，避免人口过度集中，提高地区教育水平，加强人力资源开发，提高人口素质，加强生态文明宣导，提高公众生态环境保护意识。第二，转变消费模式，增强节约意识，建立垃圾回收和循环机制，形成可持续消费模式，防止过度消费，注重消费的科学性。第三，优化能源消费结构，积极推动清洁能源的研发、生产及市场占比，提高能源利用效率，减少对化石能源的依赖。第四，发展循环经济，优化产业结构，大力发展高技术含量、高附加值、低能耗的新兴产业，推进与时俱进的新型工业化道路，同时对传统高能耗产业进行改造升级，有效实现节能减排，向集约型发展转变。第四，继续加强环境保护和生态建设工作，提高生态系统自我修复能力，对破坏和污染环境的行为加以严惩，从而增强京津冀城市群生态环境的可持续发展潜力。

京津冀地区目前面临着快速城镇化、工业化发展带来的巨大压力和突出矛盾，尤其体现在资源短缺与生态环境承载力大幅下降等方面，未来应建立起“人口—土地—经济社会—生态环境”协同发展模式。该模式的实施应立足生态文明体制机制改革，从区域协同机制、空间管控机制等方面入手来制定区域发展政策，引导城镇化空间和产业空间的合理布局，并实现重大战略空间资源的合理管理。

第八章 总结与展望

全书首先介绍了京津冀一体化作为国家发展战略的由来、京津冀一体化在国家发展战略布局中的作用、区域经济一体化的理论综述以及国内外已有城市群的发展概况。其次分别从京津冀地区经济指标的人口、产业、交通、文化发展、生态文明的可持续发展等多方面对京津冀一体化进程的现状和将要面临的问题进行更具体的讨论。

具体来说，本书的第一章主要对世界级城市群和国内的城市群的基本状况进行介绍，同时对我国区域发展的三大战略——“一带一路”战略、“京津冀协同发展”战略、长江经济带战略的主要内容进行介绍。

第二章主要内容是京津冀城市群经济指标的空间分析。区域经济发展由于相邻地区在地理空间上文化、历史、人口结构等相似性，以及政治、经济多方融合，加之资源在区域内的配置，使得区域经济存在一定联系。本章主要对京津冀及周边等地区，即环渤海地区的经济发展和影响因素的空间进行梳理研究，探究其在空间上的关联。在方法上，本章采用空间计量模式，主要解决两个问题，一是环渤海地区的经济发展水平和发展因素是否具有空间特征，二是这些因素对地区的经济发展产生怎样的影响。

空间分析的前半部分通过对全局和局部自相关对环渤海地区聚集趋势进行分析研究京津冀经济发展水平的空间特征，2001—2012 年，京津冀地区、山东地区、辽宁地区经济呈聚集趋势，2010 年后聚集效应增强速度减弱。从以市区为单位的经济局部分布来看，在京津冀地区张家口和承德市经济较其他地区自 2001 年逐渐摆脱相对落后，2009 年后石家庄、衡水周边地区呈现经济发展水平较低。

第二章的后半部分，通过观察环渤海地区的经济发展影响因素的空间特征，资本状况、劳动力、市场状况以及经济环境多指标测度，我们发现人口密度、人均地方财政、医疗条件等因素在区域上存在显著空间聚集。

由此可见资源在区域间的配置并不是相互独立的，经济发展在空间上也具有联动性。最后，将上述影响经济增长的因素纳入被解释变量，采用空间计量分析经济增长的驱动因素，得到投资增长、区域交通环境、市场开放程度对区域增长影响显著的结论。

第三章的研究对象是京津冀城市群的人口分布特征。为了从人口角度来分析京津冀一体化情况，该章节从京津冀地区的人口总量变动、人口空间分布、人口结构、核心城市人口引力以及京津冀城市群发展契机等几个角度进行了分析。我们发现，北京、天津作为京津冀的两个中心城市，对周围区县人口变动造成了巨大的影响，在吸引大量劳动力的同时，也改变了京津冀各城市的人口结构。河北的各城市人口大量涌入北京、天津，一方面推动了这两个核心城市的快速发展，另一方面也推升了河北城市人口抚养比，对这些城市的发展以及社会的承载能力造成了巨大的压力。

人口部分的第四节从京津冀人口年龄、就业特征和受教育程度三个方面来分析大量人口涌向北京、天津的原因。通过研究得出结论，京津冀地区人口空间分布不均，此外，人口年龄结构和从事的产业也存在着很大的不稳定性。京津与河北第三产业工资差距较大，这是劳动力人口从河北流向北京的一大动力，这种局面使得北京的第三产业越来越发达。随着北京就业机会的增多，劳动力向京津流动的动力更加强劲。大量劳动力涌向京、津，导致河北地区人口抚养比过高，人口数量及结构的不稳定有碍京津冀地区的协同发展。

在对京津冀城市群资本、人口两个影响地区总产出的要素进行分析之后，本书的第六章对地区各产业的增长和集聚情况进行了实证分析。京津唐城市群产业协作是实现一体化的关键，如何打破历史上产业分割的布局，利用各自比较优势打造区域特色产业，形成产业聚集效应，带动整个京津冀地区产业结构的协同发展应是重中之重。总的来说，北京已进入后工业化时代，即将结束其经济资源聚集阶段，已经开始呈现向外扩散辐射发展趋势；天津还处于经济资源聚集阶段，处于工业化后期；河北还处于工业化中期，主要发展传统产业。由于三个区域的产业发展处于不同阶段，实现产业协调发展需要统一发展规划纲要，打破各地的行政区划障碍，进而根据各个省份的资源禀赋打造协同的、可以分梯队的产业层级，在产业空间布局和产业链衔接方面加强协作，以形成产业合作紧密、分工明确、跨区域的产业集群。

第四章的前四节我们通过对产业集中度分析指数、投入产出法和数据包络分析方法分析目前京津唐城市群内部产业概况，发现北京市以第三产业作为发展重心，第三产业的集聚是经济发展的主要推动力，而第二产业已经饱和并逐步扩散；天津市第二产业仍占有重要地位，目前依然是经济发展的主要推动力，第三产业的集聚效应不明显，但处于高速发展期；河北的经济发展则以第一、第二产业为主要推动力，第三产业的集聚程度落后于全国平均水平。第五节通过聚类分析的方法研究了北京、天津、河北在产业比较优势方面存在的差异。第六节我们通过 σ 趋同和 β 趋同分别对一省两市的人均收入水平差距趋势和经济增长率水平趋势进行了研究。第七节通过自有资本模型对京津唐城市群一体化的进程中随着贸易自由度的提高、可能出现的问题进行理论分析，模型结果显示：在不存在知识溢出效应的条件下，随着贸易自由度的增大，京津唐一体化过程中各个区域之间的经济差距将会逐渐拉开，极化现象加剧。然而，如果合理地提高区域间贸易自由度的同时加强区域间知识、技术的传播，就可以在促进区域经济共同增长的同时避免突出的极化问题。

在交通建设方面，虽然京津冀地区整体的交通基础设施和交通服务在全国范围内处于领先水平，但是依然存在着不平衡和不匹配的问题，省级行政区之间的"断头路"比比皆是，交通服务的质量上也存在巨大差异。区域经济的一体化要求生产要素和商品在区域内自由流通，也要求区域内的企业有更密切的经济联系，交通一体化是实现这些目标的物质条件。对于京津冀一体化进程来说，实现交通、基础设施的互联互通是打破行政区划的壁垒，推动整个区域的资源整合，进而促进地区市场一体化的前提和基础。京津冀一体化，交通先行。

第五章，我们首先对京津冀地区的交通现状从公路交通、铁路交通、海港和空港四个方面进行了介绍，此节部分资料与数据来自百度百科、上海证券交易所与深圳证券交易所。第二节对京津冀地区交通发展的历程及目前的规划进行了介绍。由于交通一体化的最终目标还是增加区域内的经济联系，我们在第三节以京津冀地区的城市为研究对象，计算了1993—2012年区域经济联系的动态变化。我们发现，京津冀地区的经济联系总体上被割裂为北部和南部两个相对稳定的整体，且对于北方的非中心城市来说，中心城市——北京和天津对它们的极化效应要明显大于扩散效应；对于南方几个城市来说，几个城市之间的相互经济联系相比对北京和天津的联系更多。第四节，我们选取京津冀及周边的辽宁、山东为研究对象，使用生产函数法和面板模型，对京津冀地区及周边的交通运输业基础设施投资与经济增长进行了实证研究。由于交通基础设施投资除了直接影响产值外,还会对地区的经济增长起到长远的促进作用,因此我们将生产函数中的投资划分为交通运输业基础设施投资与其他投资进行研究,采用五省份 2004—2012 年的数据进行面板回归,结果表明:在交通基础设施投资产出系数来上,天津和河北在交通基础设施投资方面产出系数较大,达到 0.4 以上,且显著不为 0;北京、辽宁和山东在除交通基础设施投资以外的其他投资方面都有较高的贡献,而交通基础设施投资对经济增长的贡献并不显著。因此,京津冀交通基础设施建设应当把重点放在加快天津和河北交通设施的完善上来,缩小这些地区交通服务与北京的差距;打破行政区划限制,从整个京津冀地区的视角统筹规划,特别是加强南部和北部的经济联系,减少割裂现象;加快在基础设施建设向民资开放的进程,加快交通基础设施等公共事业投资的市场化,使市场在资源配置,包括资本生产要素配置中发挥作用。

关于京津冀地区的文化,第六章主要从文化与经济关系的相关理论、京津冀地区文化发展介绍与区域文化对经济发展影响三方面展开。第一节梳理了文化与经济发展关系的理论。第二节侧重研究分析北京、天津、河北的地区文化:北京是世界知名的历史古都,积淀了雄厚的中国传统文化,新中国成立后又受丰富多彩的异国文化的熏陶,最终形成了兼容并包的文化特征;天津发展历史较短,也受到了西方文化的熏陶,因此形成了开放又保守的双重文化特征;河北历史悠久,地形地貌应有尽有,逐渐形成了以燕赵文化为主的文化特征。第三节主要分析了京津唐文化对区域经济的影响,包括宏观影响和微观影响。最后,文章分析了长三角、珠三角城市群文化融合的历程,总结了一些可供京津唐文化融合借鉴的经验和教训,主要表现在文化认同、资源流动以及政府引导方面。

第七章将主要探讨和评估京津唐城市群区域发展的资源环境效应和可持续发展问题。京津唐城市群位于生态环境本就脆弱的北方地区,又存在大量重工业;与国内外其他地区相比,该地区水资源严重短缺,沙尘暴、雾霾、土地沙化等生态退化问题亟待解决。这更加剧了可持续发展与脆弱的生态环境之间的尖锐矛盾,严重制约了区域发展。

在评估指标选取上,主要通过计算京津冀地区生态足迹—生态承载力(综合法)、水足迹和碳足迹(投入产出法)的历年情况,来判断该地区资源环境负荷、生态问题的严重程度和变化趋势。首先,通过计算和比较该地区生态足迹和生态承载力发现,该城市群的区域发展是通过消耗自然资本存量来弥补生态承载力的不足，生态足迹需求和供给之间的矛盾不断加剧，生态环境处于不安全状态，其区域发展模式具有一定的不可持续性。其次，通过计算和比较该地区水足迹和碳足迹发现，京津冀城市群的水资源缺口可能比想象中更大，短时间内需要从外地调水或过量开采地下水来填补，在长期就内部调整消费结构、外部协调区域间贸易结构。因为该城市群兼具全国性中心城市和资源富集省份身份，产业结构偏重于重化工业，能源结构依赖于煤炭及煤炭转换而来的火电，煤炭资源还转换为电力、煤化工等高碳产品向外输出，因此单位 GDP 的能耗和碳排放均较高，需要从多个角度进行节能减排。

产业方面政策建议：第一，进一步强化区域产业配套体系建设，加强京津冀城市群产业链联系。区域经济一体化的重要实现手段也就是要形成区域产业一体化，在区域一体化的基础上形成以产业链为纽带联系区域之间产业的状态，这才是区域经济一体化的本质。第二，进一步提升京津冀城市群产业分工水平。为实现京津冀城市群产业链的合理分工与布局，京津冀三地要因地制宜，根据产业链不同环节的特征，充分结合自身优势，打造最具有竞争力的环节。北京要突出首都经济特点，一方面，要充分发挥科技、信息和人才优势，集中发展公司总部、研发设计、市场营销等产业链的高端环节，兼顾发展现代都市产业和现代服务业，逐步确立其区域性国际管理控制中心、世界性研发和创新基地的地位；另一方面，又要把高能耗的重化工业和一般加工制造环节转移至资源丰富、成本合理的环京津地区。遵照北方经济中心的定位，天津既要突出现代物流中心、商业中心和先进制造业基地的功能，承接产业链的主体制造部分；另一方面，又要大力发展运输和港口工业，承担国际航运中心的功能，发挥其区域物流中心作用。河北各城市要结合京津产业定位，依照“规模化、专业化、协作化”的产业要求，集中力量发展优势领域，既要加快传统产业的技术改造和优化升级，又要推进现代高效农业、现代制造业和相关配套服务业发展，并适时巩固和优化已有的战略新兴产业优势，增强其在高新技术产业方面的竞争优势。第三，进一步巩固京津冀城市群当前主导产业链和培育京津冀地区未来主导产业。根据京津冀地区各省份的比较优势，选择各地作为培养未来主导产业的战略性新兴产业基地。北京主要发展新一代信息技术、生物产业、新能源汽车和高端装备制造业。天津以航空航天产业、新能源产业、新材料产业、生物产业为主。河北主要培育先进制造、生物医药方面、电子信息产业和新能源行业等战略性新兴产业。第四，进一步提高市场化程度。随着市场化因素在经济社会中的作用越来越明显，十八届三中全会提出进一步深化经济体制改革，正确处理政府和市场的关系，使市场在资源配置中起决定性作用。第五，为资本形成创造良好条件。在资本方面，一方面，构建完善的金融服务体系，大力支持境内外股权投资、创业投资机构的发展，支持境内外个人和机构开展天使投资业务，设立新成立的中小创业投资引导基金；另一方面，提供充足的资金支持，借助国际上进行金融改革和金融创新的契机，通过支持和发展民间银行，使民间资本进入金融系统，从而降低利率以及提高贷款的容易程度。同时，还要为固定资本投资创造良好条件，使每年新增固定资本投资实现稳定增长。第六，加大技术创新投入力度。首先，建立稳定的技术创新的财政投入机制，提供充裕的经费投入保障。其次，强化企业在技术创新中的主体地位，加大技术创新投入力度，关键是推动企业真正成为研发投入的主体。为此，要营造有利于企业技术创新投入的良好氛围，鼓励企业加大自主研发投入力度，对企业技术创新投入实行财政、税收、土地等扶持政策。

交通方面政策建议：第一，加快构建京津冀城市群交通一体化平台。京津冀城市群交通一体化已有一定基础，公路、铁路线较为密集。京津冀城市群应本着“统筹规划、合理布局、联合投资、共同受益”的原则，加快区域内基础产业的一体化发展，统筹规划。第二，加快建设综合枢纽核心。京津冀城市群是中国交通网络最为密集的区域之一，是我国航空、铁路、公路和管道最为密集的地带。在整个区域的交通配置中，构成了以港口为中心、海陆空于一体的大交通网络体系。然而，由于全球经济一体化的发展增加了各国各地区的经济和贸易上的往来，这就要求由一个一体化的交通网络为各种商品和物流服务。第三，加快轨道交通运输网络建设。要实现京津冀交通运输的一体化，完善各种交通运输网结构的同时，该地区还应加强城市群区域内铁路干线的建设。第四，加快公路运输网络建设。公路运输具有独特的便捷性的特点，它可以缓解铁路、空运的压力，因此，京津冀应加强城际公路网的建设，各中心城市间完善高速公路，强化区域内四大通道中的公路等级匹配，国道、市级公路及县乡级公路的协调发展。第五，港口体系建设。21 世纪的环渤海地区港口发展应向建立合理的区域港口布局体系方向发展，充分体现布局上大中小港口相结合、功能划分合理的港口体系，避免盲目竞争。因此，京津冀区域必须从宏观上对港口布局和建设做出统一规划，协调发展。京津冀城市群交通运输一体化网络的规划目标或大致思路应该是:在改善运输网结构、加大运输网密度、提高运输网现代化水平的基础上,建立一个以京津城市为中心,以天津综合枢纽港为龙头的面向海内外,覆盖整个京津冀地区的集铁路、公路、水运、民航和通信于一体的综合型、多功能、四通八达的现代化交通网络。第六,民用航空体系建设。京津冀区域内已有北京机场、天津机场和石家庄机场等机场,因此,民航发展应对区域内现有的机场资源进行合理挖潜。至于机场之间的地面交通联系,要达到便捷的联系程度,其建设项目的投资远远小于新机场的建设。区域内的整体经济效益正是区域规划中需要考虑的问题。

综上所述,京津冀区域交通运输一体化网络的规划目标或大致思路应该是:在改善运输网络结构、加大运输网密度、提高运输现代化水平的基础上,建立一个以京津城市为中心,以天津综合枢纽为龙头的面向海内外,覆盖整个京津冀地区的铁路、公路、水运、民航和通信于一体的综合型、多功能四通八达的现代化交通运输网络,实现城际零距离融合。以联合开展港口、公路、铁路、机场的交通设施建设,在重点构筑 1 小时大背景经济圈的前提下,建立城际快速通道,为一体化的实现提供基础性条件。

人口方面政策建议:首先,继续控制地区人口的数量。一方面要控制人口机械增长,另一方面抓好计划生育,特别是流动人口计生工作。其次,积极出台城市群内人口老龄化的对策。一方面解决人口老龄化问题的根本出路是进一步发展经济,增强经济承受能力;另一方面发展适合老年消费的产业;再一方面加强在职人员投放养老金,争取代际公平。再次,积极推广养老金制度,降低老年人口的总储蓄水平。最后,积极发展资本有机构成高的技术密集型产业,降低劳动力老化对劳动生产率的负面影响。

总的来说,京津冀地区正处于加速转型发展的新时期,在三地政府的高度重视和共同努力下,充分利用区域内部的互补优势,努力实现人口均衡发展,进而促进京津冀人口资源环境经济社会的全面可持续健康发展。

生态环境方面政策建议:京津冀北地区作为一个完整的生态单元和经济一体化区域,在生态环境整治、资源和资金积累及产品市场拓展方面都是不可分割的整体,必须统筹规划,进行全方位的联合与合作,真正成为"生态共同体、发展共同体、利益共同体"。其中的突破口在于从修复和改善冀北地区的生态环境入手,将良好的生态环境优势转换成不可替代的产业优势,实现生态—经济效益的最大化。

积极加快京津冀北生态合作的组织机制。京津冀城市群格局一体化作为一种过程和状态,本质特征是集体或联合决策,在现行体制下必须是市场、行政和法律方式相结合的。刚性的行政壁垒构成了京津冀城市群一体化的体制障碍,而行政区划调整将伴生高昂的社会成本。要在现行的行政区划框架内减少“邻避”行为,实现总体利益的协调,就需要政府治理形态的嬗变——从原来的行政区行政模式转变为区域公共管理模式。基于城市群一体化的生态经济发展,需要由地方政府通过部分权力让渡,在某些功能性部门建立超区域机构或组织,以保证区域环境契约的约束力。

文化方面政策建议:首先加强京津冀地区的文化融合。文化融合主要包括对异地文化的消化吸收、对外来文化的包容接纳过程,如前面所述,京津冀文化本就同源,这为消除一体化发展过程中的文化差异创造了条件,但差异既然存在,我们只有勇敢面对,采取相应措施缩小差异,只有这样,才能促进京津冀一体化的顺利进行。文化融合可以分为自发融合和自觉融合。自觉融合是通过相应的措施,促使其在短时间内相融,首先达到融洽的氛围,进而发展到融为一体,实现真正的融合。

本书为促进京津冀地区的可持续发展尽早实现,疏通制约可持续发展的瓶颈,提出的建议是:在机制建设方面,要破除行政区划限制,建立全方位协作机制;在具体工作方面,在建立一体化协作机制综合管理的基础上,要深入了解问题症结,切实解决地区可持续发展阻碍因素。

总而言之,在京津冀协同发展的大趋势下,打破区域内行政壁垒,推进区域内统一规划,实现区域内的资源整合,最终形成统一的生产要素市场、商品市场是京津冀城市群实现区域经济一体化的必由之路。本书在分析和论证过程中坚持全面性、专业性和规范性的原则,以期能为京津冀地区协同发展的道路选择提供一定的参考和借鉴。

参考文献

[1] Turner. British Holdings of French War Bonds: An Aspect of Anglo-French Relations during the 1920s[J]. Financial History Review, 1996(3), 154—155.

[2] Arjen van Klink H., Geerke C. van den Berg. Gateways and intermodalism[J]. Journal of Transport Geography, 1998(6).

[3] Arrow K. J., Kurz M. Public Investment, the Rate of Return, and Optimal Fiscal Policy[M]. 1970.

[4] Aschauer D. A. Does public capital crowd out private capital? [J]. Journal of monetary economics, 1989, 24(2).

[5] Aschauer D. A. Is public expenditure productive? [J]. Journal of monetary economics, 1989, 23(2).

[6] Aschauer D. A. Why is infrastructure important? Is There a Shortfall in Public Capital Investment? [J]. Proceedings of a Conference, 1990.

[7] Balassa Bela. The theory of economic integration[M]. London: Allen & Unwin, 1962.

[8] Brownill S. Developing London's Docklands: Another Great Planning Disaster? [M]. Sage Publications Ltd Pa, 1990.

[9] Canning D., Pedroni P. The contribution of infrastructure to aggregate output [R]. The World Bank Policy Research Working Paper, 1999, 2246.

[10] Cazzavillan G. Public spending, endogenous growth, and endogenous fluctuations[J]. Journal of Economic Theory, 1996, 71(2).

[11] Chapagain A. K., Hoekst ra A. Y. Virtual water : a quantification of virtual water flows between nations in relation to international trade of livestock and livestock products, 2003.

[12] Christaller W. Central Place in Southern Germany[M]. Translated by Baskin C. W., Englewood Cliffs. NJ and London Prentice Hall, 1966.

[13] W. Elmendorf, M. L. Hircheld et al. The Effect of News on Bond Prices: Evidence from the UK 1900—1920[J]. Review of Economics and Statistics, 1996 (78), 341.

[14] Dickinson R. E. The Metropolitan Regions of the United States[J]. Geography Review,1934(24).

[15] Druckman, A., Jackson T. The carbon footprint of UK households 1990—2004: A socio-economically disaggregated, quasi-multi-regional input-output model[J]. Ecological Economics,2009.

[16] E. V. Morgan. Studies in British Financial Policy[J]. London,1952.

[17] Gary A. S. Cook, Naresh R. Pandit et al. The Clustering of Financial Services in London[D]. Typescript,Liverpool University,2004.

[18] Haughton G. Developing Sustainable Urban Development Models[J]. Cities, 1997(14).

[19] Hulten C. R., Schwab R. M. Public capital formation and the growth of regional manufacturing industries[J]. National Tax Journal,1991: 121—134.

[20] Krugman P. History and Industry Location: The Case of the Manufacturing Belt [J]. The American Economic Review,1991(81).

[21] Lazear E. P.,Rosen S. Rank-order tournaments as optimum labor contracts, 1979.

[22] M. Fujita and J. F. Thisse. Economics of Agglomeration[J]. Journal of the Japanese and International Economies,1996,10(4):339—378.

[23] M. Fujita and T. Mori. Transport development and the evolution of economic geography[J]. Portuguese Economic Journal, 2005,4(2): 129—156.

[24] Mimeo. Institute of Economic Research[D]. Kyoto University,1997.

[25] Muchlup Fritz. A history of thought on economic integration[M]. The Macmillan Press Ltd.,Columbia University Press,1977.

[26] Munnell A. H.,Cook L. M. How does public infrastructure affect regional economic performance? [J]. New England economic review,1990 (9): 11—33.

[27] Oates W. E. Fiscal federalism [M]. 1972.

[28] P. Krugman, A. J. Venables. Globalization and the Inequality of Nations[J]. Quarterly Journal of Economics,1995.

[29] P. Krugman. Increasing Returns and Economic Geography[J]. Journal of Political Economy,1991.

[30] Park R. E., Newcomb McKenzie C. The Metropolitan Community:New York [M]. McGraw-Hill Book Company,1933.

[31] Perroux F. Economic Space:Theory and Applications[J]. The Quarterly Journal of Economics,1950(1).

[32] R. Geisst. Wall Street: A History[M]. Oxford,1997.

[33] R.C. Michie. The London Exchange:A History[M]. Oxford,1999.

[34] Richard Roberts. The City: A Guide to London's Global Financial Center[M]. John Wiley & Sons,2008.

[35] Roberts R. The City of London as a Financial Centre in the Era of the Depression,the Second World War and Post-war Official Controls[J]. Contemporary British History,1991(61),62—74.

[36] Romer P. M. Increasing returns and long-run growth[J]. The journal of political economy,1986: 1002—1037.

[37] Shenggen F. A. N. , Zhang X. Infrastructure and regional economic development in rural China[J]. China economic review,2004,15(2).

[38] Sir Cyril Kleinwort. The City in Britain's Invisible Earnings[J]. The Banker, 1971(121):171.

[39] Tatom J. A. Should government spending on capital goods be raised? [J]. Federal Reserve Bank of St. Louis Review,1991,73(3).

[40] Tiebout C. M. A pure theory of local expenditures[J]. The journal of political economy,1956.

[41] Turner. British Holdings of French War Bonds: An Aspect of Anglo-French Relations during the 1920s[J]. Financail History Review,1996(3):154—155.

[42] Ullman E. L. Regional Development and the Geography of Concentration[J]. Papers in Regional Science,1958(4).

[43] United Nations. International Capital Movements during the Interwar Period [M]. New York,1949.

[44] Wackernagel M. , Monfreda C. , Moran D. et al. . National footprint and biocapacity accounts 2005: the underlying calculation method[M]. 2005.

[45] Wackernagel M. , Onisto L. , Bello P. et al. National natural capital accounting with the ecological footprint concept[J]. Ecological economics,1999,29(3).

[46] Wackernagel M. , Rees W. E. Our ecological footprint[M]. 1996.

[47] W. Christaller,常正文、王兴中译:《德国南部中心地原理》,北京:商务印书馆,1998。

[48] 白雪梅、赵峰:《我国区域经济趋同测度研究——基于面板数据空间计量模型的分析》,《财经问题研究》,2011 年第 4 期。

[49] 曹小曙、阎小培:《经济发达地区交通网络演化对通达性空间格局的影响》,《地理研究》,2003 年第 3 期。

[50] 陈和、隋广军:《产业结构演变与三次产业发展的关联度》,2010 年第 3 期。

[51] 陈建国等:《论上海和浙江的区域经济关系》,《中国工业经济》,2003 年第 5 期。

[52] 陈联、蔡小峰:《城市腹地理论及腹地划分方法研究》,《经济地理》,2005 年第 25 期。

[53] 陈伶俐:《西三角经济圈——成为中国经济增长第四极的可行性分析》,成都:西南财经大学,2011。

[54] 陈田:《我国城市经济影响区域系统的初步分析》,《地理学报》,1987 年第 4 期。

[55] 陈雪明:《洛杉矶城市空间结构的历史沿革及其政策影响》,《国外城市规划》,2004 年第 1 期。

[56] 仇方道、佟连军、朱传耿、杨如树:《省际边缘区经济发展差异时空格局及驱动机制——以淮海经济区为例》,《地理研究》,2009 年第 2 期。

[57] 崔红军、姜楠:《国外都市圈模式对长三角都市圈发展启示》,《现代商贸工业》,2010 年第 17 期。

[58] 崔妍:《中国经济发展的文化动力探源》,长春:吉林大学,2013。

[59] 崔志远:《论河北文化精神》,《燕赵学术》,2013 年第 2 期。

[60] 道格拉斯・C. 诺思:《经济史中的结构与变迁》,上海:上海人民出版社,1994。

[61] 丁宏:《长三角一体化中的文化协调发展研究》,《长三角发展研究》,2007 年第 9 期。

[62] 范金、郑庆武、梅娟:《应用产业经济学》,北京:经济管理出版社,2004。

[63] 范九利、白暴力、潘泉:《我国基础设施资本对经济增长的影响——用生产函数法估计》,《人文杂志》,2004 年第 4 期。

[64] 方先明、孙爱军、曹源芳:《基于空间模型的金融支持与经济增长研究——来自中国省域 1998—2008 年的证据》,《金融研究》,2010 年第 10 期。

[65] 封志明、杨玲、杨艳昭等:《京津冀都市圈人口集疏过程与空间格局分析》,《地球信息科学学报》,2013 年第 15 期。

[66] 冯德显、贾晶、乔旭宁:《区域性中心城市辐射力及其评价:以郑州市为例》,《地理科学》,2006 年第 26 期。

[67] 冯骥才:《记忆天津》,杭州:浙江摄影出版社,2004。

[68] 高汝熹:《2007 年中国都市圈评价报告》,上海:格致出版社 & 上海人民出版社,2008。

[69] 高汝熹:《长三角都市圈发展研究》,《中国浦东干部学院学报》,2010 年第 41 期。

[70] 辜胜阻、洪群连、杨威:《区域经济文化对区域创新模式的影响机制研究》,《经济纵横》,2008 年第 10 期。

[71] 辜胜阻、郑凌云、张昭华:《区域经济文化对创新模式影响的比较分析》,《中国软科学》,2006 年第 4 期。

[72] 顾朝林、庞海峰:《基于重力模型的中国城市体系空间联系与层域划分》,《地理研究》,2008 年第 1 期。

[73] 顾涧清:《珠三角与长三角两大城市群比较研究》,《城市观察》,2009 年第 1 期。

[74] 顾强等:《中国产业集群》,北京:机械工业出版社,2007。

[75] 关爱萍、王瑜:《区域主导产业的选择基准研究》,《统计研究》,2002 年第 12 期。

[76] 贺灿飞、梁进社:《中国区域经济差异的时空变化:市场化、全球化与城市化》,《管理世界》,2004 年第 8 期。
[77] 胡惠林:《文化经济学》,上海:上海交通大学出版社,1998。
[78] 胡序威、周一星、顾朝林等:《中国沿海城镇密集地区空间集聚与扩散研究》,北京:科学出版社,2000。
[79] 胡序威:《论中国经济区类型与组织》,《地理学报》,1993 年第 3 期。
[80] 胡序威:《组织大经济区和加强省区间规划协调》,《地理研究》,1994 年第 3 期。
[81] 胡兆量:《经济区划的几个问题》,《经济地理》,1984 年第 3 期。
[82] 黄俊:《城市群发展历程对比研究分析》,成都:西南财经大学,2011。
[83] 黄群慧:《长江三角洲地区工业现代化问题初步研究》,《上海经济研究》,2003 年第 12 期。
[84] 黄永斌、白永平、李建豹:《基于区域密度函数的兰—西城市区域人口聚散研究》,《地域研究与开发》,2011 年第 30 期。
[85] 蒋海兵、徐建刚、商硕:《江苏沿海乡镇经济差异的空间分析》,《经济地理》,2010 年第 6 期。
[86] 经济合作与发展组织:《以知识为基础的经济》,北京:机械工业出版社,1997。
[87] 柯善咨、姚德龙:《工业集聚与城市劳动生产率的因果关系和决定因素——中国城市的空间计量经济联立方程分析》,《数量经济技术经济研究》,2008 年第 12 期。
[88] 克鲁格曼,兆杰译:《地理和贸易》,北京:北京大学出版社,2000。
[89] 孔凡娥、周春山:《广州城市腹地划分及变化研究》,《城市发展研究》,2006 年第 13 期。
[90] 孔祥彬:《城市经济腹地及其空间范围的界定——以成都、绵阳为例》,成都:西南交通大学,2007。
[91] 李光辉:《区域经济一体化理论的形成与发展》,2011。
[92] 李建德、程芸:《经济与文化的协同演化》,《经济管理》,2007 年第 14 期。
[93] 李建平:《北京文化的特点》,《北京联合大学学报》,2013 年第 1 期。
[94] 李俊辰:《日不落帝国金融战——伦敦金融城的前世今生》,北京:清华大学出版社,2012。
[95] 李曼:《京津冀区域经济一体化发展研究》,天津:天津大学博士学位论文,2005。
[96] 李培、邓慧慧:《京津冀地区人口迁移特征及其影响因素分析》,《人口与经济》,2008 年第 6 期。
[97] 李善同、冯杰:《我国交通基础设施建设与区域协调发展》,《铁道运输与经济》,2002 年第 10 期。
[98] 李双成、傅小锋、郑度:《中国经济持续发展水平的能值分析》,《自然资源学报》,2001 年第 4 期。

[99] 李文廷、乔利平:《河北文化建设的辩证思考》,《社会科学论坛》,2009 年第 3 期。
[100] 李忆春、黄炳康:《成渝地区城镇体系结构研究》,《经济地理》,1999 年第 11 期。
[101] 李子奈、叶阿忠:《高级应用计量经济学》,北京:清华大学出版社,2012。
[102] 梁艳平、钟耳顺、朱建军:《我国省级人均 GDP 增量变化的空间特征分析》,《中南大学学报》,2003 年第 3 期。
[103] 廖功磊、夏青:《中国区域经济发展差距的地域演变趋势研究》,《统计与决策》,2010 年第 20 期。
[104] 林耿、许学强:《大珠三角区域经济一体化研究》,《经济地理》,2005 年第 5 期。
[105] 刘冠飞:《基于投入产出模型的天津市虚拟水贸易分析》,天津大学硕士学位论文,2009。
[106] 刘继生、陈彦光:《分形城市引力模型的一般形式和应用方法》,《地理科学》,2000 年第 20 期。
[107] 刘强:《中国经济增长的收敛分析》,《经济研究》,2001 年第 6 期。
[108] 刘生龙、胡鞍钢:《基础设施的外部性在中国的检验 1988—2007》,《经济研究》,2010 年第 3 期。
[109] 刘生龙、胡鞍钢:《交通基础设施与经济增长:中国区域差距的视角》,《中国工业经济》,2010 年第 4 期。
[110] 刘伟、张辉:《中国经济增长中的产业结构变迁和技术进步》,《经济研究》,2008 年第 11 期。
[111] 刘伟:《工业化进程中的产业结构研究》,北京:中国人民大学出版社,1995。
[112] 刘希宋、甘志霞:《硅谷与 128 公路地区的对比分析及对我国高技术园区发展的启示》,《研究与发展管理》,2003 年第 5 期。
[113] 刘新建:《京津冀区域经济一体化中的几个概念与原则》,《燕山大学学报(哲学社会科学版)》,2010 年第 3 期。
[114] 刘勇:《从历史深处走向现实与未来》,《北京师范大学学报》,2004 年第 1 期。
[115] 龙爱华、徐中民、张志强:《西北四省(区)2000 年的水资源足迹》,《冰川冻土》,2003 年第 3 期。
[116] 马晓、熠裴韬:《基于探索性空间数据分析方法的北京市区域经济差异》,《地理科学进展》,2010 年第 12 期。
[117] 马歇尔:《经济学原理》,北京:华夏出版社,2005。
[118] 马娅、匡耀求、黄宁生等:《广东省县域物质积累水平评价研究》,《2008 中国可持续发展论坛论文集(1)》,2008。
[119] 梅伟霞:《珠江三角洲城市群的历史演进与整合前景》,《城市观察》,2009 年第 1 期。
[120] 孟庆民:《区域经济一体化的概念与机制》,《开发研究》,2001 年第 2 期。
[121] 孟召宜:《文化观念与区域可持续发展》,《人文地理》,2005 年第 17 期。

[122] 苗长虹、王海江:《河南省城市的经济联系方向与强度》,《地理研究》,2006 年第 25 期。
[123] 倪鹏飞:《中国城市竞争力报告 No. 4》,北京:社会科学文献出版社,2006。
[124] 宁越敏、严重敏:《我国中心城市的不平衡发展及空间扩散的研究》,《地理学报》,1993 年第 2 期。
[125] 欧人:《关于地域文化与区域经济发展问题的几点思考》,《经济经纬》,2004 年第 5 期。
[126] 潘鑫、宁越敏:《长江三角洲都市连绵区城市规模结构演变研究》,《人文地理》,2008 年第 23 期。
[127] 彭颖、陆玉麒:《成渝经济区县域经济差异的空间分析》,《人文地理》,2010 年第 5 期。
[128] 蒲英霞、马荣华:《长江三角洲地区城市规模分布的时空演变特征》,《地理研究》,2009 年第 28 期。
[129] 钱晓烨、迟巍、黎波:《人力资本对我国区域创新及经济增长的影响——基于空间计量的实证研究》,《数量经济技术经济研究》,2010 年第 4 期。
[130] 渠爱雪、孟召宜:《区域文化递进创新与区域经济持续发展》,《经济地理》,2004 年第 2 期。
[131] 人民网:《珠江三角洲地区改革发展规划纲要(2008—2020 年)》,http://politics. people. com. cn/GB/1026/8644751. html,2009。
[132] 任英华、徐玲、游万海:《金融集聚影响因素空间计量模型及其应用》,《数量经济技术经济研究》,2010 年第 5 期。
[133] 沈惊宏:《改革开放以来泛长江三角洲空间结构演变研究》,南京:南京师范大学博士学位论文,2013。
[134] 沈坤荣等:《中国经济增长的“俱乐部收敛”特征及其成因研究》,《经济研究》,2002 年第 1 期。
[135] 沈体雁、冯等田、孙铁山:《空间计量经济学》,北京:北京大学出版社,2010。
[136] 盛广耀:《城市密集区人口变动研究——以长江三角洲,珠江三角洲和京津冀地区为例》,《经济地理》,2008 年第 6 期。
[137] 石敏俊、王妍、张卓颖等:《中国各省区碳足迹与碳排放空间转移》,《地理学报》,2012 年第 10 期。
[138] 宋军:《成渝经济圈:竞争优势与发展障碍》,《西南金融》,2006 年第 5 期。
[139] 苏辉:《南通经济增长,能源消费与环境污染关系的实证分析》,《企业导报》,2013 年第 6 期。
[140] 苏雪串:《城市化进程中的要素集聚、产业集群和城市群发展》,《中央财经大学学报》,2004 年第 1 期。
[141] 孙铁山、李国平、卢明华:《京津冀都市圈人口集聚与扩散及其影响因素——基

于区域密度函数的实证研究》,《地理学报》,2009 年第 64 期。
[142] 孙希华、张淑敏:《山东省区域经济差异分析与协调发展研究》,《经济地理》,2003 年第 5 期。
[143] 覃成林:《区域经济增长趋同研究进展》,《经济学动态》,2003 年第 3 期。
[144] 谭丹、黄贤金:《我国东、中、西部地区经济发展与碳排放的关联分析及比较》,《中国人口资源与环境》,2008 年第 3 期。
[145] 唐勇:《一体化市场制度与区域经济一体化》,《财贸经济》,2005 年第 6 期。
[146] 藤田昌久、保罗·克鲁格曼:《空间经济学——城市、区域与国际贸易》,北京:中国人民大学出版社,2005。
[147] 童华建:《西部地区经济集聚效应研究》,重庆:重庆大学硕士学位论文,2007。
[148] 王朝阳:《英国金融服务业的集群式发展经验及启示》,《世界经济》,2008 年第 3 期。
[149] 王德、郭洁:《沪宁杭地区城市影响腹地的划分及其动态变化研究》,《城市规划汇刊》,2003 年第 6 期。
[150] 王德、项昺:《中心城市影响腹地的动态变化研究》,《同济大学学报(自然科学版)》,2006 年第 34 期。
[151] 王德忠、庄仁兴:《区域经济联系定量分析初探》,《地理科学》,1996 年第 1 期。
[152] 王剑等:《FDI 的地区聚集及其空间演化》,《中国工业经济》,2004 年第 12 期。
[153] 王雷:《我国产业集群的风险防范与控制研究》,《中央财经大学学报》,2003 年第 7 期。
[154] 王小鲁、樊纲:《中国地区差距的变动趋势和影响因素》,《经济研究》,2004 年第 1 期。
[155] 王新华、徐中民、龙爱华:《中国 2000 年水足迹的初步计算分析》,《冰川冻土》,2005 年第 5 期。
[156] 王新生、刘纪远、庄大方等:《Voronoi 图用于确定城市经济影响区域的空间组织》,《华中师范大学学报(自然科学版)》,2003 年第 37 期。
[157] 王艳阳、王会肖、蔡燕:《北京市水足迹计算与分析》,《中国生态农业学报》,2011 年第 4 期。
[158] 王洋、修春亮:《1990—2008 年中国区域经济格局时空演变》,《地理科学进展》,2011 年第 8 期。
[159] 吴传清、杨威、周志平等:《基于主成分法的区域主导产业选择评价》,《商业时代》,2009 年第 7 期。
[160] 吴良镛:《京津冀北城乡空间发展规划研究——对该地区当前建设战略的探索之一》,《城市规划》,2000 年第 24 期。
[161] 吴志强、王伟:《长三角整合及其未来发展趋势》,《城市规划学刊》,2008 年第 2 期。

[162] 伍海华、张旭:《经济增长·产业结构·金融发展》,《经济理论与经济管理》,2001 年第 5 期。
[163] 夏丽丽:《文化因素对区域经济发展影响初探》,《人文地理》,2000 年第 7 期。
[164] 谢菲:《"洛杉矶模式"对海峡西岸城市群发展的启示》,《福州大学学报》,2009 年第 5 期。
[165] 徐康宁、赵波、王琦:《长三角城市群:形成、竞争与合作》,《南京社会科学》,2005 年第 5 期。
[166] 徐奇渊、刘力臻:《中国参与国际区域经济一体化:文献综述》,《开发研究》,2006 年第 1 期。
[167] 徐奇渊、刘力臻:《中国参与国际区域经济一体化:文献综述》,《开发研究》,2006 年第 1 期。
[168] 徐现祥等:《中国城市经济增长的趋同分析》,《经济研究》,2004 年第 5 期。
[169] 许学强、周一星、宁越敏:《城市地理学》,北京:高等教育出版社,1977。
[170] 杨树珍:《中国经济区划研究》,北京:吉林科学出版社,1991。
[171] 杨吾扬、梁进社:《高等经济地理学》,北京:北京大学出版社,2000。
[172] 杨吾扬、梁进社:《关于吸引范围及其模式与划分方法》,《地理学报》,1985 年第 40 期。
[173] 杨吾扬等:《中国十大经济区探讨》,《地理经济》,1992 年第 3 期。
[174] 杨艳昭:《长三角都市区人口集疏过程及其空间格局变化》,《西北人口》,2013 年第 6 期。
[175] 姚华松、许学强:《诸侯经济、一体化经济还是不完全一体化经济》,《热带地理》,2009 年第 5 期。
[176] 姚华松:《两城交界处可合作开发项目》,《南方日报》,2009 年第 3 期。
[177] 叶岱夫:《广东东江流域文化地理研究于区域经济展望》,《人文地理》,1998 年第 4 期。
[178] 于怀彬:《新增长理论初探》,《理论学刊》,2004 年第 10 期。
[179] 于涛方、吴志强:《京津冀地区区域结构与重构》,《城市规划》,2006 年第 9 期。
[180] 张德常:《从金融危机谈推进产业多样化的必要性》,《商业时代》,2010 年第 12 期。
[181] 张辉、喻桂华:《从产业集群的空间分层性来探讨上海对江、浙县域辐射》,《生产力研究》,2005 年第 7 期。
[182] 张辉:《产业集群竞争力的内在经济机理》,《中国软科学》,2003 年第 1 期。
[183] 张辉:《全球价值链下地方产业集群转型和升级》,北京:经济科学出版社,2006。
[184] 张江余:《成渝城市群综合交通运输——经济复合系统研究》,成都:西南交通大学硕士学位论文,2010。

[185] 张杰:《伦敦码头区改造——后工业时期的城市再生》,《国外城市规划》,2000 年第 2 期。
[186] 张紧跟:《从多中心竞逐到联动整合》,《城市问题》,2008 年第 1 期。
[187] 张军、高远、傅勇等:《中国为什么拥有了良好的基础设施?》,《经济研究》,2007 年第 3 期。
[188] 张军、王世磊:《中国地方官员为什么要改善基础设施?》,《经济学(季刊)》,2008 年第 2 期。
[189] 张军、吴桂英、张吉鹏:《中国省际物质资本存量估算:1952—2000》,《经济研究》,2004 年第 10 期。
[190] 张文忠:《经济区位论》,北京:科学出版社,2000。
[191] 张馨之、何江:《中国地区经济发展差距的空间分析》,《地域研究与开发》,2007 年第 1 期。
[192] 张学良:《中国交通基础设施与经济增长的区域比较分析》,《财经研究》,2007 年第 8 期。
[193] 张宜雷:《天津近代文化的双重性于西方文化的影响》,《天津大学学报》,2008 年第 6 期。
[194] 张宇鹏:《我国生态足迹区域差异比较研究》,吉林大学,2010。
[195] 章用秀:《天津文化及其思想精华》,《天津行政学院学报》,2004 年第 4 期。
[196] 赵驹:《成渝城市群特征及发展对策思考》,《探索》,2013 年第 3 期。
[197] 赵涛涛:《成渝城市群城市综合竞争力比较分析》,《小城镇建设》,2007 年第 11 期。
[198] 郑炎成等:《县域经济发展不平衡对地区差距的解释力分析》,《财经研究》,2004 年第 7 期。
[199] 钟敦慧:《成渝经济区产业合作研究》,重庆:西南大学硕士学位论文,2009 年。
[200] 钟业喜、陆玉麒:《潘阳胡生态经济区区域经济差异研究》,《长江流域资源与环境》,2010 年第 10 期。
[201] 周昌林、魏建良:《产业结构水平测度模型与实证分析——以上海、深圳、宁波为例》,《上海经济研究》,2007 年第 6 期。
[202] 周黎安:《晋升博弈中政府官员的激励与合作》,《经济研究》,2004 年第 6 期。
[203] 周林、杨云龙、刘伟:《用产业政策推进发展与改革——关于设计现阶段我国产业政策的研究报告》,《经济研究》,1987 年第 3 期。
[204] 周一星、张莉:《改革开放条件下的中国城市经济区》,《地理学报》,2003 年第 2 期。
[205] 周一星、张莉:《中国大陆口岸城市外向型腹地研究》,《地理科学》,2001 年第 6 期。
[206] 周一星:《主要经济联系方向论》,《城市规划》,1998 年第 2 期。

[207] 周玉翠、廖荣华:《湖南省区域经济不平衡发展趋势研究》,《经济地理》,2004 年第 3 期。

[208] 朱英明,于念文:《沪宁杭城市密集区城市流研究》,《城市规划汇刊》,2002 年第 1 期。

[209] 朱英明:《长三角城市群产业一体化发展研究——城际战略产业链的视角》,《产业经济研究》,2008 年第 6 期。

[210] 朱智勇、吕金嵘、高燕哺:《中原城市群区域经济差异时空演变分析》,《生态经济》,2009 年第 8 期。

[211] 左正:《论珠江三角洲经济发展的历史传统与新进程》,《暨南学报》,2011 年第 6 期。